라틴아메리카와 불평등

부산외국어대학교 중남미지역원 HK⁺ 연구총서

라틴 아메리카와 불평등

차별을 넘어 공존으로

조영현, 김영철, 임두빈, 구경모, 차경미, 이태혁, 권봉철 지음

알렙

책을 펴내며

부산외국어대학교 중남미지역원은 2008년부터 2018년까지 한국연구재단의 지원을 받아 10년간 HK 사업을 수행했다. 〈라틴아메리카 사회변동의 매트릭스〉라는 선도연구를 통해 '종속의 매트릭스', '라틴아메리카적 세계화'와 '라틴아메리카 세계화의 함의와 전망'을 연구했다. 이를 통해 라틴아메리카 사회변동을 추동하는 근본적인 원인이 라틴아메리카에 만연한 불평등과 불의라는 것을 확인할 수 있었다. 이에 중남미지역원은 〈라틴아메리카의 평등과 불평등의 변증법〉이라는 HK+ 사업의 선도연구를 통해 이 대륙의 불평등한 현실과 그것을 극복하기 위한 시도를 종합적으로 분석했다. 특히 불평등의 역사적·구조적 원인, 조건, 그리고 그 양상을 파악했고, 불평등을 극복하려고 했던 노력을 재평가했다. 집중 조명한 주제는 인종과 불평등, 이주와 불평등, 젠더와 불평등, 종교와 불평등, 생태와 불평등, 제도와 불평등이었다.

부산외국어대학교 중남미지역원은 〈라틴아메리카의 평등과 불평등의 변증법〉 연구를 통해 역사적 구조, 다차원성, 지속성, 식민성과 신자유주의의 결합, 그리고 저항과 대안의 공존이라는 부분이 중요한 특징임을 깨달았다. 라틴아메리카 불평등 문제는 무엇보다 역사적으로 형성된 구조적 불평등을 무시할 수 없다. 식민지 시대부터 고착화된 계급과 인종의 위계 구조는 한 번도 바뀌어 본 적이 없었다. 유럽계 백인을 최정점으로, 메스티소(유럽 백인과 라틴아메리카 토착 원주민 사이의 혼혈인)와 이들에게 봉사하는 원주민과 아프리카 출신 노예들 순으로 질서 지워진 사회적 차별 구조가 문화적 차원까지 지배했다. 토지의 불평등한 분배, 아시엔다, 플랜테이션 농장, 미타(Mita)와 같은 강제 노동 등의 제도가 경제적·사회적 배제를 제도화했다. 단순히 소득 격차만이 아닌, 교육, 보건, 주거, 정보적 접근, 시민권, 법적 보호 등의 삶의 전 영역에서 불평등이 존재했다. 특히 원주민 여성은 성별, 인종, 계급, 지역적 차별로 인해 복잡한 다층적 차별을 경험해야 했다.

라틴아메리카는 세계에서 가장 불평등한 대륙이다. 브라질, 온두라스, 콜롬비아 등은 소득 불평등 지표인 지니(Gini) 지수에서 세계 최상위권이다. 상위 10퍼센트가 전체 소득의 40-60퍼센트를 차지하는 구조이다. 고소득층은 고품질의 민간 서비스를 이용하고, 하층은 열악한 공공서비스에 의존한 이중 구조가 보편화되어 있다.

1980년대 외채 위기를 겪으면서 라틴아메리카는 신자유주의 정책으로 전환하기 시작했다. 그러나 이 신자유주의 체제로의 전환은 불평등한 현실의 탈출구라기보다는 사회보장 체제의 붕괴와 같은 상황에서 알 수 있듯이 불평등을 심화했다. 구조조정 프로그램은 농촌 지역의 해체, 도시 빈민층의 증가와 함께 환경까지 파괴했다. 이런 현상들 앞에서 라틴아메리카 탈식민 연구를 주도하던 엔리케 두셀(Enrique Dussel), 아니발 키하노(Anibal Quijano), 그리고 월터 미뇰로(Walter Mignolo)는 라틴아메리카라는 대륙이 서구인들과 원주민들의 인식 속에서 어떻게 식민화되었는지, 그리고 그 과정에서 식민화가 근대성의 이면에 어떻게 은폐되어 있는지 식민성 이데올로기로 잘 설명했다.

현대 라틴아메리카 사회에서 보여지는 법과 제도상의 형식적 평등에도 불구하고, 원주민, 여성, 흑인, 성소수자 등의 정치적 대표성은 낮고, 사법적 보호도 미약하다. 현재는 신분 상승을 위한 사다리도 막혀 있고, 교육과 취업의 기회도 모두에게 공정하게 주어지지 않는다는 것이 하층민들의 불만이기도 하다. 수도와 대도시 중심의 인프라나 공공서비스는 지역 간 차별을 강화시키고 있다. 농촌, 국경이나 산간 오지, 정글, 아마존 등지에서는 교육, 보건, 의료 부분의 취약성이 더 잘 드러난다. 이 지역에는 원주민과 같은 사회적 타자 혹은 '주변화된 국민'들이 거주한다.

이런 불평등 문제에 항의하고 불만을 드러내는 저항이 없었던 것은 아니다. 1990년대 이후 다양한 영역과 층위에서 사회 운동이 폭증했고, 이 운동들은 상당 부분 대안적 성격을 가진 운동이었다. 사파티스타해방군(EZLN), 에콰도르원주민연합(CONAIE)의 운동, 부엔비비르 담론, 탈성장 담론, 토착 원주민들의 자치 운동 등이 대표적이다.

라틴아메리카는 이처럼 세계에서 가장 불평등한 대륙이지만 이 상황을 극복하기 위한 대안을 찾는 노력도 가장 활발한 지역이다. 이런 노력의 주체는 정부, 시민사회, 원주민 공동체, 국제기구 등 다양하다. 정부 주도의 제도적 개선을 위한 노력, 사회 운동 세력의 사회 변혁적 시도, 지역 내 원주민 공동체의 노력이 돋보인다. 우선 어떤 정부는 포괄적 복지 프로그램을 기획하고 이를 시행했다. 대표적으로 브라질에서는 저소득 가구에 조건부 현금 지원을 통한 아동 교육, 보건 상황 등을 개선하려는 보우사 파밀리아(Bolsa Familia)가 시행되었다. 멕시코는 빈곤층 여성의 현금 지원과 영양, 보건 서비스 강화를 위한 프로스페라(prospera) 정책이 좋은 반응을 얻었다. 이와 유사한 불평등 개선 정책은 콜롬비아, 페루, 파라과이 등으로 확산되었다. 동시에 좌파 정권들은 비정규직 보호 확대, 노조 권리 강화, 최저임금제 도입 등을 통해 저소득층의 생활을 개선하려고 노력했다.

1990년대 이후 원주민 운동이 활발해지고, 국제 사회에서 원주민들의 권리를 보장하려는 노력이 전개되면서 원주민 공동체의 자치권 강화와 다민족 국가 건설을 위한 헌법 개정이 이루어졌다. 특히 에콰도르와 볼리비아에서 두드러졌다. 이는 원주민들의 전통 지식과 전통 의료, 언어, 풍습, 문화, 집단권이 더욱 존중받는 계기가 되었다.

원주민들의 고유한 우주론적 세계관인 코스모비전(Cosmovisión)은 기후위기 시대 생태 문명으로의 전환을 주장했다. 에콰도르에서는 기존 발전 담론을 답습하는 관행에서 벗어나 자신들의 고유한 삶의 방식인 수막 카우사이를 활용하여 부엔비비르 담론으로 발전시켰다. 이는 자신들의 현실과 전통을 기반으로 한 대안적 발전론이자 삶의 방식이라고 할 수 있다. 안데스 원주민들은 자연권을 처음으로 헌법에 삽입했으며, 다국적 기업의 환경 파괴에 맞서 생태권 및 지역 공동체 보호 활동을 전개했다. 이는 자치권 확보와 탈채굴주의를 위한 노력이었다. 당연히 원주민 단독으로 이루어진 것이 아니라, 많은 경우 국제 협력 및 지역 통합 기구의 연대와 지원이 있어 가능한 것이었다. 라틴아메리카 및 카리브해 경제위원회(CEPAL), 국제노동기구(ILO), 유엔개발계획(UNDP)은 정책 자문, 데이터 제공, 빈곤과 불평등 감소를 위한 활동들을 지원했다.

라틴아메리카에서도 교육은 불평등 상황 개선을 위해 매우 중요한 역할을 한다. 원주민 공동체가 밀집한 지역이나 농촌 지역에서 무상 교육과 의무 교육을 강화하며 공교육을 확대하는 정책들이 시도되었다. 그리고 쿠바 모델을 참고하여 보편적 보건 시스템을 구축하려는 노력이 콜롬비아, 칠레, 브라질 등지에서 강화되었다. 이동 진료, 예방 중심의 보건 체계 구축 등이 대표적이다.

성평등 정책들이 법제화되고 젠더 평등 및 소수자 권리가 강화되었다. 여성 폭력 방지법, 낙태 합법화, 동성 결혼법 등이 도입되었고, 여성 할당제를 도입하여 여성의 정치 참여와 대표성을 확대했다. 특히 페미니스트 운동과 연계된 법 개혁도 이루어졌다. 니 우나 메노스(Ni una menos, 단 한 명도 잃을 수 없다)와 같은 사회 운동은 정부 정책에도 영향을 미쳤다. 이러한 노력이 불평등 문제를 해결하지는 못했지만, 라틴아메리카 대륙 내에서 의식의 변화와 제도적 전환을 위한 기본적인 토대가 된 것은 사실이다.

중남미지역원 HK+ 사업 7년간의 연구를 마무리하면서 라틴아메리카의 불평등의 현실뿐 아니라 이를 극복하고자 하는 노력을 종합적으로 보여주고자 했다. 이 책은 총 7장으로 구성되어 있다. 먼저 1장「라틴아메리카의 인종 문제와 불평등: 식민성과 차별을 넘어 상호문화성과 존재의 회복으로」에서 권봉철은 라틴아메리카 사회의 인종적 불평등을 단순한 경제적 격차나 정책 실패로 환원하지 않고, 식민성(coloniality)이라는 내재성과 지속적인 권력/지식/존재의 구조 속에서 조망한다. 특히 식민 시대부터 형성된 인종화된 위계질서와 그로 인한 제도적 차별과 인식론적 배제가 현재까지도 원주민과 아프리카계 후손에게 구조적 불평등을 강요하고 있음을 밝힌다. 이러한 식민적 유산은 '문명과 야만', '백인과 원주민' 등 이항적 논리를 통해 교육, 법, 언어, 공간의 구조 전반에 걸쳐 차별을 재생산하고 있으며, 이는 존재 그 자체에 대한 위계를 내면화하는 방식으로 작용한다. 인종과 불평등 문제를 성찰하는 이 글은 단순한 문화 간 이해를 넘어 식민적 권력 구조에 대한 비판과 해체를 지향하는 비판적 상호문화성(interculturalidad crítica)을 이론적 대안으로 제시한다. 이는 억압받아 온 공동체의 지식, 언어, 기억, 존재 방식을 회복하는 것을 통해, 근대-식민 질서에 대한 존재론적 전환을 요청한다.

궁극적으로, 라틴아메리카의 불평등을 극복하기 위해서는 제도 개혁을 넘어서, 다원적 존재론(pluriversal ontology)에 기반한 상호문화적 공존의 틀을 구축하는 것이 필요하다고 주장한다. 인종 간 차별, 배제가 아닌 상호 인정과 존중이 인종 간 불평등을 극복하기 위한 출발점이 될 수 있다. 이는 원주민 공동체의 영토, 자율성, 기억, 언어 회복을 통한 실천적 전환 속에서 이미 전개되고 있으며, 이러한 흐름은 지역적 저항을 넘어 존재의 회복을 통한 대안 담론으로 확장될 수 있다.

2장 「중남미 이주와 이민, 불평등에 관한 고찰」에서 구경모는 라틴아메리카에서 이주와 이민이 어떻게 불평등 현상과 연계되는지 잘 보여준다. 이주와 이민은 단순한 인구 이동이 아니라, 구조적 불평등과 사회적 배제를 반영하는 복합적 현상이다. 21세기 들어 이 지역은 주요 이주자 송출지로 전환되었으며, 빈곤, 정치적 불안, 폭력, 기후위기 등 다양한 요인이 이주를 촉진하고 있다. 베네수엘라, 중미 국가들의 대규모 이주는 수신국의 사회 인프라와 제도에 큰 압력을 가하고 있으며, 이주자들은 종종 비공식 노동 시장에 편입되어 법적 보호와 기본 권리에서 배제된다.

이론적으로는 고전 경제학 이론, 세계 체제 이론, 사회망 이론, 교차성 이론 등이 이주의 원인과 구조를 설명하는 데 유용하다. 특히 젠더, 계급, 인종, 국적의 교차 지점에서 이주자들은 다층적인 억압을 경험하며, 사회 내 새로운 위계와 차별 구조가 형성된다. 이주는 수신국뿐 아니라 송출국의 인력 유출과 사회적 기능 약화를 초래하며, 역내 불균형을 심화시키는 요소로 작용한다. 이에 따라 국제기구와 각국 정부는 법적 지위 보장, 사회보장 확대, 문화적 차별 해소, 이주자 참여 강화 등을 위한 노력을 하고 있다. 이 글은 이주를 단순히 억제 대상이 아닌 사회 정의 실현의 계기로 보아야 한다는 점을 강조한다.

3장 「콜롬비아의 국내 실향민과 젠더박해」에서 차경미는 콜롬비아 내 국내 실향민과 젠더박해의 상관성을 집중 조명한다. 지난 20년 동안 국내 무력 분쟁으로 라틴아메리카 지역의 강제 실향민 규모는 확대되었다. 최근 강제 실향 경향을 살펴보면, 실향 기간의 장기화 그리고 기존 실향 원인에 더해 젠더에 기반한 폭력이 실향민 증가 원인으로 작용했다. 특히 정부와 불법 무장 세력과의 무력 분쟁으로 세계적 규모의 국내 실향민을 배출한 콜롬비아의 경우, 강제 실향민에 대한 정부의 차별적인 지원 노력에도 불구하고, 사회 내에 여전히 작동하는 가부장적 문화는 젠더박해로 인한 강제 이주를 확대 재생산하고 있다. 젠더박해는 단지 무력 분쟁이라는 특수한 상황에서만 발생하는 것이 아니라 일상의 폭력 연장선에서 전개되고 있다.

그동안 젠더박해는 주로 성별에 기반한 권력의 불평등과 여성의 피해 사실을 강조하는 데 집중되었다. 그러나 젠더박해는 여성에게만 발생하는 것이 아니라 젠더에 기반한 모든 유형의 폭력 행위, 공적 또는 사적 생활에서 발생하는 강압과 자유 박탈을 포함한다. 가부장적인 문화에 기반한 불평등한 사회에서 여성이 남성에 비해 차별받을 가능성이 매우 높은 것이 현실이다. 그러나 콜롬비아의 장기 무력 분쟁 전개 과정에서 간과할 수 없는 정도의 남성에 대한 젠더박해 사례도 증가하고 있다. 다양한 성적 지향 및 정체성에 대한 존중이 금기시되는 사회에서 무장한 남성에 의한 남성 성폭력은 여성의 경험보다 잔인하고 극단적으로 나타났다.

분쟁 지역에서 젠더박해는 주민 통제와 강제 이주 조장의 전략적 도구로 활용되었으며, 남성에 대한 성적 학대는 남자다움의 상징으로 정당화되었다. 남성성과 여성성의 이분법적 사고는 가부장제와 이성애 남성의 성적 특권을 강화했으며 젠더박해의 대상은 LGBT와 여성뿐만 아니라 남성도 대상이 되었다. 권력을 갖고 영향력을 발휘하는 헤게모니적 남성성에 의해 주변화된 이성애 남성들도 차별화된 방식으로 박해를 경험했다. 이러한 현실을 반영해 이 글은 콜롬비아의 국내 실향민 사례를 중심으로 권력 관계로부터 정당화되고 있는 젠더박해에 대한 논의를 심화시켰다. 이를 통해 기존의 논의에서 소외되고 축소되어 온 이성애 남성 대상 젠더박해를 기존의 젠더박해 범주로 이해하고 통합할 수 있는 실행 가능한 대응 방안을 찾도록 유도한다.

4장 「라틴아메리카의 종교 차별과 혐오: 갈등을 넘어 공존으로」에서 조영현은 종교와 불평등 문제를 직접적으로 분석한다. 라틴아메리카는 전통적으로 가톨릭의 교세가 강한 지역이다. 사실상 19세기까지 유일한 합법적 종교로서 특권을 누렸다. 그러나 20세기 중반 이후 세속화 현상과 종교 다원주의 사상이 확산하면서 라틴아메리카에서 종교 시장의 독점 현상이 깨졌다. 여전히 가톨릭의 영향이 강하지만 개신교가 급격히 성장하고, 원주민 전통 신앙이 부활하며, 무신론자와 무종교자들이 증가했다. 다양한 종교가 공존하면서 갈등이나 차별, 혐오와 배제 현상도 증가했다.

원주민 전통 신앙이 개신교도들에 의해 '비정통적'인 종교로 폄하되거나 미신으로 취급되었고, 가톨릭 교세가 강하고 전통 규범이 강한 지역에서 복음주의 개신교도들은 사회적 배제와 소외를 경험해야 했다. 무신론자들은 교육이나 복지에서 배제되는 경우도 있었다. 아프로-브라질계 종교인 칸돔블레나 움반다와 같은 종교를 신앙하는 사람들은 사탄 혹은 흑마술과 연관된 자들로 취급되었다. 가톨릭이 대세인 상황에서 유대교나 이슬람은 소수 종교로 차별받았다. 사회주의를 표방하는 좌파 정권이 들어섰을 때는 종교인들이 폭력에 시달리거나 국가로부터 소외되기도 했다. 문제는 종교 차별과 배제가 단순히 신앙의 자유 문제를 넘어, 사회적 불평등 구조를 재생산하고 심화시킨다는 점이다. 종교 차별은 인종, 계급, 성별, 문화적 편견과 결합하여 다차원적 차별을 생산한다. 라틴아메리카에서도 종교 갈등과 차별을 넘어서서 종교 간 상호 이해를 증진하고 협력하려는 노력이 나타나는 것은 매우 고무적인 현상이다. 종교 간 협의회, 평화와 화해를 위한 종교 간 플랫폼 등이 구성되면서, 종교 간 갈등 완화와 상호 신뢰 형성에 중요한 역할을 하고 있다. 사회 공동체가 함께 해결해야 할 문제인 빈곤, 폭력, 차별 문제에 공동으로 대응하고 있다. 이런 활동을 통해 종교는 사회 통합과 인권 증진에 앞장서고 있다. 이 글은 라틴아메리카에서 어떻게 종교 차별과 혐오를 극복하려고 노력하는지 잘 보여준다.

5장 「생태세(Ecocene)로의 전환과 행성 정치: 아마존에서 기후위기를 다시 사유하다」에서 이태혁은 생태세로의 전환 문제와 정치의 상관성을 성찰한다. 오늘날 인류가 지구 시스템에 미치는 영향이 지질학적 수준에 이르렀다는 인식 속에서 '인류세(Anthropocene)' 담론이 주목받고 있다. 그러나 이 개념은 기후위기에 대한 책임의 비대칭성을 간과하는 한계를 지닌다. 산업국과 자본 중심의 과잉 소비 체제에 책임이 집중되어 있음에도, 이를 '모두의 책임'으로 환원하는 것은 정의롭지 않다. 이에 이 글은 인간중심적 세계관에서 벗어나 다중 존재의 상호의존성, 지역 기반 생태 거버넌스, 그리고 지구적 책임의 불균형을 재사유하는 '생태세(Ecocene)' 개념을 제안한다. 이는 단순한 용어의 치환이 아니라, 인간과 비인간, 지역과 행성, 자연과 정치의 관계를 근본적으로 재사유하자는 요청이다. 특히 '지구의 허파'에서 '탄소 배출 위험지대'로 전락한 아마존은 이러한 문제의식을 가장 극명하게 보여주는 사례다. 이 글은 아마존 위기를 문명적 가치와 정치 체계에 대한 근본적 질문으로 확장하며, 기존 국제 기후 거버넌스의 한계를 넘는 제도적·철학적 전환의 조건을 탐색한다. 아울러, 원주민 중심의 '다자연주의(multinaturalism)'가 생태 거버넌스와 접목될 수 있는 가능성을 탐색함으로써, '우리가 어떤 세계를 만들 것인가, 그리고 누구와 함께 살아갈 것인가'에 대한 존재론적·정치적 성찰을 촉구한다.

6장 「제도와 불평등: 브라질 비공식 제도를 넘어 AI 패러다임 시대의 새로운 사회계약을 향하여」에서 임두빈은 브라질의 비공식 제도 부문이 어떻게 불평등을 심화시키는지 보여주고, 그 대안에 대해서 성찰한다. 이 글은 브라질의 구조적 불평등이 '기만적 사회계약'에서 비롯된다는 문제의식에서 출발한다. 민주주의 외형하에서 소수 엘리트의 지배를 영속화하는 이 기만적 계약은 공식 제도와 비공식 제도 간의 충돌에 뿌리를 두고 있으며, 이 장은 이러한 제도주의적 분석을 통해 AI 시대에 맞는 새로운 사회계약의 방향을 제시한다. 역사적 제도주의 관점에서 브라질의 비공식 제도를 분석한 결과, 식민 시대부터 형성된 '가부장적 후견주의'는 '제도적 경로의존성'을 따라 국가 기구의 사유화와 기회의 독점을 가능케 하는 '착취적 제도'로 기능하고 있었다. 대표적 비공식 문화인 '제이칭뉴(jeitinho)'는 불공정 시스템에 대한 개인의 생존 전략이자, 동시에 기존 질서를 유지시키는 모순적 기제로 분석되었다. 이는 능력주의 위반으로 비판받는 한국의 '빽' 문화와 달리 구조에 대한 적응으로 사회적 용인을 받는다는 점에서 브라질 불평등 문제의 심층적 성격을 드러낸다. 공식 제도인 '임금 평등법' 사례는 이러한 한계를 명확히 보여준다. 법안이 임금 격차를 공론화하는 데는 기여했지만, 기업의 저항과 깊이 뿌리박힌 비공식적 관성으로 인해 실질적 격차 해소에는 이르지 못했다.

이 글은 존 롤스의 '자산 소유 민주주의'에 근거하여, 사후적 재분배를 넘어선 '선분배(pre-distribution)' 패러다임을 제안한다. 핵심은 불평등 발생 이전에 생산 자산의 소유권을 시민에게 광범위하게 분산하는 것이다. 특히 'AI 기술과 데이터'라는 새로운 생산 자산을 소수에게 독점시키지 않고 시민 전체에게 분산시키는 제도적 장치가 시급하며, 현 '브라질 AI 국가 전략(PBIA)'은 이러한 원칙이 부재하여 기존의 독점 구조를 강화할 위험이 있다고 판단한다. 결론적으로 브라질 사례는 제도가 불평등의 원인이자 해결책임을 보여준다. 기만적 사회계약을 넘어 시민 참여를 통한 제도 혁신, 특히 AI 시대에 부합하는 공정한 사회계약의 재정립이 시급한 과제이며, 이는 유사한 문제에 직면한 다른 국가들에도 중요한 정책적 함의를 제공할 것으로 기대된다.

7장 「라틴아메리카 중상위 소득 국가들의 공여국 전환」에서 김영철은 라틴아메리카 중상위 소득 국가들의 국제 개발 협력에서의 역할을 개발과 불평등 문제를 중심으로 분석한다. 라틴아메리카 국가들은 국제 개발 협력의 역사적 맥락에서 볼 때, 선진국 중심의 원조 방식에서 탈피해 남남 협력과 삼각 협력 등 수평적이고 상호호혜적인 협력 모델을 추구하고 있다. 이러한 협력 모델의 중요성은 1970년대 '부에노스아이레스 행동 계획(BAPA)'에서부터 강조되었으며, 전통적이고 수직적인 공여-수원국 관계의 한계를 극복하고자 하는 노력으로 나타났다. 그러나 이러한 협력 모델의 전환에도 불구하고, 라틴아메리카는 여전히 개발 과정에서 발생하는 경제적·사회적 불평등 문제를 해결하지 못하고 있다. 특히, 이 지역은 쿠즈네츠 곡선(Kuznets curve)의 이론적 기대와 달리, 경제성장이 진행되더라도 불평등이 완화되지 않고 심화되는 현상을 보인다. 이는 식민지 역사를 거치면서 형성된 경제 구조와 사회적 배제, 그리고 특정 계층에 집중되는 자원의 분배 구조와 밀접하게 관련되어 있다. 라틴아메리카 국가들은 글로벌 노스(Global North) 중심의 세계 경제 체제 속에서 지속적인 경제적·사회적 불균형을 경험하고 있으며, 이는 국제시장 참여 방식이 여전히 북반구 국가들의 경제 모델에 종속되어 있기 때문이다.

한편, 라틴아메리카 중상위 소득 국가들은 국제 개발 협력에서 공여국과 수원국의 이중 역할을 수행하며, 국제 사회에서 점차 그 책임이 커지고 있다. 브라질은 특히 '브라질 방식'을 통해 불간섭 원칙과 조건 없는 지원을 강조하고 있으며, 개발 국가의 자율성을 존중하고 남반구 국가 간 연대를 강화하는 방식으로 글로벌 공공재 제공에 적극적으로 참여하고 있다. 그러나 이러한 브라질의 협력 방식도 구조적 문제들을 완전히 극복하기에는 역부족이다. 중상위 소득 국가들이 직면한 대표적 문제 중 하나는 '중진국 함정(Middle-income trap)'인데, 이는 경제성장의 한계뿐만 아니라 사회 내에서의 불평등 심화와 정책적 불안정성으로도 나타난다.

결국, 라틴아메리카 국가들은 글로벌 규칙과 지역적 거버넌스를 통해 개발 과정에서 발생하는 불평등을 해결하려는 다양한 노력을 기울이고 있지만, 실제적인 결과는 제한적이다. 기후변화, 이주, 보건, 빈곤과 같은 분야에서의 협력도 중요하지만, 보다 근본적으로는 정책적 일관성을 강화하고, 제도적 역량을 개선하며, 글로벌 시장의 구조적 한계를 극복하는 전략적 접근이 필요하다. 이 글은 중상위 소득 국가들이 국제적 협력과 공공재 제공 과정에서 겪고 있는 정책적 불확실성과 제도적 취약성을 해소하는 데 국제 사회의 지원과 연대가 필수적이라는 점을 강조한다.

이 책에 수록된 글은 한국연구재단의 HK+ 사업의 재정 지원을 받아 완성된 결과물이다. 7년간의 지속적인 지원이 없었다면 이런 성과를 낼 수 없었을 것이다. 또한 부산외국어대학교 중남미지역원 HK+ 연구총서에 참여해 준 지역원의 구성원뿐 아니라 세미나와 연구를 함께한 타 대학 교수님들께도 감사드린다. 특히 7년간의 연구 총서를 잘 다듬고 엮어준 알렙출판사 조영남 대표에게도 이 자리를 빌려 감사를 표한다.

필자를 대표하여
조영현

차 례

책을 펴내며 • 4

제1장　라틴아메리카의 인종 문제와 불평등:
　　　　식민성과 차별을 넘어 상호문화성과 존재의 회복으로
　　　　_권봉철 • 19

제2장　중남미 이주와 이민, 불평등에 관한 고찰
　　　　_구경모 • 51

제3장　콜롬비아의 국내 실향민과 젠더박해
　　　　_차경미 • 73

제4장　라틴아메리카의 종교 차별과 혐오:
　　　　갈등을 넘어 공존으로
　　　　_조영현 • 101

제5장　생태세(Ecocene)로의 전환과 행성 정치:
　　　　아마존에서 기후위기를 다시 사유하다
　　　　_이태혁 • 137

제6장　제도와 불평등:
　　　　브라질, 비공식 제도를 넘어 AI 패러다임 시대의 새로운 사회계약을 향하여
　　　　_임두빈 • 161

제7장　라틴아메리카 중소득 국가들의 공여국 전환:
　　　　남남 협력과 삼각 협력을 중심으로
　　　　_김영철 • 185

참고문헌 • 227
필자 소개 • 250

제1장

라틴아메리카의 인종 문제와 불평등:
식민성과 차별을 넘어 상호문화성과 존재의 회복으로

/

권봉철

/

1 들어가며

인종주의(Racism)와 인종차별은 인류 문명의 역사만큼이나 오랜 과제를 제기해 왔다. 인류가 집단을 이루고 살아온 이래, 피부색, 언어, 문화, 출신 지역 등 다양한 차이를 근거로 한 차별과 배제는 세계 곳곳에서 반복되어 왔다(들라캉파뉴, 2000). 라틴아메리카 역시 예외가 아니다. 오히려 이 지역은 식민 지배와 혼혈화(mestizaje), 다양한 종족의 공존이라는 복합적 역사 속에서 인종 문제와 불평등이 더욱 뚜렷하게 드러나는 공간이 되었다.

'인종(人種, race)'이라는 개념 자체가 생물학적 사실이라기보다는 사회적·역사적으로 구성된 범주라는 인식(라탄시, 2011)은, 라틴아메리카의 인종 문제를 이해하는 데 출발점이 된다. 16세기 유럽의 식민 팽창과 함께 백인, 원주민, 아프리카계 흑인, 그리고 이들 간의 혼혈 집단(메스티소, 물라토 등)으로 구성된 인종적 위계질서가 형성되었다. 이 위계는 단지 외모나 피부색의 문제가 아니라 토지 소유, 교육 기회, 정치적 권리, 경제적 진입 장벽 등 사회 전반에 걸쳐 구조적 불평등을 고착시켰다.

특히, 라틴아메리카에서는 혼혈 이데올로기와 '인종민주주의' 신화가 인종차별의 현실을 은폐하는 데 작용해 왔다(김기현, 2009). 혼혈과 통합이라는 담론은 겉으로는 인종 간 갈등이 해소된 듯한 이미지를 제공하지만, 실제로는 원주민과 흑인을 중심으로 한 소수 집단이 다층적인 사회적 배제와 불평등에 노출되어 있다. 도시와 농촌, 엘리트와 빈민, 백인과 비백인 사이의 공간적·사회적 분리는 여전히 라틴아메리카 사회 전반에 만연한 현실이다.

이러한 현실을 구조적으로 분석하고, 다양한 사회적 실천과 정책적 시도를 종합적으로 조망하기 위해 부산외국어대학교 중남미지역원은 HK+ 사업의 선도연구과제 〈라틴아메리카의 평등과 불평등의 변증법〉을 통해 지난 7년간 통합적 시각으로 연구를 수행해 왔다. 그 연구의 첫 결실이 『인종과 불평등: 라틴아메리카의 인종차별에 대한 역사구조적 고찰』(조영현 외, 2020)이라는 공동 저서로 출판되었다.

이 책에서는 라틴아메리카의 인종차별과 불평등 문제를 식민지 시기부터 현재에 이르기까지 구조적으로 고찰하고, 원주민과 아프리카계 후손들이 겪는 차별의 양상을 분석했다. 라틴아메리카의 많은 나라에서 혼혈주의 이데올로기와 인종민주주의 담론이 차별의 존재를 은폐해 왔으나, 실제로는 백인 중심의 우월주의와 사회경제적 격차가 뚜렷하게 드러난다. 도시 공간은 산업화와 도시화 과정에서 경제적·인종적 위계가 공간적으로 투영되며, 농촌의 불평등은 토지 상실, 마약 재배, 강제 이주 등과 얽혀 복합적인 양상을 띤다. 국제 이주와 송금은 농촌 경제의 생존 수단으로 작용하고 있지만, 이는 구조적 불평등의 결과이자 동시에 그 불평등을 재생산하는 요인이기도 하다.

이에 대응하는 시도로, 볼리비아와 에콰도르 등 일부 국가에서는 헌법 개정과 국가 재구성을 통해 원주민 권리, 다민족국가의 인정, 상호문화성, 생태적 권리, 수막 카우사이(Sumak Kawsay, 충만한 삶) 등의 새로운 정치적 비전을 수립해 왔다. 이는 기존의 동화주의와 국가중심주의 정책의 한계를 넘어, 자치와 집단적 권리, 존재 방식의 다원성에 기반한 탈식민적 재구성의 시도라 할 수 있다.

그러나 불평등의 해소는 단순히 정책적 대응이나 빈곤 감소만으로는 이뤄지지 않는다. 그것은 역사적·문화적 맥락을 고려한 구조적 전환을 필요로 한다. 바로 이 지점에서 '존재의 정치(politics of being)'라는 개념이 중요하게 부상한다. 존재의 정치는 단지 제도적 권리나 정책적 평등에 그치지 않고, 각 집단이 자신만의 존재 방식, 즉 언어, 문화, 세계관과 삶의 양식을 보장받고 사회적 주체로 인정받는 조건을 모색하는 데 그 본질이 있다. 말하자면, 자신의 존재 자체를 인정받지 못했던 이들의 회복이 곧 문제의 핵심 과제가 되는 것이다. 각자의 존재 양식을 결정하고 다양한 존재 양태를 인정하는 것이 곧 존재의 정치라고 할 수 있다. '식민지 원주민은 말할 수 없는 존재였다'라거나, '흑인은 인간으로 간주되지 않았다'는 역사적 서술은, 존재의 자격 자체가 식민 권력에 의해 박탈되어 왔음을 의미한다. 존재의 정치는 이처럼 존재할 수 없었던 존재들을 다시 '존재하게 만들기' 위한 실천적 과정이라고 할 수 있다.

이러한 맥락에서 상호문화성(interculturality)은 단순한 문화 교류나 다문화주의(multiculturalism)를 넘어, 서로 다른 존재 방식의 평등한 공존을 추구하는 정치적 장으로 이해되어야 한다. 존재의 회복은 상호문화성 속에서 구체화되며, 이는 다시금 다원적 세계(플루리버스, pluriverse)를 지향하게 된다.

결국, 인종 문제는 단순한 과거의 유산이 아니라, 오늘날에도 여전히 현재진행형의 과제이다. 라틴아메리카에서 불평등을 극복하기 위한 실질적이고 구조적인 변화는, 단지 정책적 대응에 그칠 것이 아니라 존재론적 위계에 대한 근본적인 성찰과 해체를 동반해야 한다. 그것이야말로 식민성과 차별을 넘어, 공존과 포용의 세계로 나아가는 길이며, 상호문화성을 토대로 다원적 존재 방식이 공존하는 세계, 곧 플루리버스를 지향하는 실천적 방향일 것이다.

이 글에서는 이러한 문제의식 속에서, 라틴아메리카의 인종 문제와 불평등을 둘러싼 현재 상황과 그 극복을 위한 시도를 점검하고, 식민성과 차별을 넘어 상호문화성과 존재의 회복으로 나아가려는 흐름과 그 전망을 고찰하고자 한다.

2 식민성과 차별의 구조

라틴아메리카의 인종 문제와 불평등을 이해하기 위해서는 먼저 이 지역을 형성한 근본적인 구조, 즉 식민성과 차별이 어떻게 깊이 뿌리내려 왔는지를 분석해야 한다. 유럽 식민주의자들이 아메리카 대륙에 발을 디딘 순간부터, 인종은 단순히 생물학적 범주를 넘어 사회적, 경제적,

정치적 위계를 정당화하는 강력한 도구로 작동했다. 이러한 식민적 유산은 오늘날까지 라틴아메리카 사회의 불평등을 재생산하는 핵심적인 메커니즘으로 남아 있다.

유럽인들이 아메리카에 도착하면서 가장 먼저 수행한 것은 원주민 문명에 대한 파괴와 함께 자신들의 지배를 정당화하기 위한 새로운 질서의 구축이었다. 이 과정에서 '인종' 개념이 핵심적인 역할을 했다. 정복자들은 자신들을 문명화되고 우월한 존재로 규정하고, 원주민들을 야만적이고 열등한 존재로 낙인찍었다. 이는 단순히 관념적인 구분에 그치지 않고 인종주의에 바탕을 둔 명확한 위계질서를 구축했다.

스페인 본토 출신의 백인과 그 후손인 현지 태생 백인들인 크리오요(criollo)는 사회의 최상층을 차지하며 통치권을 쥐고 토지, 광산, 무역을 독점했다. 백인과 원주민, 또는 백인과 아프리카인 사이에서 태어난 혼혈인들은 메스티소(mestizo)/물라토(mulato)로서 중간 계층을 형성했으며, 이들의 지위는 혈통의 혼합 정도나 피부색에 따라 유동적이었다. 반면, 원주민들(indígenas)은 정복과 함께 삶의 터전을 빼앗기고 엔코미엔다(encomienda), 미타(mita)와 같은 제도를 통해 강제 노동에 시달리며 사회의 가장 낮은 계층에 속했다. 마지막으로 대서양 노예무역으로 강제로 이주당한 아프리카 노예 및 그 후손들은 법적으로 '재산'으로 취급되었고, 가장 극심한 착취와 비인간적인 대우를 받으며 어떤 권리도 인정받지 못했다.

이러한 인종적 위계는 '카스타 제도(casta system)'라는 복잡한 법적, 사회적 분류 체계를 통해 제도화되었다. 카스타 제도는 16세기부터 스페인이 라틴아메리카 식민지에서 시행한 인종과 혈통에 기반한 사회

계층 구조였다. 이 제도는 스페인 제국이 식민지를 효율적으로 통제하고, 유럽인의 지배를 정당화하기 위해 고안한 체계이다. 이것은 단순한 인종 구분을 넘어, 사회·경제·정치 전반의 질서를 인종 위계에 따라 조직하는 수단이었다.

카스타 제도는 혈통과 피부색에 따라 사람들을 엄격하게 구분하여 위계적으로 배치했다. 페닌술라레스(Peninsulares)는 이베리아 반도 출신의 스페인 사람으로 식민지에서 가장 높은 행정과 종교, 군사 권력을 독점했다. 그다음으로 크리오요는 라틴아메리카에서 태어난 유럽계 후손으로 경제적으로는 부유했지만, 정치권력에서는 페닌술라레스에 비해 제한을 받았다. 유럽인과 원주민 사이에서 태어난 혼혈인으로 메스티소는 제한적인 교육과 직업 기회를 얻을 수 있었지만 사회적으로는 중간 계층에 머물렀다. 유럽인과 아프리카계 사이에서 태어난 혼혈인으로 물라토는 메스티소보다 사회적 위치가 낮았고, 심한 차별도 받았다. 원주민은 공식적으로는 스페인 왕실의 보호를 받는 신민이었지만, 실제로는 토지를 빼앗기고 세금과 강제노동의 대상이었다. 마지막으로는 아프리카계 노예와 그 후손은 법적으로도 재산으로 취급되었으며, 정치·경제·법적 권리를 전혀 보장받지 못한 채 가장 밑바닥에 위치했다.

이렇게 카스타 제도는 개인의 혈통과 혼혈 정도를 정교하게 구분하여 사회적 지위, 직업, 거주지뿐만이 아니라 착용할 수 있는 옷의 종류까지 규정했다. 이는 소수의 유럽인이 다수의 피지배 인구를 효율적으로 통제하는 강력한 수단이었다.

인종적 위계질서는 카스타 제도를 통해 라틴아메리카 사회 전반에 뿌리내린 공식적·사회적 인종 서열 구조를 의미한다. 카스타 제도가 공식적으로 폐지된 19세기 이후에도 피부색이나 혈통, 문화적 배경에 따른 서열과 차별이 사회 전반에 남아 있다. 현대 라틴아메리카에서는 법적 구분이 사라졌지만, 사회적 인식, 경제적 기회, 교육, 정치적 대표성 등에서 여전히 인종에 따른 위계와 차별이 존재하는 것이다.

19세기 초 라틴아메리카 국가들이 스페인과 포르투갈로부터 독립했지만, 식민 시대에 형성된 인종적 위계와 차별의 구조는 사라지지 않았다. 독립 이후에도 유럽이 설계한 인종 기반의 위계질서 구조는 쉽게 바뀌지 않았다. 독립은 주로 크리오요 엘리트들에 의해 주도되었으며, 식민 본국의 통제에서는 벗어났지만, 기존의 사회 질서를 근본적으로 바꾸려는 의지보다는 유지하려는 경향이 강했기 때문이다.

라틴아메리카 비판 사상가인 아니발 키하노(Aníbal Quijano)는 이를 '권력의 식민성(colonialidad del poder)'이라고 부르며, 인종 위계와 자본주의가 결합한 구조가 탈식민 이후에도 근본적으로 바뀌지 않았음을 지적한다.

월터 미뇰로(Walter Mignolo) 역시 "라틴아메리카는 만들어진 대륙이며, 그 토대에는 식민적 상처와 존재의 위계가 자리하고 있다"고 말한다. 그에 따르면, 인종은 단순히 피부색의 차이가 아니라, 지식, 권력, 존재 자체를 나누는 정치적 장치인 것이다.

카스타 제도는 법적으로 폐지되었지만, 인종 위계와 사회적 불평등은 사라지지 않았다. 백인 엘리트는 여전히 정치·경제 권력을 장악했고, 원주민과 아프리카계 후손들은 교육, 토지, 보건 등 사회자원으로부터 배제된 채 살아간다.

심지어 일부 라틴아메리카 국가들은 '진보'와 '근대화'를 명분으로 백인화(whitening) 이데올로기를 장려했다. 이는 유럽 이민을 적극적으로 유치하고, 혼혈을 통해 비백인 혈통을 '개선'하려는 시도를 포함했다. 이러한 정책들은 비백인 문화를 열등하게 간주하며 인종적 편견을 오히려 강화하는 결과를 낳았다. 식민 시대에 인종과 결부되었던 토지 소유 구조, 직업 분화, 교육 기회 등의 불평등은 독립 이후에도 지속되었고, 이는 인종적 차별이 경제적 불평등과 상호 강화되는 복합적인 구조를 형성했음을 의미한다. 국가 발전의 논리는 원주민의 정체성을 부정하거나 동화시키는 방향으로 진행되었으며, 이는 원주민 문화와 전통의 소멸로 이어졌다.

현대 라틴아메리카 사회에서 인종에 따른 법적 차별은 대부분 철폐된 것처럼 보일 수 있다. 하지만 피부색과 출신 배경에 따른 불평등은 여전히 사회 곳곳에 깊이 뿌리내려 있다. 이는 명시적으로 드러나지 않지만, 제도와 일상에 깊게 내재한 '구조적 차별' 또는 '제도적 인종주의'로 나타난다.

구조적 차별은 다양한 방식으로 우리 사회에 영향을 미친다. 오늘날에도 여전히 사라지지 않은 채 남아 있다. 교육 접근성 및 질의 차이가 발생하여 원주민이나 아프리카계 공동체는 양질의 교육 기회에서 소외되는 경우가 많고, 이는 미래 세대의 사회적 상승을 가로막는 주요 요인이 된다. 고용 및 소득 불균형 또한 두드러지는데, 인종에 따라 직업 선택의 폭, 임금 수준, 승진 기회 등에서 차이가 나타나며, 아프리카계 및 원주민은 서비스업, 비공식 부문, 저숙련 노동 등에 과도하게 집중되는 경향을 보인다. 인종적 편견은 경찰의 과도한 공권력 행사, 불공정한 재판, 높은 수감률 등으로 이어질 수 있다.

그뿐만 아니라, 정치적 대표성 부족은 비백인 인구가 정치적 의사 결정 과정에서 과소 대표되는 경향을 보이며, 이는 그들의 목소리가 정책에 제대로 반영되지 못하게 한다. 대중 매체의 편견 재생산도 중요한 문제인데, 대중 매체는 종종 인종적 고정관념을 재생산하고 특정 인종 집단을 부정적으로 묘사하여 사회적 편견을 강화한다. 아름다움의 기준이나 성공의 이미지에서도 여전히 백인 중심의 시각이 지배적이다.

이러한 구조적 차별은 단순히 개인의 의식적인 차별 행위를 넘어, 사회 시스템 자체가 특정 인종 집단에게 불리하게 작동하도록 설계되어 있거나, 과거의 차별이 현재에까지 영향을 미치고 있음을 보여준다. 즉, 인종은 과학적 사실이라기보다 지배를 정당화하기 위해 구성된 사회적 규범이다.

이러한 점은 아니발 키하노가 말한 '식민성(coloniality)'이라는 세계 인식 방식의 핵심으로, 서구 근대가 세계를 이해하고 조직해 온 방식에 인종이 중심적 역할을 했음을 의미한다. 라몬 그로스포겔(Ramón Grosfoguel)은 인종화(racialization)를 사회가 차이를 정치적으로 조직하고 배제를 정당화하는 권력의 기술로 설명하며, 이것이 성별, 계급, 지역성과 결합하여 복합적인 억압 구조를 형성한다고 보았다(Grosfoguel, 2011).

인종화는 단지 생각에만 머무르지 않고, 삶의 구체적인 조건에까지 영향을 미친다. 도시 공간은 인종별로 구획되고, 원주민과 아프리카계 후손은 사회적 자원이 부족한 지역에 집중되어 있다. 공교육은 백인 중심의 역사와 지식을 중심으로 구성되어 있으며, 원주민의 언어나 세계관은 배제된다. 심지어 국가의 공식 언어는 대부분 스페인어나 포르투

같어이며, 다수의 원주민 언어는 공적 공간에서 인정받지 못한다. 이는 단순한 문화적 소외가 아니라, 누구의 말이 들리고 누구의 존재가 사회 안에서 '보이는가'에 관한 문제, 즉 특정 존재 방식이 사회 안에서 존재하지 않는 것처럼 취급되는 현상이다. 생명정치 개념을 적용하면, 인종화는 특정 생명은 보호하고 다른 생명은 방치하는 체제로 연결되어, 누구의 삶이 가치 있는가를 판단하는 기준 자체가 인종적 위계에 따라 작동하게 만든다.

라틴아메리카의 인종 문제는 단지 경제적 빈곤이나 교육의 문제로만 볼 수 없다. 더 깊이 들어가면, '누가 인간으로 인정받는가', '어떤 존재가 사회 속에서 존중받는가'라는 근본적인 질문에 닿는다. 월터 미뇰로가 강조했듯이, 서구 근대성은 식민성 없이는 성립할 수 없었다. 근대성은 단순히 기술과 진보의 이름이 아니라, 세계를 분할하고 위계화하는 방식이었다. 이 구조는 오늘날까지 우리의 제도, 지식, 그리고 상상 속에 살아남아 있다. 라틴아메리카의 인종차별과 불평등 문제를 해결하기 위해서는 단순한 제도 개혁이나 자원의 재분배를 넘어, 존재의 위계를 해체하고 사람됨의 기준을 다시 묻는 전환적 사고가 필요하다. 진정한 공존과 정의는 바로 그러한 인식의 전환에서 출발할 것이다.

3 500년의 저항과 담론의 변화

1492년 콜럼버스의 아메리카 도착은 항해의 성공 이상이었다. 이 시점은 유럽의 근대가 출현한 순간이자, '식민성'이라는 세계 인식 방식이 형성된 시점이었다. 식민자들은 자신들을 '문명'의 주체로, 원주민과 아프리카인을 '야만'의 대상으로 설정했다. 이 위계는 통치 구조뿐 아니라 사회 전반에 걸쳐 작동했다. 식민성은 단순히 과거 식민지 시기의 유산이 아니라, 현대 사회의 제도, 공간, 지식 체계 속에서 내재화된 위계 구조를 의미한다.

1519년, 쿠바에 주둔하던 스페인 군대는 마침내 아메리카 대륙에 대한 본격적인 정복에 나섰다. 코르테스(Hernán Cortés) 장군이 지휘하는 군대는 오늘날의 멕시코 베라크루스에 상륙하여, 1521년에는 아스테카(Azteca) 제국의 중심부인 두 도시 테노츠티틀란(Tenochtitlan)과 틀라텔롤코(Tlatelolco)를 정복했다. 최후의 격전지 틀라텔롤코를 함락하고, 이곳에 스페인의 수호성인 산티아고(Santiago, 사도 대(大) 야고보)의 이름을 딴 성당을 짓고, 부속 건물로 본격적인 영혼의 정복을 위해 원주민 귀족 자제를 위한 선교학교(Colegio de la Santa Cruz de Santiago Tlatelolco)를 세웠다.

이곳 산티아고 성당 앞 대리석에 다음과 같은 글귀가 새겨진 기념비가 서 있다.

1521년 8월 13일, 콰우테목(마지막 황제)이 영웅적으로 방어하던 틀라텔롤코는 에르난 코르테스(스페인의 장군)에게 함락되었다. 그러나 이것은 누구의 승리도 패배도 아니었다. 단지 오늘날 멕시코 메스티소 민족의 고통스러운 탄생의 순간이었다(〈그림 1〉, 사진 및 번역: 저자).

이 장소는 멕시코시티에 있는 삼문화 광장이라는 곳이다. 아스테카

〈그림 1〉• 산티아고 성당 앞에 있는 비석, 멕시코시티 삼문화 광장.

제국의 중심 도시였던 곳을 점령하고 그 터전 위에 성당을 세웠다. 주변으로는 현대식 건물이 들어서 있어서, 원주민 문화와 식민지 문화, 그리고 현대의 멕시코 문화가 어우러진 세 가지 문화가 한 곳에 있는 장소라 하여 삼문화 광장이라는 이름으로 불린다.

대리석에 새겨진 글귀의 내용은 1521년 8월 13일, 스페인 군대에 의해 아스테카 제국이 무너진 순간을 새로운 메스티소 민족의 탄생 순간으로 기록하고 있다. 이 논리는 메스티소라는, 즉 스페인 사람과 원주민이었던 아스테카 사람들이 하나로 혼혈되며 새롭게 태어나는 것을 표현하고 있다. 이것은 곧 호세 바스콘셀로스(José Vasconcelos)의 『보편인종(*La raza cósmica*)』(2018)의 이데올로기이기도 하다.

보편 인종 이데올로기는 국가 발전과 통합의 원리로 작용하면서 원주민의 정체성은 부정되고 국가 주도의 동화 논리에 통합시키는 방향으로 진행되었다. 보편 인종 이데올로기는 20세기 초의 멕시코 혁명을 지나며 강화되어, 제도혁명당(PRI)이 집권하던 20세기 마지막까지 연명했다. 이 보편 인종, 즉 메스티소라는 혼혈의 논리는 "라틴아메리카가 여러 인종이 혼합되어 있으면서도, 인종차별이 없는 이유는 무엇입니까?"(김기현, 2012: 11)라는 질문이 가능할 수 있게 했다. 라틴아메리카의 여러 나라에서 비슷한 맥락으로 인종차별의 실상이 무시되거나 메스티소의 신화에 가려져 있게 되었다는 것이다.

라틴아메리카 비판 사상은 매우 이른 시기부터, 나중에 '인종'이라 불리는 외형적 차이가 유럽인들이 아메리카 대륙이나 아프리카 출신 집단을 착취하는 데 정당화 논리로 작동해 왔음을 인식했다. 이러한 식민적 착취는 1492년에 시작된 '근대성'의 토대를 이루며, 이에 대한 비판적 사유는 곧 근대성 자체, 그것이 내세우는 지배적 철학, 그리고 그에 기반한 경제·정치 모델에 대한 비판으로 이어졌다(Ruis Sotelo, 2025).

이미 정복 전쟁 당시 코르테스의 식민 군대에 협력했던 테스코코(Texcoco)의 주민들은 식민 지배 체제가 인종적 요소에 기반한 불평등을 낳고 있음을 비판했다. 그리고 바르톨로메 데 라스 카사스(Bartolomé de las Casas, 1485-1566) 신부는 아메리카 원주민에 대한 유럽 우월성 개념에 대해 비판했다. 이미 라스 카사스는 유럽 침략에 맞서 일어난 인도아메리카 원주민들의 저항을 기반으로 원주민의 현실과 비유럽 민족 전체를 출발점으로 하는 새로운 휴머니즘, 플루리버스적 휴머니즘(un humanismo pluriverso)을 구축하고 있었다(Ruis Sotelo, 2025: 25).

그러나, 20세기 들어 메스티소 이데올로기의 국가 통합 논리에 정면으로 맞선 것은 멕시코 치아파스 주에서 일어난 마야(Maya) 원주민의 무장봉기, 즉 사파티스타 민족해방투쟁군(EZLN)일 것이다. 봉기는 1994년 1월 1일, 북미자유무역협정(NAFTA)의 발효에 맞춰서 총성과 함께 시작됐다. 치아파스의 라칸돈(Lacandón) 밀림에서 옛 마야 문명의 후예들이 모인 여러 마야 종족의 공동 체제로 시작된 신자유주의 체제에 대한 분명한 반대 투쟁은 500년간 이어진 유럽중심주의와 인종주의 위계질서의 식민성에 대한 끊임없는 원주민의 항거가 본격적으로 표출된 것이다. 사파티스타 자치 마을의 하나인 오코싱고(Ocosingo)의 모세 간디(Moisés Gandhi) 마을의 벽화(그림 2)에 그 모습이 잘 나타나 있다. "이제 충분하다(¡Ya Basta!)"라는 표현과 봉기의 시작인 "1994년 1월 1일(1 de enero de 1994)"과 함께 "저항의 500년(500 años de Resistencia)"이라고 적힌 문구가 선명하다.

콜럼버스가 카리브해에 있는 작은 섬, 바하마 군도의 산살바도르(San Salvador)에 도착했던 1492년 10월 12일은 아메리카 대륙과 카리브의 여러 나라에서 인종의 날(Diá de la Raza)로 기념되어 왔다. 1992년, 500주년을 맞아 이에 대한 많은 비판이 있었고, 이후에도 이 날의 기념에 대한 찬반 논쟁이 계속되었다.

최근 몇 년간에는 콜럼버스 기념상이 퇴거되기에 이르렀다. 멕시코시티의 동서를 가로지르는 중심 도로인 레포르마 거리의 콜럼버스 로터리에 있던 콜럼버스 동상도 같은 운명을 맞이했다. 2021년 10월 12일 인종의 날 기념일이 있기 전에 멕시코시티 정부에서 불상사를 방지하기 위해 미리 철거해 버렸다.

〈그림 2〉• 모세 간디(Moisés Gandhi) 마을 벽화, 멕시코 치아파스.

멕시코 정부는 2021년부터 다양한 국가적 기념사업과 공공 담론을 통해 이 도시의 기원을 소환하고, 그 의미를 현재적으로 재정립하고자 하는 일련의 프로젝트를 추진하고 있었다. 멕시코 연방 정부는 1521년 아스테카 제국의 수도 테노츠티틀란과 틀라텔롤코의 함락을 원주민 문명의 파괴로 규정하고, 이후 500년의 식민 기간을 '원주민 저항 500년'으로 명명했다. 멕시코-테노츠티틀란은 현재 멕시코시티의 역사 중심지(Centro Histórico)를 기반으로 한 도시국가로, 아스테카 제국의 수도였으며 '멕시코시티'라는 이름의 기원이기도 하다(권봉철, 2025: 117).

콜럼버스 동상이 철거된 멕시코시티의 중심가 거리에, 이제는 두 개의 인상적인 조형물이 나란히 서 있다.[1] 하나는 고고학 유물을 바탕으로 제작된 '아마학의 여인(La Joven de Amajac)'으로, 과거 원주민 여성의 형상을 재현한 작품이다. 다른 하나는 여성 인권 운동의 목소리를 담은 조형물 '정의(Justicia)'로, 여성에 대한 폭력과 여성 살해에 항의하는 의미를 담고 있다.

이제 이 공간은 식민 시대의 단순한 기념 장소를 넘어 원주민 정체성의 기억과 젠더 문제가 함께 어우러지는 새로운 기억의 장소로 거듭나고 있다. 이러한 변화는 공공기념물이 단일한 국가 정체성을 대변하는 상징물이 아니라, 다양한 기억과 목소리가 공존하고 충돌하는 열린 공간이 될 수 있음을 보여준다.

'아마학의 여인'은 멕시코 동부의 와스테카(Huaxteca) 지역과 나와틀(Nahuatl) 문화의 영향을 받은 마야계 원주민 여성의 모습을 하고 있다. 그 복장과 자세는 통치자 계층의 위엄을 상징하며, 원주민 여성의 사회적 지위와 정치적 역할을 되새기게 한다. 이는 단순한 재현을 넘어, 오랫동안 지워졌던 원주민 여성의 역사와 문화를 다시 조명하려는 시도이기도 하다. 동시에, 식민주의와 인종 차별에 맞서 싸우는 저항의 상징으로 해석되기도 한다.

한편, 보라색 실루엣으로 표현된 '정의' 조형물은 2021년, 여성 운동 단체들이 직접 설치한 것이다. 이는 여성 살해와 성폭력에 항의하기 위한 일종의 '반기념물(antimonumento)'로, 전통적인 기념 방식에 도전하

---

[1] 3절의 다음 내용은 필자의 논문, 「멕시코시티 700주년 담론과 '기억의 장소': 식민성과 불평등 구조의 재고」(권봉철, 2025)에 포함된 내용을 재정리한 것이다.

〈그림 3〉· '투쟁하는 여성들의 로터리'에 설치된 반기념 조형물 '정의'(왼쪽)와 '아마학의 여인'상 (오른쪽). 출처: Wikipedia Commons.

는 새로운 형태의 상징물이다.

처음에 시 정부는 이 '정의'를 철거하고 대신 '아마학의 여인'을 설치할 계획이었다. 하지만 여성 단체와 시민들의 반발로 논의가 이어졌고, 결국 두 조형물을 모두 존치하기로 결정되었다. 이 과정은 공공 기념물이 국가 권력의 일방적인 기억 장치가 아니라, 사회 구성원들이 협상하고 토론하며 함께 만들어 가는 기억의 장소가 될 수 있음을 잘 보여준다.

2023년 7월 23일, 멕시코시티의 중심가에 있는 레포르마 거리에서 특별한 제막식이 열렸다. 이날 바트레스(Martí Batres) 멕시코 시장(당시)은 '아마학의 여인' 조각상의 설치를 공식 발표하며, 그 의미를 시민들과 공유했다. 그는 이 조형물이 세워지기까지 오랜 시간 목소리를 내온 여성단체들과 이전 시장이었던 클라우디아 셰인바움(Claudia Sheinbaum, 현 멕시코 대통령)의 노력을 기리는 말을 아끼지 않았다. 그리고 이 자리를 모든 원주민과 여성 공동체의 반식민주의 투쟁을 기념하는 '로터리'로 선언했다.

이렇게 해서 한때 콜럼버스의 동상이 자리 잡고 있던 장소는 완전히 새로운 풍경으로 바뀌었다. 지금 그곳에는 여성 인권을 상징하는 조형물 '정의'와 원주민 여성의 위엄과 역사를 되살린 '아마학의 여인'이 나란히 서 있다. 서로 다른 의미를 담고 있지만, 두 조형물은 함께 식민성과 차별을 넘어 원주민의 정체성과 젠더 문제에 대한 기억이 교차하는 공간을 만들어 낸다. 이는 멕시코 사회에서 탈식민주의적 전환이 어떻게 시각적이고 공간적인 방식으로 실현되고 있는지를 잘 보여주는 상징적인 사례다.

무엇보다 이 두 조형물의 공존은 잊힌 존재로 치부되어 왔던 원주민과 여성의 목소리를 회복하려는 시도이자, 그들을 사회의 주변부가 아닌 주체로 다시 세우려는 정치적 실천이다. 과거 콜럼버스가 내려다보던 자리에는 이제 오히려 식민주의의 피해자였던 이들의 형상이 서 있으며, 이는 단지 상징적 제스처가 아니라 공공 기억을 새롭게 구성하려는 움직임의 중심이 되고 있다.

이러한 변화는 멕시코시티 정부가 추진하고 있는 더 큰 흐름의 일부이기도 하다. 시 정부는 2025년을 '멕시코-테노츠티틀란(México-Tenochtitlan) 건립 700주년'으로 새롭게 선포하며, 도시의 기원을 원주민의 관점에서 재조명하려는 계획을 본격화했다. 2025년 7월 26일, 대통령궁 앞 헌법 광장(Plaza de la Constitución, 소위 '소칼로')에서는 멕시코 대통령과 멕시코 시장이 참석한 가운데, 국방부 주관으로 "멕시코 테노츠티틀란: 위대한 유산 7세기(México Tenochtitlan: Siete Siglos de Legado de Grandeza)"라는 기념행사가 거행되었다. 이 행사는 단순히 특정 연도나 사건을 기념하는 차원을 넘어, 멕시코 역사와 정체성을 재해석하고 과거를 인식하는 방식의 변화를 표방하는 정치적·문화적 선언으로 기획·연출되었다.

특히, 오랫동안 스페인 식민주의의 상징으로 여겨져 온 콜럼버스 동상이 철거되고, 그 자리에 페미니즘과 원주민성을 상징하는 기호가 병치된 사건은 주목할 만하다. 이러한 공간적·상징적 재배치는 단순한 기념물 교체를 넘어, 식민성을 극복하고 새로운 사회·문화적 질서를 구축하려는 담론적 실천으로 해석될 수 있다. 더불어, 멕시코 연방정부가 2025년을 '원주민 여성의 해'로 지정한 사실은 원주민과 여성이라는, 역사적으로 주변화되고 억압받아 온 두 존재를 국가적 기념과 정치적 재인식의 중심에 위치시키는 의의를 지닌다.

4 상호문화성과 원주민의 세계관

라틴아메리카의 인종 문제와 불평등을 넘어서는 실천적 전환의 하나로 상호문화성(interculturalidad)은 중요한 개념적·정치적 지평을 제공한다. 단순한 문화 간 교류나 공존의 개념을 넘어, 상호문화성은 다른 존재 방식, 지식 체계, 시간성, 삶의 논리들에 대한 인정과 동등한 관계의 구성을 전제로 한다.

캐서린 왈시(C. Walsh, 2009)는 이를 "비판적 상호문화성(interculturalidad crítica)"이라 부르며, 국가의 통합 기제로서 기능해 온 공식적 다문화주의와는 구별되는 탈식민적 실천의 성격을 강조한다. 상호문화성은 다양한 정체성과 세계관이 만나는 자리를 통해 기존의 권력 구조와 지식 위계를 해체하고, 새로운 공동체적 질서를 구성하는 정치적 실천이다.

산투스(B. de Sousa Santos, 2010) 역시 유럽 중심의 인식론이 세계의 유일한 보편을 주장해 온 점을 비판하며, '존재와 지식의 사회적 다원성', 즉 '플루리버설리티(pluriversality)'의 원리를 상호문화적 사유의 핵심으로 제시한다. 그에 따르면 상호문화성은 '서구적 근대'를 넘어서기 위한 인식론적 전환이자, 대안 문명적 구성의 토대이다.

이스터맨(J. Estermann, 2015)은 안데스 철학과 세계관 연구를 통해 원주민적 세계 인식(cosmovisión indígena)이 갖는 존재론적 기반을 강조한다. 안데스 세계에서는 인간, 자연, 조상, 시간과 공간이 분리되지 않으며, 삶은 상호 연결과 조화, 순환의 리듬 속에 존재한다. 이러한 세계관은 서구적 주체-객체 이분법이나 직선적 시간관, 발전주의와는 전혀 다른 윤리와 질서를 제안한다.

1) 상호문화성의 정치적 실천: 문화의 경계를 넘는 연대

비판적 상호문화성은 단순히 다양한 문화를 인정하는 것이 아니라, 문화 간 수평적 관계와 상호성의 원리를 기반으로, 사회 체계 자체의 전환을 추구하는 실천이다. 이는 다음과 같은 영역에서 구체화되고 있다.

볼리비아와 에콰도르의 다민족 국가 구성과 헌법 개정은 '수막 카우사이(Sumak Kawsay, 좋은 삶)'라는 원주민 공동체의 세계관을 헌법적 가치로 승격시켰으며, 이는 상호문화적 국가 구상의 기반이 되었다. 다언어주의와 공동체 자치, 자연권이 공식적으로 인정된 것도 그 일환이다.

멕시코 치아파스의 사파티스타 운동, 즉 사파티스타민족해방군(Ejército Zapatista de Liberación Nacional, EZLN)은 선포문에서부터 "다른 세계는 가능하다"는 명제를 내세우며, 비서구적 사유, 집단적 자치, 공동체 중심의 윤리 등을 실천해 왔다. 사파티스타의 교육, 의료, 토지 개혁은 상호문화성의 구체적 실험장이자 정치적 저항의 장이기도 하다.

이중 언어와 상호문화 교육은 원주민 언어와 문화에 기초한 교육 모델을 통해 식민적 교육 시스템의 동화주의를 거부하고, 자신의 언어로 배우고 말하는 권리를 되찾는 과정이다. 이는 언어권 차원의 인식론적 회복일 뿐 아니라, 집단 정체성과 주체성의 실천이다.

아프로 및 원주민 여성주의의 실천은 식민성과 젠더, 인종, 계급이 교차하는 억압 구조를 비판하며, 공동체적 돌봄, 자연과의 관계, 영성(espiritualidad)을 강조하는 대안적 여성주의 실천 또한 상호문화적 전환의 중요한 축을 이룬다.

2) 원주민의 세계관과 존재의 재정립

원주민 세계관(Cosmovisión)은 단지 신화나 민속 전통이 아니라, 다른 존재 방식과 인식 방식의 총체적 체계다. 이 세계에서 인간은 자연의 일부이며 강, 산, 바람, 씨앗에도 생명과 정령이 깃들어 있다. 존재는 고립된 개체가 아니라, 관계 속에서 존재하는 유기적 흐름이다. 시간은 직선이 아니라, 순환하고 재생되는 리듬이다. 삶은 경쟁이 아니라 상호 의존과 균형 속의 공동체적 조화를 의미한다.

이러한 세계관은 근대적 발전 모델, 자본주의적 성장 논리, 서구식 교육 체계와는 충돌할 수밖에 없다. 하지만 동시에, 이는 현대 사회가 직면한 생태 위기, 공동체 해체, 존재의 단절성 문제에 대한 근본적 대안이 될 수 있다.

관계성(relacionalidad)은 인간, 자연, 우주 간의 모든 존재가 서로 연결되어 있다는 사고방식으로, 서구의 단절적이고 위계적인 세계관과 대조된다. 교육과 삶의 목적은 공동체적 '좋은 삶'을 지향하는 것이며, 이는 서구 근대 대학의 개인주의적 직업 중심 교육과는 다르다. 지식의 탈식민화를 위한 실천으로, 식민적·유럽중심주의적 패러다임을 해체하고, 원주민 지식 체계로부터 새롭게 배우는 과정이 강조된다. 호혜성과 상보성은 안데스 세계관의 핵심 가치인 주고받음, 그리고 상호보완적 관계에 기초한 공동체적 삶과 학습을 지향한다.

상호문화성은 단지 문화 간 관용이나 통합의 논리가 아니다. 그것은 식민성과 근대성에 기반한 단일한 세계 체계(monocultura del saber, monocultura del ser)를 넘어, 다양한 세계(pluriverso)가 공존하는 삶의 질서를 재구성하는 시도이다. 서구적 보편성을 상대화하고, 원주민·피식민 세계의 지식과 존재 방식이 중심 주체로 등장하는 전환적 기획이다. 여기에서 '존재의 회복'이란, 단지 과거의 문화유산을 보존하는 것을 넘어, 다른 존재 방식이 사회의 규범과 제도 안에서 실질적으로 작동할 수 있도록 하는 실천을 의미한다.

이것은 라틴아메리카의 인종 문제와 구조적 불평등에 대한 단순한 해법이 아니다. 존재론적·인식론적 전환을 통해, 다른 세계가 가능하다는 믿음을 실천하는 대안적 사유이자 정치적 전략이다. 상호문화성과 원주민 세계관이 제안하는 삶의 방식은, 단일한 서구적 세계관에 균열을 내고, 공존과 조화의 다원 세계로 나아가는 실마리가 될 수 있다.

3) 에콰도르의 아마우타이 와시 상호문화 대학교

월터 미뇰로는 『라틴아메리카의 발명』(2010)에서 아마우타이 와시(Amawtay Wasi)의 철학을 언급하고 있다. 아마우타이 와시(키추아(Quichua)[2]어로 '지혜의 집'이라는 뜻) 대학이 안데스 원주민의 세계관과 인식론에 기초하여 서구적 대학 및 지식 모델에 대한 급진적 대안을 제

---

2 에콰도르 지역에서 사용되는 키추아(Quechua)는 케추아어족(Quechuan family) 내에서도 페루 지역에서 사용되는 케추아(Quechua)와 구분되며, 상호 이해도가 제한적이어서 동일 언어의 단순 변종이 아니라 서로 다른 언어로 분류하는 경우가 많다. '키추아어'라는 명칭은 에콰도르 원주민이 자신들의 정체성을 정치·문화적으로 구분하려는 노력과 연관되어 있으며, 에콰도르의 Quichua 운동(ECUARUNARI)은 이 언어를 국가 차원에서 '케추아어'로 환원하지 않고 독자적 언어·문화로 인정받기 위해 명칭을 유지하고 있다. 참고: Ortiz Arellano, Gonzalo(2021), *El quichua en el Ecuador: ensayo histórico-lingüístico*, Quito: Abya-Yala.

〈그림 4〉• 아마우타이 와시 대학교에서. 총장 아르만도 무욜레마(Armando Muyolema) 박사 (중앙)와 필자(오른쪽 두 번째) 등.

시하고 있다는 것이다.

아마우타이 와시는 에콰도르에서 설립된 상호문화 대학으로 정식 이름은 '원주민 민족 및 공동체를 위한 상호문화 대학교 아마우타이 와시(Universidad Intercultural de las Nacionalidades y Pueblos Indígenas Amawtay Wasi)'이다. 원주민 공동체의 가치와 지식 체계를 바탕으로 교육 과정과 구조 전반을 구성한 '플루리버시티', 즉 다중 보편성의 실천적 사례이다. 미뇰로는 아마우타이 와시를 탈식민성의 실천적 프로젝트로 평가한다. 이 대학은 단지 원주민의 인식론적 권리를 인정받는 데 그치지 않고, 서구 지식의 헤게모니에 도전하며, 플루리버설리티를 대안적 지평으로 제시한다. 이는 곧, 존재와 인식의 다양한 방식이 공존하는 세계를 향한 비전을 의미한다.

아마우타이 와시의 철학은 조상의 지혜를 재해석하고 갱신하며, 지식의 다양성과 공존을 기반으로 한 교육과 사회의 전환을 추구하는 안데스 원주민 관점에서의 실천적 제안이다. 그것은 보다 정의롭고 포용적이며 지속 가능한 사회를 위한 지식 생산과 교육 혁신의 실험이기도 하다.

아마우타이 와시 대학교는 원주민 중심의 고등교육 실천을 목표로 2004년 설립되어, 이제는 공공 대학으로 전환하며 흔들림 없는 실험과 전진을 거듭하고 있다. 이 대학은 플루리버시티, 즉 다양한 존재와 지식이 공존하는 대학의 모델을 제시하며, 기존의 서구 중심 대학 모델에 대안을 보여주는 상호문화 교육의 핵심 공간이다(Romero & Amagua, 2023).

2004년, 에콰도르 전국원주민단체총연합(Confederación de Nacionalidades Indígenas del Ecuador, CONAIE)과 원주민 문화과학연구소(Instituto Científico de Culturas Indígenas, ICCI)가 주도하여 사립 상호문화 대학으로 법적 설립(법률 제40호)이 되었다. 2018년 8월에는 고등교육법(Ley de educación superior, LOES) 개혁을 통해 공공·지역 공동체 기반 대학(Pública Comunitaria)으로 지위를 회복하고, 2024년에는 최초의 상호문

화 공공대학으로 등재되었다.

아마우타이 와시 대학교는 원주민, 흑인, 몬투비오(에콰도르의 혼혈인)에게 공동체의 지식과 세계관을 중심에 두는 상호문화·공공 고등 교육을 제공하는 비전을 제시한다.

학업 모토로 네 가지 지식, 즉 존재의 지식(Saber Ser), 행위의 지식(Saber Hacer), 인식의 지식(Saber Conocer), 공존의 지식(Saber Convivir)을 지니고 공동체 기반, 정체성 존중, 디지털 및 생태 역량을 통합한 교육 철학을 제시하고 있다.

학제와 교육 방식은 혼합형(híbrida) 방식으로 원격 학습과 현장 학습을 병행하고 있다. 주요 학과 및 전공으로는 상호문화 교육, 언어와 문화, 법률(다문화주의 관점), 농업생태학 및 식량 주권, 아동·가족·공동체 개발, 지속 가능한 농촌 관광, 사회경제 및 커뮤니티 경제, 커뮤니티 커뮤니케이션 및 신기술, 조상 식문화, 물관리 등이 있다.

공동체 기반 교육으로 원주민 지역에서 지식 창조와 자치·자결에 바탕한 언어·영토·경제 자치권을 강조한다. 지식 다양성(Epistemic pluralism)으로 원주민, 아프로-에콰도르인, 몬투비오 지식을 존중하고 다문화 공공성 및 플루리버설리티를 지향한다. 대안적 연구 방법론으로 '경험-상징-관계' 중심의 리서치 방식을 강조하고 있다.

인식론적·정치적 다원성을 통해 아마우타이 와시는 단일 민족·단일 언어 국가 모델에 대한 대안으로, 다민족 국가와 상호문화 사회라는 비전을 제시한다.

5 존재론적 전환과 다원 세계

1) 존재의 위계, 그리고 그것을 넘어서기

라틴아메리카의 불평등 문제는 단순한 경제적 격차나 사회적 차별의 문제가 아니다. 그보다 더 깊은 차원에서, '누가 인간으로 여겨지는가?', '어떤 삶의 방식이 가치 있는 것으로 인정받는가?'에 대한 물음과 연결되어 있다. 이러한 물음은 곧 존재의 위계, 다시 말해 어떤 존재가 중심이고, 어떤 존재는 주변이며, 어떤 존재는 아예 보이지 않게 되는가라는 문제로 이어진다.

식민성과 인종화는 단순히 누군가를 차별하는 행위가 아니라, 세계를 구성하는 방식 자체를 서구적 기준으로 규정하고 고정해 온 과정이다. 유럽 중심의 근대성은 인간과 자연, 문명과 야만, 합리성과 신비성 등 수많은 이분법을 통해 '올바른 존재 방식'을 강요했고, 이 과정에서 수많은 원주민적·공동체적 삶의 형태는 주변화되거나 파괴되어 왔다.

'존재론적 전환(ontological turn)'은 바로 이러한 단일하고 위계적인 세계 이해 방식에 질문을 던지는 데서 출발한다. 존재론적 전환이란, 세계는 하나가 아니라 여러 개일 수 있다는 인식, 즉 다원 세계의 가능성을 받아들이는 것이다. 여기서 말하는 '다원 세계'는 단순한 문화 다양성이 아니라, 서로 다른 세계가 실재하는 방식, 존재하고 관계 맺는 방식이 다르다는 점을 전제한다.

이는 '다양한 시각을 수용하자'는 포용적 태도만을 뜻하는 것이 아니다. 오히려 이 전환은 지식, 삶, 공동체, 자연과 인간의 관계를 구성하는 근본 방식 자체를 다시 구성하자는 정치적이고 철학적인 제안이다.

2) 원주민 세계관, 존재의 다른 방식

라틴아메리카의 여러 원주민 공동체는 오랜 시간 동안 서로 다른 존재론을 실천해 왔다. 이들은 인간과 자연을 분리하지 않고, 만물은 서로 관계를 맺으며 살아 있다고 본다. 에콰도르 키추아 원주민의 '수막 카우사이(Sumak Kawsay, Buen Vivir)', 볼리비아 아이마라의 '수마 카마냐(Suma Qamaña)' 같은 개념은 공동체, 자연, 조상과의 조화로운 관계를 중심에 두는 삶의 방식을 보여준다.

에콰도르의 아마우타이 와시 대학은 이러한 세계관을 바탕으로 '존재의 지혜'를 가르치는 상호문화적 고등교육 기관이다. 이 대학은 지식을 축적하는 것이 아니라, 관계 속에서 배우고 존재하는 방식을 실천한다. '지혜의 집'이라는 이름처럼, 그것은 지식을 살아 있는 삶의 일부로 받아들인다.

미뇰로와 월시, 그리고 산투스 등은 라틴아메리카에서 벌어지고 있는 이러한 전환을 '플루리버설리티'의 정치라 부른다. 이것은 단일한 '보편적 세계관(universalism)'에 맞서는 '다수의 보편성', 즉 '다원 보편성'의 실천이다.

플루리버설리티는 원주민의 삶의 방식, 아프리카 디아스포라의 기억, 여성주의적 지식, 공동체적 실천 등 다양한 존재 양식을 배제 없이 연결하고 존중하는 세계 구성의 방식이다. 이러한 전환은 문화적 다양성의 포용을 넘어, 새로운 정치적 상상력과 교육, 경제, 생태의 조직 방식을 요구한다.

오늘날 세계는 기후위기, 불평등, 분쟁, 소외와 같은 위기에 직면해 있다. 이러한 위기의 근저에는 '인간은 자연과 분리된 존재이며, 세상은 인간이 통제할 수 있다'는 근대적 세계관이 있다. 존재론적 전환은 이러한 세계관을 넘어, 관계 중심적, 공동체 중심적, 생명 중심적 세계 구성을 제안한다.

존재론적 전환은 단지 철학적인 선언이 아니라, 삶의 방식, 지식의 생산, 교육과 정치의 작동 방식 전반에 걸친 실천적 전환이다. 이는 특히 라틴아메리카에서 진행 중인 상호문화 교육, 원주민 자치 운동, 공동체 기반 경제, 생태 정치 등의 흐름 속에서 살아 있는 현실로 나타나고 있다.

라틴아메리카의 인종차별과 불평등을 해소하는 길은 단지 제도적 개혁이나 정책적 개선만으로는 충분하지 않다. 그것은 존재의 회복, 곧 배제되고 주변화된 존재 방식들의 회복을 통해 가능하다. 존재론적 전환은 이 회복을 넘어, 새로운 세계 구성의 가능성, 공존과 정의가 실현되는 다원 세계의 미래를 열어가는 열쇠이다.

그 세계는 하나가 아니라 여럿이며, 서로 다른 존재들이 관계를 맺으며 살아가는, 차이를 존중하는 공존의 장이다. 바로 거기서, 우리는 식민성과 차별을 넘어서는 다음 길을 상상할 수 있을 것이다.

6 맺음말

라틴아메리카 사회에 뿌리 깊이 자리한 불평등은 단순히 경제적인 문제나 정치적 제도의 결함만으로 설명되지 않는다. 그것은 오랜 식민지 역사 속에서 형성된 존재의 위계, 지식의 차별, 문화의 배제라는 복합적 구조 안에서 재생산되어 왔다. 다시 말해, 이 지역의 불평등을 해소한다는 것은 경제 개혁이나 법률상의 평등만으로는 부족하며, 더 근본적인 존재론적 전환, 즉 세계와 인간을 이해하고 관계 맺는 방식 자체를 바꾸는 일을 의미한다.

이 글에서 살펴본 바와 같이, 라틴아메리카의 식민성 구조는 인종적 위계와 유럽중심적 지식 체계를 통해 사회 전체를 조직해 왔다. '백인성(blanquitud)'은 식민성과 근대성의 기준이 되었고, 원주민과 아프리카계 공동체는 지속적으로 타자화되어 왔다. 이는 단지 역사적 사실이 아니라, 오늘날까지도 교육, 노동, 정치, 도시 공간, 언어 정책 등 사회 전반에 작동하는 구조적 차별의 형태로 이어지고 있다.

이러한 위계의 구조에 균열을 내는 하나의 실천적 전략으로서 비판적 상호문화성이 제안된다. 단순히 다양한 문화를 인정하고 공존하자는 수준을 넘어, 지식과 존재의 구조 자체를 전환하려는 기획이다. 이는 '다름'을 흡수하거나 통합하려는 접근이 아니라, 각기 다른 존재 양식과 지식 체계가 동등하게 만나는 다원적 세계의 가능성을 열어주는 사유이기도 하다.

오늘날 라틴아메리카에서는 이러한 전환을 시도하는 다양한 실천들이 진행되고 있다. 볼리비아의 다민족 국가 체제, 멕시코 치아파스의 사파티스타 자치 운동, 에콰도르의 아마우타이 와시 대학교, 브라질의 아프리카계 공동체의 권리 운동 등은 단일한 근대성의 틀 바깥에서 삶과 지식을 재구성하려는 실험들이다. 이들은 기억, 언어, 영토, 자치를 둘러싼 투쟁 속에서 구체화되며, 존재의 회복과 정의로운 공존을 향한 실천적 가능성을 보여준다.

이러한 사유는 라틴아메리카의 탈식민 지식인들이 제시한 주요 개념들과도 깊이 연결된다. 비베이루스 지 카스트루의 '인류학적 상호 번역', 산투스의 '지식의 생태학', 키하노의 '식민성', 미뇰로의 '플루리버설리티' 등은 지식과 존재를 둘러싼 서구중심적 보편주의를 근본적으로 재고하고자 하는 노력의 일환이다.

결국 우리가 직면한 과제는 '불평등'이라는 현상을 단지 경제적 재분배의 문제로 환원하지 않고, 존재의 조건이 차별화되어 구성되는 사회 구조 자체에 질문을 던지는 일이다. 이 질문은 다음과 같이 요약될 수 있다. "누가 인간으로 여겨지는가? 누구의 삶이 가치 있는 것으로 인정받는가? 어떤 존재 방식이 사회 속에서 존중받을 수 있는가?"

라틴아메리카는 더 이상 세계 주변부의 '개발도상 지역'이 아니라, 존재와 삶, 지식과 관계의 방식에 있어 다른 세계를 실험하는 공간이다. 이 대륙에서 벌어지는 다양한 실천들은 단일한 세계의 보편성에 균열을 내고, 여럿이 함께 존재하는 다원 세계의 가능성을 상상하게 한다.

존재의 회복은 곧 세계의 재구성이다. 그리고 이 재구성은 단지 라틴아메리카만의 과제가 아니다. 그것은 오늘날 우리가 살아가는 모든 곳에서, 근대적 위계의 틀을 넘어 더 정의롭고, 더 다원적인 삶의 형식을 모색하는 길이기도 하다. 이 글은 그 여정의 한 단초가 되기를 바란다.

제 2 장

중남미 이주와 이민, 불평등에 관한 고찰
/
구경모
/

1 들어가며

21세기 들어 중남미 지역은 세계에서 가장 역동적인 이주 현상을 겪고 있는 지역 중 하나로 부상하고 있다. 이 지역은 과거 유럽 이민자들을 주로 수용하던 지역에서 오늘날에는 전 세계적으로 중요한 이주자 송출지로 변화하고 있다. 중남미에서 발생하는 이주는 그 규모나 성격 면에서 매우 다양하며, 자발적 이민뿐 아니라 강제 이주, 난민 이동, 가족 재결합, 경제적 기회 추구 등 복합적인 요소가 얽혀 있다. 이주는 단순한 개인의 선택이나 생계 전략이 아닌, 역사적이고 구조적인 맥락에서 발생하는 복합적 현상이며, 이는 국가 간 불균형, 정책적 실패, 국제 체제의 영향과도 깊게 연결되어 있다.

이와 같은 현상의 배경에는 오랜 기간 누적된 구조적 불균형과 제도적 한계가 자리하고 있다. 정치적 불안정, 고질적인 빈곤과 실업, 국가 간 경제 격차, 범죄 및 폭력 조직의 위협, 기후 재난 등은 이주를 촉진하는 주요 원인으로 작용한다. 특히 최근에는 베네수엘라의 국가 붕괴와 같은 대규모 이주 사태가 지역 전체에 중대한 영향을 미치고 있으며, 이는 수용국의 인프라와 정책 대응 능력을 시험하고 있다. 그뿐만 아니라, 이주자들은 종종 출신국에서도 배제되며, 수용국에서도 이방인으로 취급받는 이중적 경계선상의 존재로, 사회적 통합의 난제와 마주한다.

중남미의 이주는 단순히 인구의 공간적 이동만을 의미하지 않는다. 그것은 각 개인과 가족이 생존과 더 나은 삶을 위해 하는 선택의 결과이며, 동시에 국가 간 힘의 불균형, 제국주의 유산, 세계화의 비대칭 구조 등이 뒤얽힌 복합적인 사회 현상이다. 이주는 새로운 기회를 제공함과 동시에 수많은 사회적 긴장과 불평등을 발생시키는 양면성을 지닌다. 특히 이주 과정에서 드러나는 사회적 배제, 경제적 착취, 시민권의 제한, 인종적 편견은 중남미 국가들이 직면한 가장 시급한 사회 문제 중 하나로 대두되고 있다. 최근에는 이주민의 존재가 정치 담론의 핵심으로 부상하면서, 일부 국가에서는 이주민을 사회 불안정의 원인으로 간주하는 포퓰리즘적 접근도 나타나고 있다.

이주는 지역 사회 내에서의 정체성과 소속감, 경제 참여의 가능성, 정치적 권리 보장 등과도 밀접하게 연결되며, 이주민이 정주지 사회에서 어떤 위치를 차지하는지에 따라 지역 내 사회 관계망의 구조가 변모하기도 한다. 이로 인해 이주는 사회문화적 융합과 충돌, 다양성의 확대, 사회 통합의 실현 가능성 등을 동시에 내포한 현상으로 간주된다. 또한 이주는 단일한 경험이 아니라, 젠더, 세대, 인종, 계급 등 다양한 교차 지점에서 상이한 경험으로 나타나며, 이러한 교차성을 고려한 분석이 요구된다.

이러한 문제의식 속에서 이 글은 중남미 이주와 이민 현상의 배경과 구조, 그리고 불평등의 다양한 양상을 조명하고자 한다. 이를 통해 이주의 역사적 맥락과 현실을 총체적으로 이해하고, 중남미 사회가 직면한 이주와 불평등 문제를 파악하고자 한다.

2 중남미 이주와 이민에 관한 이론

중남미의 이주 현상을 설명하기 위해서는 다양한 학문적 접근이 존재하며, 이는 경제학, 사회학, 정치학, 인류학 등 여러 분야에서 발전해 왔다. 이론적 틀은 이주가 왜, 어떻게, 누구에 의해 발생하는지를 설명하는 데 핵심적 역할을 하며, 이 연구들은 중남미 이주의 역사적, 구조적 특성을 반영하고 있다. 최근 중남미 이주와 관련된 주요 이론과 사례 연구를 도식화하면 다음과 같다.

⟨표 1⟩ 중남미 이주와 관련된 주요 이론 및 사례

이론	핵심 개념	중남미 적용 사례
고전 경제학 이론	임금 차이와 노동 시장 격차가 이주의 동기	멕시코-미국 간 이주의 가장 근본적인 동력은 양국 간의 현저한 임금 격차(Borjas, 1987)
세계 체제 이론	자본주의 중심-주변 구조, 종속과 착취	미국과 같은 중심부 국가의 자본이 멕시코와 같은 주변부 국가로 이동하면서 이주가 촉발(Sassen, 1988; Massey & Durand & Parrado, 1999; Massey & Durand, & Malone, 2002)
신경제 이주 이론	가족 단위 생계 전략, 송금 중심	미국-멕시코 간 이주와 송금이 가족과 마을 차원에 미치는 영향(Taylor, 1999)

사회망 이론	이주자 네트워크가 이주 촉진	중남미 이민자 집단의 사회망 형성과 그 '유산(Legacies)'이 자녀 세대에 미치는 영향(Portes & Rumbaut, 1990; 2001)
자율성 이론	이주는 주체적 전략이며 저항의 형태	멕시코 국경지대 무단이주민의 집단 생존 전략(Papadopoulos & Stephenson & Tsianos, 2008)
문화 전이 이론	문화 간 정체성 혼합과 충돌	아르헨티나 내 이주자의 문화 갈등과 재구성(Bastia & Hau, 2014; Bastia 2015)
정체성 이론	이주의 경험에서 정체성 재구성	미국 라티노 청년의 이중 정체성 경험과 적극적 권리 주장으로서 '문화적 시민권'(Flores & Benmayor, 1997; Flores, 2003)
교차성 이론	젠더, 인종, 계급 등의 억압 교차	코스타리카 내 니카라과 여성의 다중적 차별 경험(Sandoval, 2004)

출처: 저자 구성.

먼저 고전 경제학 이론은 임금 차이와 고용 기회의 불균형을 주요 원인으로 본다. 이 이론은 시장의 작동 원리를 중심으로 이주를 설명하며, 국가의 정책보다는 개인의 경제적 판단을 강조한다. 최근 국제이주기구(IOM, 2021) 통계에 따르면, 2020년부터 2022년까지 멕시코 출신 이민자는 약 1,120만 명으로, 그중 약 97퍼센트가 미국에 거주하고 있으며, 평균 임금은 멕시코 국내 임금의 5배 이상에 달한다. 중남미에서는 특히 미국과 멕시코 간 국경 이주가 대표 사례로, 고용 가능성과 임금 차이로 인해 매년 수십만 명의 노동자들이 국경을 넘는다. 특히 농업과 건설 분야에서 이들의 역할은 결정적이며, 이는 북미 노동 시장 재편과도 직결된다. 이를 통해 임금 차이 확대 시 이주가 증가하는 경향이 뚜렷이 나타난다. 이 접근은 이주를 노동 공급과 수요의 함수로 이해하며, 이주자는 자신의 경제적 효용을 극대화하기 위해 이동한다고 본다. 중남미의 농촌 지역에서 도시로의 노동 이주나, 멕시코에서 미국으로 이동하는 저숙련 노동자들의 사례는 이러한 설명 틀과 잘 맞아떨어진다. 그러나 이 이론은 이주가 단순히 경제적 동기에 의해 발생한다는 가정을 전제로 하기 때문에, 이주의 정치적·사회적 맥락을 충분히 설명하기 어렵다는 한계가 있다.

세계 체제 이론은 자본주의 세계 경제 내 중심부 국가들과 주변부 국가들 간의 구조적 불균형을 강조하며, 이러한 불균형이 이주를 촉진한다고 본다. 이 이론은 이주를 자본주의 세계 체제의 구조적 산물로 본다. 멕시코는 1982년 외채 위기 이후 국제통화기금(IMF)과 세계은행(World Bank) 주도의 구조조정 프로그램을 실시하면서 농업 국내총생산(GDP)은 1990년대 중반까지 연평균 3퍼센트 이상 하락했고, 같은 시기 미국으로의 농촌 이주는 두 배 이상 증가했다(Massey & Durand & Parrado 1999; Massey & Durand & Malone 2002; CEPAL, 2004). 중남미의 경우, 외채 위기 이후 국제통화기금과 세계은행의 개입으로 구조조정이 일어나면서 농업과 공공 부문이 약화되었고, 이로 인해 수백만 명의 실업자가 이주를 택하게 되었다. 특히 멕시코와 중앙아메리카 국가들은 주변부로서 자원을 제공하고 노동력을 수출하는 방식으로 세계 체제에 통합되어 왔다. 중남미 국가들은 주변부에 속하며, 다국적 자본의 침투와 자원의 종속적 이용 구조는 국내 노동 시장에 영향을 미쳐 이주를 야기한다. 예를 들어, 멕시코와 중앙아메리카에서 미국으로 향하는 이주 흐름은 신자유주의 개혁 이후 농업 기반이 붕괴되며 촉진되었고, 이는 세계 체제라는 맥락에서 이해할 수 있다.

신경제 이주 이론은 개인보다는 가족과 마을 단위를 중심으로 이주 결정을 분석한다(Taylor, 1999). 이 이론은 단순한 임금 격차보다는 가족 단위의 생존 전략에 초점을 맞춘다. 엘살바도르 중앙은행(2022)과 세계은행(2022)의 자료에 따르면, 엘살바도르 내전 이후 이 지역의 이주자들이 미국으로 이동하며 보낸 송금은 국내총생산의 20퍼센트 이상을 차지했음을 알 수 있다. 이는 가족 경제의 주요 버팀목이 되었다. 또한 송금은 주택 건설, 교육비 지원, 지역 사회 발전 등에도 기여했다. 이는 이주를 가구 전체의 생계 전략과 위험 분산 수단의 한 방법으로 이해할 수 있다. 미국으로의 이주가 빈번한 멕시코를 비롯한 과테말라, 엘살바도르, 온두라스 등 중미의 가정에서 송금이 생계의 핵심 수단이 된 현상은 이 이론의 강점을 보여준다.

사회망 이론은 이주가 단절된 개별적 사건이 아니라, 기존 이주자들과의 연결망을 통해 점진적으로 확산되는 과정임을 강조한다(Portes & Rumbaut, 1990; 2001). 이 이론은 기존 이주자와 새로운 이주자 간의 연결을 통해 이주가 지속적으로 확대되는 메커니즘을 강조한다. 멕시코와 과테말라, 중미 국가의 특정 마을 출신들의 이주 네트워크가 미국 캘리포니아와 텍사스 등에서 형성되는데, 이 국가들 커뮤니티 내에 미국 이주 경험이 있는 가족이 있을 때 2세대 이주 확률이 2-5배 증가하는 것을 알 수 있다(Taylor & Martin, 2001). 멕시코와 중미 국가 이주자들의 캘리포니아 이주 네트워크는 수십 년간 유지되었으며, 해당 지역 주민들의 이주 비율과 정착 성공률을 높였다. 이러한 이주 네트워크는 비자 정보, 구직처, 숙소 등 이주와 관련한 실질적인 정보를 공유하면서 이주의 벽을 낮추는 역할을 한다. 이 이론은 멕시코 및 중미 국가의 커뮤니티가 미국 내 이주 네트워크와 어떻게 관계를 맺고 작동하는지를 설명하는 데 유용하다.

자율성 이론은 이주를 단순히 구조에 종속된 결과가 아니라, 개인과 집단의 정치적 행위로 본다. 멕시코-미국 국경 지대에서 비인가 이주민들의 사례는 자신만의 경로와 생존 방식을 창조하며 국가 통제를 우회하는 방식을 보여준다. 이 이론은 이주를 억압적 조건에 대한 저항으로 해석한다. 파파도풀로스(Papadopoulos, 2008)의 연구에 따르면, 멕시코 티후아나 지역의 비인가 이주민 공동체들이 NGO 및 종교 기관과 협력해 국경 지역에서 그들만의 생존망을 구축하고 있으며, 이는 이주가 제도 밖에서 자율적 생존 전략으로 기능하는 것을 보여준다. 이는 국경 통제의 한계를 드러내며, 이주민의 주체성을 부각한다. 이 같은 연구는 국경 통제에 대한 저항, 제도적 공백을 활용한 전략적 이동, 새로운 시민권 요구 등의 측면에서 이주를 재해석하고 있다. 멕시코 국경 지대의 이주민들이 법의 사각지대를 활용해 지역 내에서 생계를 유지하거나, 브라질 내 무허가 이주자들이 스스로 노동조합을 조직하는 사례들은 이 이론의 분석 틀로 설명할 수 있다.

문화적 전이 이론은 이주 과정에서 이주자들이 모국의 문화와 수용국의 문화를 교차적으로 경험하고, 정체성의 재구성을 겪는 과정을 분석한다. 사진 및 구술사 기반 분석을 통해 아르헨티나 내 볼리비아 여성 이주자들이 경험한 언어, 음식, 복식의 문화 혼종 사례가 구체적으로 제시된다. 이 이론은 이주를 통해 경험하는 문화의 융합과 충돌을 분석한다. 바스티아(Bastia & Hau, 2014; Bastia, 2015)는 아르헨티나에 거주하는 볼리비아 여성들이 문화 적응 스트레스를 겪고 있으며 언어, 외모, 노동

환경으로 호스트 사회에서 배제를 경험했다고 밝혔다. 이러한 언어 적응, 복식 차이, 음식 문화로 인한 충돌로 인해 이주민의 정체성이 재구성되는데, 이는 볼리비아 이민자 거주 지역 커뮤니티의 문화에도 영향을 준다.

정체성 이론은 이주자가 경험하는 '소속됨'과 '타자화' 사이의 긴장을 분석하며, 특히 디아스포라 정체성이나 혼종적 문화 정체성 형성에 주목한다. 미국의 라티노 청소년들의 정체성을 조사한 플로레스(Flores, 2003)는 라티노 스스로가 이중 정체성을 인식하며, 이러한 정체성의 교차가 정치적 사회 참여 및 권리 주장에 영향을 주고 있다고 밝히고 있다. 미국 내 라티노 청년들은 모국의 전통과 미국 사회의 가치 사이에서 정체성 혼란을 겪기도 하지만, 동시에 두 문화를 연결하는 새로운 정체성을 구성하기도 한다. 정체성 이론은 중남미 출신 청년들이 미국 내 라틴계 공동체 내에서 스스로를 '라티노'로 규정하면서 미국 문화 사이에서 경계를 경험하는 현상과 자신들만의 공간과 권리를 만드는 '문화적 시민권'의 실천에 대해 관심을 가진다.

교차성 이론은 젠더, 인종, 계급, 국적 등의 교차 지점에서 억압이 중첩된다는 점을 강조한다. 성별, 인종, 계급에 따른 차별 경험을 종합한 사례는 니카라과 출신 여성 이주자가 코스타리카 노동 시장에서 어떻게 다층적 억압을 경험하는지를 시각적으로 나타낸다. 이 이론은 사회적 억압이 단일 요인이 아니라 다층적 구조로 작동함을 분석한다. 산도발(Sandoval, 2004)의 연구에 따르면, 코스타리카 내 니카라과 여성 이주자의 대다수가 성차별을 경험했으며, 법적 지위 미비로 인해 임금 착취 또는 고용 불안정을 겪고 있었다. 코스타리카 내 니카라과 여성 이주노동자는 여성이라는 성별, 외국인이라는 국적, 저소득 노동자라는 계급적 조건 속에서 중첩된 차별을 경험하며, 이는 단일한 정책 대응으로 해결할 수 없는 복합적인 문제로 나타난다.

중남미 이주 현상은 어느 한 요인만으로 설명할 수 없는 다층적이고 복합적인 현상이다. 멕시코와 중앙아메리카 출신의 이주자들은 주로 경제적 빈곤과 일자리 부족 등으로 미국, 유럽 등으로 이동하지만, 베네수엘라처럼 정치적 억압과 민주주의 위기, 콜롬비아의 무장 갈등, 아이티의 자연재해 등 다양한 비경제적 요인도 이주의 주요 원인으로 작용한다. 또한, 이주 과정에서 이주자들은 수용국에서 사회적 배제, 차별, 제도적 장벽에 직면하며, 가족 및 디아스포라 네트워크, 송금 등 문화적 · 사회적 요인 역시 이주 경로와 정착에 중요한 영향을 미친다.

3 중남미 이주와 이민 현황, 불평등

중남미 이주는 점차 전 지구적, 초국가적 패턴을 띠고 있으며, 다양한 유형의 이주 흐름이 동시에 존재하고 있다는 점에서 '복합적 이동'이라는 개념으로 접근할 필요가 있다. 기존의 일방적 이주 개념에서 벗어나 다중 경로와 순환적 이주, 재이주, 경유 이주, 국내 이주 등이 결합된 형태로 나타난다. 이러한 중남미의 이주 흐름은 최근 들어 더욱 복잡하고 다양해지고 있는데, 이는 앞서 언급했듯이 이주가 경제적 요인뿐 아니라, 정치적 박해, 환경 재난, 범죄 조직의 폭력 등 여러 원인이 동시에 작동하고 있기 때문이다.

전통적으로 중남미 지역의 이주 현상은 수용국에서 송출국으로의 구조적 전환을 겪어 왔다. 20세기 초까지는 유럽, 아시아, 중동 등지의 이민자를 수용하던 지역이었다. 그러나 1950년대 이후 정치적 불안과 경제 침체가 심화되면서 주요 이주 송출 지역으로 전환되었다. 1980년대부터는 중남미 역내 국가 간 이동이 급증했다. 이는 브라질, 칠레, 아르헨티나 등 상대적으로 경제적 안정성을 갖춘 국가들이 볼리비아, 파라과이, 페루 등의 이주 노동자를 받아들였기 때문이다. 국제이주기구(IOM, 2021)의 통계에 따르면, 라틴아메리카 내 전체 이주의 약 절반이 역내 이동에 해당하며, 이는 전 세계 평균보다 월등히 높은 수치이다.

최근 가장 두드러진 역내 이주 사례는 베네수엘라 위기로, 유엔난민기구(2023)에 따르면 현재까지 약 780만 명이 국외로 탈출했으며, 이 중 약 80퍼센트가 콜롬비아, 페루, 에콰도르, 브라질 등 인접국에 머물고 있다. 이는 제2차 세계대전 이후 최대 규모의 난민 이동 중 하나로 평가되며, 수용국의 사회복지 시스템과 도시 기반 시설에 심대한 부담을 주고 있다. 또한 중남미 전체의 난민 및 망명 신청자 수가 100만 명을 초과했으며, 이 중 절반 이상이 베네수엘라 출신이었다고 밝혔다. 이러한 수치는 중남미 이주가 단순한 경제적 선택을 넘어서 인권과 생존의 문제로 확대되고 있음을 보여준다.

멕시코, 과테말라, 온두라스, 엘살바도르 등 중미 국가에서는 마약 조직, 폭력, 정치 부패, 극심한 빈곤 등이 결합되어 미국으로의 이주가 계속 증가하고 있다. 이러한 이주는 이제 개인이나 가족 단위의 경제 이주를 넘어, 집단적 탈출과도 같은 양상을 띠고 있다. 실제 국제이주기구(IOM, 2021)의 보고서에 따르면, 중남미 전체 이주자의 약 58퍼센트는 역내 이주이며, 28퍼센트는 미국, 캐나다 등 북미로, 나머지 14퍼센트는 유럽 및 기타 국가로 이동하고 있다. 특히 브라질과 칠레는 주변국으로부터의 유입이 지속되며 수용국으로서의 위상이 강화되고 있고, 파나마와 멕시코는 중미 및 남미 이주자의 경유지로서 전략적 위치를 갖는다.

국가 간 경제 불균형도 중요한 중남미 역내 이주 원인이다. 예컨대 국제통화기금(IMF, 2022)은 중남미 국가 간 1인당 국내총생산 격차가 최대 12배에 이르며, 이는 경제적 기회의 공간적 편차를 극대화하는 요인으로 작용한다. 고소득 국가로의 이주는 자연스럽게 가족 송금의 증가로 이어지고 있으며, 엘살바도르, 온두라스, 아이티 등은 국내총생산의 20-30퍼센트 이상을 송금에 의존하는 국가로 분류된다. 예컨대 니카라과-코스타리카 간 이주는 2022년 기준 약 60만 명에 달하며, 이는 코스타리카 전체 노동력의 약 10퍼센트를 구성한다(IOM, 2021). 하지만 이주자 대부분은 건설, 청소, 농업 분야의 비공식 노동자이며, 현지 사회의 차별과 정치적 불신 속에서 제도적 통합이 미진하다. 마찬가지로 아이티 출신 이주자들은 도미니카공화국에서 지속적인 인종차별과 강제 추방 위협에 노출되어 있으며 국경에서 강제 송환되었다. 이와 같은 이주는 종종 북반구 중심의 이주 담론에서 간과되지만, 실제로는 중남미 이주의 절반 가까이를 차지하며, 그 정책적 중요성이 점점 커지고 있다. 특히 니카라과에서 코스타리카, 아이티에서 도미니카공화국으로의 이주처럼 인접국 간 이주가 증가하고 있으며, 이들은 북미나 유럽과는 또 다른 노동 시장 구조와 사회적 긴장 속에서 새로운 불평등을 경험하고 있다.

이 같은 중남미 이주와 불평등과의 관계는 실제 연구 사례 및 통계 자료를 통해 확인할 수 있다. 예를 들어, 두란드와 파라도, 마세이(Durand & Parrado & Massey, 1996)는 다수의 멕시코 농촌 가정이 한 명 이상의 미국 내 이주자를 보유하고 있으며, 이로 인해 가족 내 경제 구조와 사회적 기대가 구조적으로 변화하고 있음을 밝혀냈다. 또한 이주 경험은 후속 세대의 교육 성취와 이민 의향에 지속적인 영향을 미치는 것으로 나타났다. 또한, 아르헨티나의 주변국 이주민들은 다수가 건설 노동 또는 청소업에 종사하고 있으며, 최저임금 이하의 급여를 받고 있다. 이들은 노동 착취뿐 아니라 의료 및 자녀 교육에서의 차별도 경험하고 있다(구경모, 2011). 이는 법적 지위 부재로 인해 제도적 보호를 받지 못하는 '제도 밖 시민'으로 남아 있음을 의미한다.

이 같은 중남미 이주와 불평등 문제에 있어, 국제기구의 개입 또한 점점 활발해지고 있다. 국제이주기구, 유엔난민기구(UNHCR), 유엔개발계획(UNDP) 등은 중남미 내 이주 흐름을 모니터링하고, 인도적 지원 및 제도적 대응을 위한 다양한 프레임워크를 구축하고 있다. 최근에는 콜롬비아, 에콰도르, 브라질 등이 이주자에 대한 '인도적 보호 제도'를 확대 시행하며, 난민 협약의 적용과 별개로 국내법적 보호 체계를 보완하고 있다. 국제기구 및 NGO의 개입은 이주자의 권리 회복과 사회 통합을 위한 중요한 역할을 수행하고 있다. 국제이주기구과 유엔난민기구가 공동으로 실시한 지역 난민 및 이주자 대응 계획(RMRP)은 17개 국가를 포함한 다국간 인도주의 지원 체계를 통해 식량, 교육, 보건, 법률 지원을 제공하고 있다. 특히 유엔은 2018년에 국제 협약인 '이주 글로벌 콤팩트(Global Compact for Migration)'를 통해 합법적 이주의 확대, 이주자 권리 보호, 통합 촉진 등의 23개 목표를 제시했으며, 중남미 여러 국가가 이를 이행하기 위한 국가 계획을 수립하고 있다.

    이러한 복합적 이주 현실은 국가 간 이주 정책의 공조뿐 아니라 역내, 글로벌 차원의 이주 관리 거버넌스를 요구하고 있다. 이주는 더 이상 단순히 열악한 환경으로부터의 탈출이 아니라, 중남미 내 복잡한 정치경제적 조건 속에서 형성된 구조적 선택이자 사회적 생존 전략으로 자리 잡고 있다.

4 중남미 이주와 이민, 불평등의 요인

    중남미의 복합적인 이주와 이민 문제를 이해하기 위해서는 이주민이 처한 다층적인 불평등 구조를 다각도로 조명해야 한다. 이 불평등은 이주민 내부의 위계와 이주자-비이주자 간의 상호작용 속에서 재구성된다. 특히 불평등은 국가 정책, 시장 구조, 시민권 체계, 젠더 규범, 인종적 위계 등 다양한 사회적 조건과 맞물려 구체화되며, 이러한 맥락을 이해하는 것이 정책적 개입의 실효성을 높이는 데 핵심적이다.

    최근 연구에 따르면, 중남미에서 발생하는 이주 관련 불평등은 경제적 지표 외에도 교육, 보건, 정치적 권리, 정체성 차별 등 다양한 사회 영역에 걸쳐 누적되는 양상을 보인다. 중남미 내 이주자들의 평균 고용률은 비이주자에 비해 낮은데 이는 평균 소득에서도 차이가 난다. 이러한 결과는 이주민이 단기 고용뿐 아니라 장기적인 사회 통합 기회에서 구조적으로 배제되고 있음을 시사한다. 또한 유엔개발계획(UNDP, 2022)도 이를 지적하고 있다. 중남미의 이주민 집단은 경제적 기회 부족, 법적·제도적 제약, 사회적 배제 등 복합적 구조에서 다중적으로 불리한 위치에 놓인다. 이주민은 비공식 노동 시장에 집중되는 경향이 크고, 사회보장 접근성, 교육·보건 서비스 이용, 정치적 권리 보장 등에서 비이주자에 비해 불리한 조건에 직면하고 있다. 이러한 구조적 배제와 차별은 단순한 경제적 지위 하락을 넘어, 사회적 연대의 약화, 민주적 포용성의 저하, 사회 통합의 지연 등 보다 넓은 사회적 영향을 초래한다고 분석했다. 한편, 유엔난민기구(UNHCR, 2023)는 이주민 커뮤니티 내에서도 권력과 정보의 불균형으로 인해 여성, 아동, 원주민, 성소수자 이주민이 더욱 취약한 상태에 놓여 있다고 지적했다. 그 예로, 페루 내 아마존 지역으로 이주한 원주민 여성의 경우, 이중 언어 능력 부족과 문서 미비로 인해 의료 지원 접근율이 낮다고 보고하고 있다.

상기 연구들은 중남미 이주와 이민이 단지 공간적 이동의 문제가 아니라, 다층적인 사회 구조의 재편과 불평등의 재생산이라는 점을 실증적으로 보여주고 있다. 이주는 이들 사회 내부의 기존 위계를 재확인하는 동시에 새로운 위계질서를 형성하는 복합적 과정으로 중남미의 이주와 이민 문제를 이해하기 위해서는 이주민이 처한 다층적인 불평등 구조를 살펴야 한다. 이 불평등은 단순히 송출국과 수용국 사이의 격차에 그치지 않고, 이주민 내부의 위계와 이주자-비이주자 간의 상호작용 속에서 재구성된다. 특히 불평등은 국가 정책, 시장 구조, 시민권 체계, 젠더 규범, 인종적 위계 등 다양한 사회적 조건과 맞물려 구체화되며, 이러한 맥락을 이해하는 것이 정책적 개입의 실효성을 높일 수 있다.

이처럼 이주로 인해 야기되는 불평등은 다양한 방식으로 사회 전반에 구조화된 영향을 미치며, 단순히 이주자 개인의 경제적 어려움을 넘어 사회 통합, 정치적 권리, 문화적 인정, 교육과 보건의 접근성까지 광범위하게 퍼져 있다. 이주는 기존 사회 내 차별의 구조를 강화하기도 하며, 새로운 형태의 불평등을 만들어 내기도 한다. 이주가 유발하는 불평등은 단순히 경제적 양극화의 문제가 아니라, 사회적 배제와 제도적 차별, 그리고 정치적 권력의 비대칭성과 맞닿아 있는 구조적 문제로 확장된다. 따라서 중남미의 이주와 이민은 불평등의 원인이자 결과이며, 동시에 이를 재생산하는 메커니즘으로 기능한다.

주지하다시피 중남미의 이주자들은 대체로 교육 수준이 낮고, 이주 전부터 사회경제적 취약 계층에 속해 있는 경우가 많다. 국제기구들은 과테말라 및 온두라스 출신 이주민의 대다수가 초등학교 이하 학력을 보유하고 있으며, 수용국 도착 후에도 기술 교육이나 언어 훈련에 접근하지 못한다고 지적하면서 이로 인해 비공식 경제로의 편입이 일반화되며, 임금 수준은 현지 평균보다 30-50퍼센트 낮게 유지되는 경향이 있다(ILO, 2017; CEPAL, 2022)고 보고하고 있다. 이러한 구조적 조건은 이주자가 노동 시장에서 구조적으로 저위험, 고강도, 저임금 직종에 집중되도록 만든다. 다수의 국제기구(IOM, 2021; CEPAL, 2022; ILO, 2022)에 의하면, 중남미 이주자 중 중등 교육 이하의 학력을 보유하고 있으며, 비공식 고용에 종사하는 비율은 약 60-70퍼센트 정도이다. 이는 구조적으로 이주자가 사회 하층으로 유입되며, 노동 착취와 생계 불안정에 노출된다는 점을 보여준다. 특히 여성 이주자의 경우 돌봄 노동, 청소 노동 등 저임금·고위험 분야에 집중되어 있으며, 성적 괴롭힘, 고용 차별, 건강권 미보장 등의 문제가 빈번하다.

법적 지위와 제도적 접근성 문제는 이주민의 불평등을 더욱 구조화하고 심화한다. 중남미 주요 도시 내 이주자의 절반 이상이 임시 체류 신분이거나 완전히 무등록 상태에 있으며, 이로 인해 공공 교육, 의료, 주택, 은행 접근 등 제도적 참여의 기회에서 구조적으로 배제되고 있다고 보고하고 있으며, 페루와 콜롬비아에서는 문서 미비 상태의 이주민 아동 중 40퍼센트 이상이 초등학교에 등록하지 못하고 있다(IOM, 2021; UNICEF, 2023). 이 같은 문서 미비 상태에서 체류하는 이주자들은 법적 보호를 받기 어려우며, 수용국의 사회 보장 체계에서 배제되는 경향이 크다.

혐오 표현과 인식상의 차별도 이주민 불평등을 심화하는 요소다. 특히 베네수엘라 이주자의 경우, 페루에서는 미디어가 범죄와 이주민을 연결 지어 보도하면서 사회적 편견이 확산되었고, 실제로 2021년 기준 베네수엘라 출신 이주자에 대한 폭력 피해가 전체 이주민 폭력 사건 중 절반 이상을 차지했다(UNHCR, 2023). 이러한 차별은 사회적 배제와 고립을 심화하고, 제도적 통합의 가능성을 낮추는 요인이 된다. 베네수엘라 출신 이주자에 대한 낙인 효과는 페루, 칠레, 콜롬비아 등지에서 정치적 분열과 사회 갈등을 야기하고 있다.

이주는 개인과 집단의 불평등을 야기하기도 하지만 중남미 국가 간의 구조적 불균형 문제의 원인이 되기도 한다. 예컨대 브라질은 베네수엘라 이주민 68만 명 이상을 수용했으며, 이로 인해 북부 접경 지역에서는 일자리 경쟁, 물가 상승, 공공 병원의 병상 포화 등 사회적 압력이 집중되었다(IOM, 2025). 반면, 송출국인 베네수엘라 내에서는 인력 유출로 인해 보건, 교육, 공공 행정 부문의 인력 공백이 심화되면서 이주로 인한 기능 마비가 발생하고 있다는 비판도 제기된다. 브라질, 칠레, 아르헨티나 등 비교적 경제력이 높은 국가는 지속적인 이주 유입으로 도시 빈민화, 공공 서비스 과부하, 임금 하락 압박 등의 문제에 직면하고 있으며, 이는 사회적 불안정성을 가중시키는 요인이 된다.

이주자 내부에서도 새로운 불평등이 발생하고 있다. 동일 국가 출신이라도 이주 시점, 성별, 학력, 언어 능력, 종교 등에 따라 각기 다른 기회와 차별에 직면한다. 여성 이주자는 성적 대상화와 이중 노동 부담에 노출되는 경우가 많으며, 성소수자 이주자는 수용국 내에서 문화적 편협성과 제도적 배제의 이중 장벽에 직면한다. 이러한 내부 격차는 이주자 커뮤니티 내의 권력 구조와 자원 분배에도 영향을 미치며, 불균등한 통합 경로를 야기한다. 예컨대, 동일 국가 출신 이주자라 하더라도 교육 수준, 젠더, 법적 체류 지위, 언어 능력 등에 따라 생존 조건은 현저히 달라진다. 이는 이주자 집단 내부의 위계화를 야기하며, 일부 이주자는 재차 이주하거나 불법적 생계 전략을 채택하게 되는 악순환에 놓인다.

이와 같은 불평등은 단지 이주로 인해 새롭게 발생하는 것이 아니라, 기존 사회 내 불평등 구조가 이주를 통해 재편되거나 확대되는 결과다. 비공식 부문에서 일하는 이주민은 정규직 노동자 대비 평균 소득이 낮으며, 이들은 건강보험에 가입하지 못하고 있다(World Bank, 2022). 또 산도발(Sandoval, 2004)은 코스타리카에서 니카라과 여성 노동자들이 성별, 계급, 법적 지위에서 다중 차별을 경험하고 있으며, 이는 구조적 불평등의 전형적 사례로 꼽힌다. 또한 중남미 이주민의 약 60퍼센트가 극빈층에 해당하며, 이들 중 절반 이상은 문서 미비 상태로 장기간 체류하고 있다고 보고하고 있다(UNHCR, 2023). 최근 가장 이슈가 되고 있는 베네수엘라 난민도 대부분이 체류 국가에서 실업 상태이거나 비공식 부문에 종사하며, 교육 기회 부족과 자녀 차별도 빈번하게 나타난다고 밝혔다(IOM, 2021). 이러한 자료는 이주가 기존 사회의 배제 구조를 따라 재생산되고 있음을 실증적으로 보여준다. 따라서 이주와 불평등은 별개의 현상이 아니라 상호적이라 할 수 있다. 이는 단기적 생존뿐 아니라, 장기적 기회 구조에서의 불평등까지 아우르는 구조적 문제를 보여주고 있다. 이와 같은 불평등은 단지 개인의 조건이나 의지로 극복할 수 없는 사회 구조적 장벽임을 시사하며, 이러한 경로에서 이주의 인권적 접근은 더욱 중요해진다.

이주자들의 정치적 권리 박탈도 중요한 불평등의 한 축이다. 중남미 여러 국가에서 실제로 이주자가 시민권을 얻기까지 오랜 시간이 걸리며, 그동안 선거권과 피선거권, 공공 부문 접근 권한이 제한된다. 이는 민주주의의 핵심 원리인 정치적 포괄성에 위배되며, 이주자들을 '영구적 비시민'으로 만드는 제도적 배제다. 또한 문화적 인정의 부족은 정체성 차원에서 이주자의 자율성과 존엄을 위협한다. 예컨대 볼리비아 출신 원주민 이주자들이 아르헨티나 대도시에서 겪는 언어 차별, 복장 억압, 토착 문화 경멸은 단순한 문화적 불일치를 넘어서 제도적 차별로 연결된다.

이처럼 불평등은 단일한 범주가 아니라 경제·사회·문화·정치의 모든 영역에서 교차적으로 작용하며, 특히 여성, 아동, 원주민, 성소수자 이주자들에게 중첩적인 억압 구조를 형성하고 있다. 따라서 중남미의 이주와 불평등 문제는 단일 요인이나 정책으로 해결할 수 없으며, 교차적 불평등의 구조를 종합적으로 파악하고, 이주자의 다양한 정체성과 경험을 반영한 다층적·통합적 정책 접근이 필요하다. 이는 젠더, 세대, 민족성, 성적 지향 등 다양한 정체성이 이주 경험과 불평등의 양상에 어떻게 교차적으로 영향을 미치는지에 대한 심층 분석이 필수적임을 시사한다.

5 나가며

중남미 이주와 이민은 단순한 인구 이동의 차원을 넘어서, 구조적 불평등과 제도적 배제가 얽힌 복합적 사회 현상이라 볼 수 있다. 이주의 원인과 과정, 결과는 개인의 선택이나 생존 전략을 넘어, 국가 간의 불균형한 관계, 역사적 식민 유산, 글로벌 자본주의 체제의 재편과 같은 거시적 맥락에서 형성된다. 특히 이주는 단지 송출국에서의 탈출이 아니라, 수용국 내부의 노동 시장, 사회 복지 체계, 시민권 제도, 문화적 배타성과 상호작용하며 불평등을 새롭게 구성하고 확대하는 장으로 기능한다.

이론적 분석을 통해 본 연구는 고전 경제학 이론부터 교차성 이론에 이르기까지 다양한 틀을 활용해 이주의 동인과 메커니즘을 분석했다. 이를 바탕으로, 중남미 이주자의 경험은 계급, 인종, 젠더, 국적 등의 교차 지점에서 형성된 복합적 억압 구조 안에서 읽혀야 하며, 단일한 설명으로는 그 복잡성을 충분히 설명하기 어렵다는 점을 확인할 수 있었다.

실증적 분석에서는 주요 송출국과 수용국 간 이주 흐름의 변화, 디아스포라 네트워크의 확장, 기후변화로 인한 강제 이주 확대, 도시 내 이주자의 배제 현실 등 구체적 사례를 통해 불평등의 실제 양상을 조명했다. 특히 최근 통계와 사례를 통해 확인된 바와 같이, 교육, 보건, 주거, 고용,

시민권 등 다양한 영역에서 다차원적 불평등이 축적되고 있으며, 이는 이주자의 삶의 질에 중대한 영향을 미치고 있다.

이주는 불평등의 산물이자 그 증폭 기제이지만, 동시에 기존 사회 질서에 균열을 가하고 새로운 관계를 창출할 수 있는 잠재력을 지닌다. 최근 몇몇 사례에서 이주민들이 피해자에 머물지 않고 새로운 공동체를 구성하는 주체로서, 연대와 공존의 가능성을 목도했다. 따라서 중남미 사회는 이주를 단지 통제하거나 억제해야 할 문제가 아닌, 정의로운 사회를 구현하는 기회로 전환해야 한다. 이러한 전환은 단순한 포용의 논리를 넘어서, 이주자와 함께 정의롭고 지속 가능한 지역 사회를 공동 구성한다는 정치적·윤리적 실천을 요구한다. 이와 같은 전환적 관점과 실천적 대응이야말로, 불평등을 넘는 이주 시대의 핵심 과제가 될 것이다.

제 3 장

콜롬비아의 국내 실향민과 젠더박해

/

차경미

/

1 들어가며

세계 곳곳에서 발생하는 무력 분쟁, 기후위기, 식량 부족 그리고 경제 악화로 인해 강제 실향민이 증가하고 있다. 유엔 난민위원회에 의하면 2015년 세계적 차원에서 강제 실향민은 전년 대비 700만 명이 증가했다. 강제 실향민 최대 송출국은 시리아로서 10년 전 발생한 내전으로 인해 현재 인구 절반 이상이 강제 실향민으로 살아가고 있다(유엔난민기구, 2020: 3-4). 2020년 전 세계 강제 실향민은 8,240만 명으로 역사상 최고를 기록했으며, 2021년 한 해 동안 140만 명의 신규 난민 신청자가 발생했다.

강제 실향민은 난민, 국내 실향민, 난민 신청자 그리고 국경을 넘어 해외에 체류하는 모든 사람이 포함된다. 이 중 국내 실향민은 전체 강제 실향민의 65퍼센트를 차지한다. 국내 실향민은 국경을 넘지 않고 자국 내에서 이동과 정착을 반복하며 상황에 따라 국경을 넘는 예비 난민으로서 그 규모를 정확히 파악하는 것은 어려운 실정이다. 2019년 말 전 세계 국내 실향민은 4,570만 명에서 2020년 말 4,800만 명으로 증가했다(유엔난민기구, 2022: 4-5). 코로나19 확산 이후 강제 실향민은 더 증가하여 2023년 현재 약 1억 명 이상의 사람들이 세계 도처를 떠돌며 생활하고 있는 것으로 알려졌다(유엔난민기구, 2021: 5).

라틴아메리카 지역은 세계적 규모의 국내 실향민 발생 지역이다. 베네수엘라는 세계 난민 2위 국가로서 강제 실향민 대부분이 국경을 넘어 역내 17개국에 임시 거주하고 있다. 2022년 베네수엘라 강제 실향민 중 난민 신청자 수는 540만 명에 이른다(유엔난민기구, 2020: 21). 이와 달리 콜롬비아의 경우 라틴아메리카 최대 국내 실향민 배출국으로서 세계 난민 1위의 시리아보다 약 200만 명이 더 많은 830만 명의 국내 실향민이 발생했다(유엔난민기구, 2020: 4). 멕시코 역시 강제 실향민 대부분이 국내 실향민으로 구성되어 있으며, 중미에서도 국내 실향민 규모는 확산되고 있다.

콜롬비아의 국내 실향민은 글로벌 차원의 위기와 함께 마약 및 테러와의 전쟁을 목적으로 추진한 국가 안보 정책을 계기로 단기간 최대 규모로 발생했다. 2016년 콜롬비아 정부는 콜롬비아무장혁명군(Fuerzas Armadas Revolucionarios Colombianos, 이하 FARC)과 평화협정을 체결했으나, 이후 정부의 협정 이행 축소 및 수정 정책으로 또 다른 갈등과 폭력이 발생하여 국내 실향민은 증가하고 있다.

국내 실향민은 강제 실향민 중에서도 규모가 가장 클 뿐만 아니라, 인권 침해 상황에 쉽게 노출된다는 점에서 우리의 관심이 더 요구되고 있다. 최근 라틴아메리카 지역에서 발생하는 강제 이주의 경향은 국경을 넘지 않고 자국을 떠도는 국내 실향민의 증가, 귀환 가능성이 없는 실향 기간의 장기화, 그리고 기존 실향 원인에 더하여 젠더에 기반한 박해가 강제 이주 증가의 원인으로 작용하고 있다.

그동안 라틴아메리카 지역 각국 정부는 젠더적 특성을 반영한 강제 실향민 보호 및 예방에 관한 방안을 모색해 왔다. 그럼에도 불구하고 국내 실향민의 특수한 젠더 취약성 및 현장의 요구는 과소평가된 경향이 있다. 더욱이 무력 분쟁이 전개되는 지역에서 강제 이주의 주요 원인으로 작용하고 있는 젠더박해 문제는 상대적으로 소외되어 온 것도 사실이다.

성별에 기초한 차별과 박해가 깊게 뿌리박힌 콜롬비아 사회에서 무력 분쟁 지역 레즈비언, 게이, 양성애자 그리고 트랜스젠더(LGBTI)에 대한 박해는 오히려 정당화되었다. 일부 지역에서는 지역민들이 LGBTI에 대한 박해를 지원했다. LGBTI에 대한 박해는 사회 전반에 걸쳐 조직적으로 용인되고 있다. 그러나 젠더박해는 여성과 LGBTI에 대한 폭력으로만 이해하려는 기존 경향으로 인해 남성 피해자의 경험이 축소되거나 단순한 신체적 피해로 간주되어 왔다. 특히 무력 분쟁 지역의 경우 권력을 갖고 영향력을 발휘하는 헤게모니적 남성성에 의해 주변화된 LGBTI 및 여성뿐만 아니라, 이성애 남성들도 위계화 및 권력관계 속에서 젠더박해의 대상이 되고 있다.

이 글은 일상에 만연한 LGBTI에 대한 젠더박해 논의에서 벗어나 콜롬비아의 무력 분쟁 전개 과정에서 강제 이주의 원인으로 작용한 젠더박해의 주요 유형과 특징에 대해 설명하고자 한다. 특히 강제 실향민 중 가장 심각한 인권 침해 대상인 국내 실향민 사례를 중심으로 사회적 공론에서 소외된 젠더박해 유형에 대해 주목하고자 한다.

2 콜롬비아의 국내 실향민 현황

2018년 세계 강제 실향민은 7,080만 명으로 하루 3,700명의 사람이 집을 떠나 떠돌이 생활을 하고 있다(유엔난민기구, 2018: 4). 강제 실향민 증가 추이를 살펴보면, 2019년 7,980만 명, 2020년 8,240만 명 그리고 2021년에는 전년 대비 8퍼센트 증가한 8,930만 명으로 확대되어, 역사상 최대 규모의 강제 실향민이 발생했다(유엔난민기구, 2020: 4). 세계적으로 정치적 박해, 종족 및 종교적 반목, 인종차별, 자연재해, 그리고 젠더박해로 2022년 약 1억 명 이상의 사람들이 강제 실향 상태로 살아가고 있다.

라틴아메리카 지역은 세계 경제 위기와 함께, 마약 범죄 조직에 의한 무력 분쟁과 폭력으로 대규모의 강제 실향민이 발생했다. 역내 주요 국내 실향민 발생국인 멕시코는 기존의 강제 이주 원인의 악화와 함께 마약 범죄로 국내 실향민이 증가했다. 멕시코의 로스 세타스(Los Zetas)와 시날로아(Sinaloa) 조직은 세계 최대 마약 카르텔로 알려진 콜롬비아의 클란 델 골포(Clan del Golfo)와 동업자 관계를 형성하여 코카인을 유통하고 있다. 마약 범죄 조직의 폭력을 동원한 자본 축적 과정에서 경제적 이권이 집중되는 지역을 중심으로 국내 실향민이 증가했다.

2021년 멕시코의 국내 실향민은 379만 명으로 증가했으며, 2020년 인구 480명당 1명의 국내 실향민이 발생했다. 2020년 홍수, 폭풍 및 산불 등 자연재해로 인구 5,170명당 1명의 국내 실향민이 발생했으며, 2021년 자연재해로 인한 국내 실향민은 18,700명에 이른다(REDIM, 2022). 멕시코에서 최근 발생한 국내 실향민은 주로 마약 범죄와 관련된 지역에서 증가했다.

콜롬비아의 경우 2020년까지 약 830만 명 이상의 국내 실향민이 발생한 것으로 알려졌다. 국내 실향민은 1940년대 중반 발생한 정치 폭력 사태와 1960년대 등장한 좌익 게릴라 조직의 활동으로 확산되기 시작했다. 1980년대부터 콜롬비아무장혁명군(FARC) 및 민족해방군(Ejercito de Liberación Nacional, ELN) 등 좌익 게릴라 조직은 마약 범죄 조직과 공생 관계를 유지하며 무력으로 정부를 위협했다. 그리고 정부의 행정력이 미치지 않는 농촌 지역을 중심으로 세력을 확장했다. 1990년대 무력 분쟁이 격화되자 콜롬비아 정부는 게릴라 통제 지역을 긴장 완화 지역으로 조성하며 공권력 철수를 통해 게릴라 조직과 휴전 협정을 시도했다. 그러나 정부를 신뢰하지 못한 게릴라 조직의 테러 및 납치는 지속되었다.

이러한 상황에서 2002년 평화 협상 불가를 선언한 우리베(Álvaro Uribe Vélez) 정권이 등장하여 미국의 적극적인 군사적 지원 아래 힘에 의한 국가 안보 정책을 추진했다. 그러나 우리베 정부의 안보 정책은 가시적인 성과에도 불구하고 무력 분쟁 확산의 원인이 되었다. 또한 게릴라 소탕을 목적으로 정부에 의해 양산된 콜롬비아 연합자위대(Autodefensas Unidas de Colombia, AUC)가 점령지 확장 과정에서 민간인에 대한 무차별적인 공격을 자행하여 콜롬비아는 단기간 세계 최대 국내 실향민이 발생했다.

콜롬비아의 국내 실향민은 2010년 산토스(Juan Manuel Santos) 정부의 평화 협상 추진으로 축소되기 시작했으며, 2016년 평화 협정 체결로 급감했다. 그러나 협정 체결 이후 정부의 협정 이행을 위한 개혁 정책 추진 과정에서 새로운 폭력이 발생하여 2017년부터 국내 실향민은 다시 증가했다.

협정 이행의 일환으로 산토스 정부는 농촌 개발 특구 조성에 관한 토지개혁법(Las Zonas de Desarrollo Rural, Económico y Social, ZIDRES)을 도입하여 장기 내전으로 붕괴된 농촌 지역 재건을 위한 노력을 기울였다. 정부는 신법안을 토대로 농촌 지역 투자 기업에 대한 유연한 규제를 적용했고, 이를 계기로 다국적 농기업의 콜롬비아 농촌 진출이 증가했다. 그 결과 원주민 및 농민 보호지 등 공공 유산 토지에 대한 기업 점유는 확대되었으며, 토지에 대한 농민의 권한은 축소되었다. 결국 정부의 협정 이행 정책은 또 다른 갈등의 원인으로 작용하여 산토스 정부는 개혁 정책을 마무리하지 못한 채 2018년 두께(Iván Duque) 신정부로 대체되었다.

두께는 취임과 동시에 평화 협정에 대한 회의론을 전개하며 협정 이행 수정 및 축소 입장을 유지했다. 그리고 농촌 개발 특구 제외 대상 토지에 대한 전면 시장 개방을 비롯한 퇴행적인 정책을 추진했다. 평화 협정 반대 세력의 지원으로 등장한 두께 정부는 협정 이후 새로운 갈등과 폭력 확산의 원인으로 작용했다. 이와 같이 협정 이행에 대한 정부의 입장 변화는 결국 무기를 반납한 FARC 반체제 인사 및 잔존 세력의 재무장 가능성을 높여주었다.

평화 협정 체결 이후 무기를 반납한 FARC를 대체하여 다양한 불법 무장 조직이 초코(Chocó), 나리뇨(Nariño), 안티오키아(Antioquia) 그리고 볼리바르(Bolívar) 주를 중심으로 마약 밀거래 및 생산 경쟁을 주도했다. 동시에 평화 협상을 거부한 FARC 잔존 세력은 FARC가 통제해 온 불법 작물 재배지가 정부의 무력으로 폐쇄되자 새로운 조직을 형성하거나 다른 조직에 편입되어 불법 작물 재배에 대한 통제권을 유지했다.

정부의 공격으로 불법 작물 생산지는 아마존에서 태평양 지역으로 이동하여 태평양의 중심지 초코 주는 전에 없던 무력 분쟁이 확산되었다. 불법 무장 조직의 전통적인 거점인 에콰도르 접경지 나리뇨 주는 불법 작물 통제권을 둘러싼 갈등이 유지되어 국내 실향민이 신규로 등록되었다. 과거 마약 카르텔의 중심지였던 안티오키아 주에서도 과거 AUC를 발판으로 성장한 '클란 델 골포'가 폭력을 동원한 마약 밀매 및 불법 자원 채굴 활동을 통해 자본을 축적해 나갔다. 이러한 과정에서 국내 실향민이 증가했다.

FARC 해체 이후 정부와 협상을 거부하며 세력을 확장한 ELN 그리고 우익 자위대를 기반으로 성장한 '클란 델 골포'가 통제하는 지역을 중심으로 국내 실향민이 증가했다. '클란 델 골포'는 우리베 정부에 의해 형성되고 해체된 AUC 잔존 세력이 다양한 조직과의 경쟁과 동맹을 거쳐 성장한 최대 마약 범죄 조직이다. 가이탄 주의 자위대(Autodefensas Gaitanistas de Colombia, AGC)로도 불리는 '클란 델 골포'는 점조직으로 전국 560개의 마약 범죄 네트워크를 통제하고 있으며, 불법 광업 및 농민 토지 강탈, 청부 살인, 인신매매 그리고 강제 징집을 통해 청소년을 범죄에 동원하고 있다. 평화 협정 이후 콜롬비아 사회의 폭력과 갈등은 여전히 심화되고 있다.

3 젠더박해의 의미

평화 협정 체결 이후에도 콜롬비아의 무력 분쟁은 지속되었으며, 지난 10년 동안 국내 실향민 규모는 확대되었다. 그뿐만 아니라 이전보다 실향 기간은 장기화되었으며, 기존의 강제 실향 원인에 더하여 젠더에 기반한 박해가 국내 실향민 증가의 주요 원인으로 작용하고 있다. 무력 분쟁으로 인한 사회적 불안은 젠더박해 가능성을 높여주었고, 분쟁 격화 지역일수록 젠더박해는 더욱 극단적인 형태로 나타났다. 분쟁 지역 주민은 무장한 남성의 이익 추구가 희생되었으며, 분쟁 지역을 이탈한 국내 실향민은 반복되는 이동과 정착 과정에서 또 다른 박해를 경험함으로써 귀환 가능성이 없는 실향은 장기화되고 있다.

난민법에서 박해는 인종, 종교, 국적, 특정 사회 집단의 구성원 또는 정치적 견해를 이유로 생명 또는 자유가 위협받는 상태로 규정하고 있다. 박해는 인간의 존엄성과 생명 그리고 신체의 자유를 침해하는 행위인 것이다. 이러한 박해의 개념을 기반으로 젠더박해는 젠더에 기반한 위협이 인간의 생명과 신체에 대한 자유를 침해하는 행위로 이해할 수 있다. 대표적인 젠더박해는 가정 폭력, 억압과 착취, 차별, 성폭력, 강제 매춘, 인신매매, 강제 임신 및 낙태, 강제 결혼, 생식기 훼손 및 절단 그리고 성고문 등이다(국제연합고등판무관사무소, 1997).

젠더는 생물학적으로 남녀의 차이를 부정하는 것이 아니라, 불평등하고 차별적인 현실을 극복해야 한다는 문제의식이 포함되어 있다. 젠더 개념에는 여성과 남성 사이의 관계가 자연적으로 규정된다는 관념에 이의를 제기하며, 남성다움과 여성다움이 반드시 생물학적 차이에 의해 결정되는 것이 아니라 권력을 가진 남성 중심적 가치와 규범이 반영되어 성립된 것이라는 점을 강조한다.

그동안 젠더박해는 주로 성별에 기반한 불평등과 여성의 피해 사실에 대한 강조에 집중되었다. 콜롬비아의 사회학자 다니엘라 로페즈(Daniela López)는 대부분의 국외 법률 체계가 성폭력을 여성만의 문제라고 인식하는 데 기여했다고 언급했다.[1] 오늘날 젠더박해의 가장 대표적인 유형인 성폭력은 법의 언어를 뛰어넘어 광범위하고 다층위적으로 논의되고 있다. 성폭력은 피해자의 의사에 반하는 모든 성적 행위뿐 아니라 피해자의 취약성을 악용한 강간, 인신매매, 강제 누드, 성적 학대 및 착취, 강제 불임, 강제 임신, 강제 낙태, 성기 절단, 음란물 제작, 성고문, 성노예, 성희롱 그리고 의무적인 성행위 관람 등이 모두 해당된다.

4 무력 분쟁과 젠더박해

분쟁 지역의 젠더박해는 주로 성폭력과 관련을 맺고 전개되었다. 무력 분쟁은 다양한 형태의 젠더박해 상황으로 내몰리는 조건을 형성했다. 콜롬비아의 경우 무력 분쟁이 격화된 2012년부터 성폭력이 증가했다. 평화 협정이 체결된 2016년 성폭력 사건도 감소했으며, 2017년 정

---

1) 또한 성폭력의 의미를 단순화하고 있다고 강조했다. 성폭력은 무력 사용, 강압, 심리적 억압, 권력 남용 또는 폭력을 동원한 모든 성적 행위를 의미한다. 성폭력은 우월한 지위를 남용하여 여성의 신체와 정신을 유린하는 성적인 폭력 범죄로 인식되기 시작했고, 이후 성폭력은 상대방의 의사와는 무관하게 불쾌감, 공포 그리고 불안을 조성하는 모든 성적 행위로 정의되었다(한국성폭력상담소, 2019).

부의 협정 이행 정책 추진 과정에서 새로운 갈등이 야기되어 무력 분쟁 재발과 함께 성폭력도 증가했다. 남성 대상 성폭력의 경우 전반적으로 성폭력이 감소하던 2015-2016년 오히려 증가했으며, 2017년과 2019년 정점에 달했다.

성별에 기초한 불평등이 지배하는 가부장적인 콜롬비아 사회에서 여성이 남성에 비해 차별받을 가능성이 매우 높은 것이 현실이다. 그러나 간과할 수 없을 정도의 남성에 대한 젠더박해도 증가하고 있다는 사실을 통계 자료에서 확인해 볼 수 있다. 남성 대상 젠더박해는 여성과 LGBT에 대한 박해보다 상대적으로 은폐되고 축소되는 경향이 있다.

남성 중심의 사회에서 남성 간 유대는 여성적인 것을 배제하고 남성성을 보존함으로써 유지된다. 남성 간 관계를 정의할 때 핵심적인 가치는 자유이다. 자유를 가진 자만이 사람이며 종속되지 않는 능동적인 남성만이 자유로울 수 있다. 역사적으로 남성의 독점물인 능동적인 자유는 제거되어서는 안 되는 절대적 가치였다. 능동적인 자유 보존을 위한 필수 요소는 남에게 지배받지 않을 힘을 갖는 것이다. 따라서 자신의 힘으로 무장할 수 없거나, 힘을 가지고 있지 않는 자는 남성으로 취급되지 않았다. 전쟁에서 남성 포로를 강간하는 것은 적의 남성성을 제거하여 수동적인 존재로 만드는 행위를 의미했다. 따라서 무력 분쟁 상황에서 스스로 무장할 힘이 없는 남성은 수동적인 존재로 간주되어 젠더박해의 대상이 되었다.

무력 분쟁 지역에서 남성에 대한 성폭력이 만연함에도 불구하고 젠더박해 문제는 여성에게만 국한된다는 인식으로 인해 남성 피해 사실이 축소되고 은폐되어 왔다. 2013년 세계 분쟁 지역에서 발생한 성폭력에 관한 유엔 보고서에 따르면 일부 분쟁 지역의 경우 여성과 남성 대상 성폭력 사건은 예상외로 큰 격차가 발견되지 않는다. 무력 분쟁 지역에서 발생하는 남성에 대한 성폭력은 성적 지향 및 취향과 무관하게 권력 관계 속에서 발생하고 있다. 헤게모니적 남성성에 의해 주변화된 여성뿐만 아니라 이성애 남성들도 위계화 속에서 젠더박해의 대상이 되고 있다.

5 젠더박해의 주요 유형

1) 강간과 성적 학대

콜롬비아의 사례를 토대로 무력 분쟁 지역에서 발생하는 젠더박해의 주요 유형에 대해 구체적으로 살펴보자. 콜롬비아는 역내 최대 성폭력 발생국이다. 2015년 통계 자료에 의하면, 주요 무력 분쟁 지역인 푸투요(Futuyo), 과히라(Guajira), 메타(Meta), 카우카(Cauca) 그리고 노르테 데 산탄데르(Norte de Santander)의 성폭력 관련 피해자는 총 10,042명이며 피해자의 90퍼센트는 여성이다. 2020년의 경우 무력 분쟁 지역 성폭력 피해자는 총 15,760명으로 증가했으며, 피해자 대부분이 14-17세의 아프리카계 후손과 원주민 여성들로 나타났다.

평화 협정 체결 이후 과도기적 정의 이행을 위한 사법재판소를 통해 드러난 피해 사례를 통해 콜롬비아의 역사기억센터의 고문 낸시(Nancy Prada)는 평화 협정 체결 이후 과도기적 정의 이행을 위한 사법재판소에 등록된 사례를 인용하여 분쟁 지역의 성폭력이 피해자에 대한 사회적 비난과 낙인찍기 이외에도 피해자에게 죄책감을 전파하는 효과가 있다고 말했다.

성폭력 피해자 마를레네(Marlene)는 23세의 흑인 여성이다. 그녀는 전통적인 준군사 조직의 거점인 라 메사(La Mesa)에 인접한 마을에 살고 있었다. 어느 날 준군사 조직이 마을에 진입하여 여성들의 옷차림 등 일상 행동을 엄격하게 통제했다. 그리고 그들은 자신들이 제시한 규정을 준수하라고 명령했다. 어떤 경우에는 마을의 젊은 여성들이 그들의 파티에 강제로 동원되었다. 여성이 이에 응하지 않으면 폭력과 고문이 마을 전체를 휩쓸었다. 아무도 감히 그들에게 맞서지 못했고, 두려움 때문에 대면조차 하지 않았다. 마를레네는 태어난 지 한 달 된 아들과 평화롭게 살고 있었다. 준군사 조직 지휘관 중 한 명이 그녀에게 사랑에 빠지면서 불행이 시작되었다. 그는 마를레네를 강간하고 납치했으며, 마를레네는 그의 성노예가 되었다. 마를레네는 남편, 형제 그리고 가족을 살해 하겠다는 위협에 시달렸고, 그는 동거를 강요했다. 그녀는 선택의 여지가 없었다. (……) 마를레네는 몇 달을 흉악범과 동거했고 (……) 갖은 노력 끝에 탈출에 성공했다. 마를레네는 마을에 도착해서야 이미 남편이 사라졌다는 사실을 알게 되었다. (……) 지역사회는 그녀에게 낙인을 찍어 외면했다(Molinares D. César, 2008).

마를레네의 사례는 콜롬비아의 무력 분쟁 지역 여성들의 경험을 대표한다. 2020년 과도기적 정의 이행을 위한 사법재판소에 접수된 성폭력 피해자는 34,209명에 달했다. 여전히 피해자들이 수치심으로 사실

밝히기를 꺼리는 상황을 고려해 볼 때, 성폭력 피해 통계는 우려하지 않을 수 없는 규모이다. 피해자 대부분이 여성이며, 원주민과 아프리카계 후손 농민으로서 빈곤과 불평등은 젠더박해 가능성을 높여준다는 것을 알 수 있다. 젠더박해는 FARC, ELN 게릴라 조직 및 AGC뿐만 아니라 공권력에 의해서도 자행되었다.

피해 사실을 객관적으로 증명할 수 없는 상황에서 성폭력 피해자들은 오로지 자신의 진술에 의존해 사실을 폭로해야만 한다. 따라서 피해자들은 오히려 수치심과 죄책감 그리고 낙인에 대한 두려움으로 침묵을 선택하는 것이 현실이다. 지역 사회는 피해 여성들을 낙인찍어 외면했으며, 분쟁 지역에서 발생하는 성폭력은 규정을 위반한 처벌로 인정했다. 무장 조직은 지역 사회를 통제하고 폭력을 정당화했으며, 자신들의 명령에 복종하지 않은 여성을 대상으로 교정 폭력이라는 명목하에 강간을 일삼았다. 이와 같이 반복되는 위협 상황에서 피해 여성들은 침묵으로 일관할 수밖에 없었다. 성폭력 피해 여성의 고백은 이러한 상황을 잘 설명해 주고 있다.

> 성폭력이 우리에게 남긴 가장 큰 교훈은 침묵이고, 나의 몸과 나의 피해 사실에 대한 부끄러움이었다. (……) 누군가가 우리에게 일어난 끔찍한 일에 대해 알게 될까 봐 우리는 두려웠다. 그래서 수년 동안 수치심과 두려움으로 침묵해야 했다. 우리는 침묵만이 최선이라고 생각했다(ONU, 2019).

사회적으로 성폭력은 다양한 법적 구속 장치로 인해 감소하는 상황에서, 오히려 분쟁 지역에서는 만연하고 보편화되었다. 전통적으로 남성은 여성의 "성적으로 느끼는 감정, 욕망, 실천, 정체성, 행위들을 포괄하는 섹슈얼리티의 보호자"로 간주되어 여성의 명예를 남성의 명예와 동일시하는 경향이 있다. 따라서 무력 분쟁 지역에서 강간은 적에게 굴욕감을 주고 권위를 약화시키기 위한 전략적 도구로 작용했다. 또한 관행적으로 외부 전투 참가 보상용으로 활용되었다.

성폭력 문제와 관련해 우리가 기억해야 하는 부분은 성폭력을 여성과 여아의 문제로만 이해하는 경향이 있다는 사실이다. 이로 인해 남성의 피해 사실이 축소되고 은폐되어 왔다. 남성에 대한 성폭력은 고문 행위나 잔인하고 비인간적인 대우로 취급되었다. 사회학자 오소리오(Osorio)는 2007년 남아프리카공화국 헌법재판소 판결 사례를 지적하며 분쟁 지역 남성에 의한 남성 강간은 범죄로 인정되지 않는다고 강조했다. 재판소는 강간을 "성기에 의한 질 강제 삽입"으로만 발생한다고 인정해 남성이 강간 대상이 될 수 없다고 판단했다. 2007년 세계보건기구(WHO) 보고서에서도 성폭력 및 젠더박해는 여성의 피해 사례에 집중되어 있다(Osorio, 2008: 29-40).

다양한 성적 지향 및 정체성에 대한 존중이 금기시되는 사회에서 남성에 대한 강간은 여성의 경험보다 극단적인 형태로 나타난다. 무력 분쟁 지역에서 만연한 남성에 대한 강간, 성적 굴욕, 생식기 채찍질, 생식기 물건 침투, 강제 근친상간 및 생식기 거세 행위는 헤게모니 남성성의 상징적 행위로 정당화되었다.[2] 이와 같이 '진정한 남성성'은 권력, 지배,

---

2) 여성성의 대응 개념인 남성성(Masculinity)은 다층적 개념으로서 남성 사회 내의 서열화된 폭력 문화와 위계적인 병영 문화를 대표한다. 다양한 남성성 중에서도 권력 소유 유형의 '헤게모니적 남성성'은 남성 일반에게 제한적으로 작용한다. 전통적인 가부

군국주의 및 폭력과 관련을 맺고 강화되었다.

 콜롬비아의 가부장적인 문화는 다양한 성적 지향에 대한 편견과 불평등 유지의 원동력으로 작용한다. 따라서 남성 대상 젠더박해 사실은 더욱 고립되고 축소된 사건으로 은폐되고 있다. 남성 피해자 역시 동성애자라는 사회적 낙인에 대한 두려움으로 오히려 피해 사실을 '남자답게' 처리하려고 노력한다(Gabriel Gallego, 2022). 무력 분쟁 지역에서 탈출해 16년 동안 국내 실향민으로 살아가고 있는 모스케라(Mosquera)는 자신의 경험을 말했다.

> 나는 아내와 강간당한 사실에 대해 이야기하지 않는다. 나는 아내와 두 딸 앞에서 강간을 당했고, 나의 아내도 강간당했다. 당시 12살과 16살짜리 내 딸들도 역시 강간을 당했다. 이 모든 것이 비밀이었다. 나는 두 번의 강간 사건 이후 숲으로 피신해 보고타로 탈출했다. (······) 처음 우리는 인종차별로 일자리를 찾지 못했다. 무엇보다도 나는 동성애자라는 낙인이 두려워 나의 남성성이 의심받지 않도록 행동한다(Javier Sulé, 2022).

 콜롬비아의 국립 법의학 연구소는 무력 분쟁이 심화된 2004-2016년 성폭력 남성 피해자 373명을 치료했다. 2016년 국경없는의사회가 태평양의 항구 도시 부에나벤투라(Buenaventira)와 투마코(Tumaco)에서 치료한 722명의 성폭력 피해자 중 10퍼센트는 남성이었다(Lina M. y

---

장제하에서 남성성은 남성 간의 경쟁을 통해 자신의 식솔을 보호하는 것이 핵심이며, 여자와 남자는 경쟁과 적대 관계를 형성하지 않는다. '헤게모니적 남성성'과 '가부장적 남성성'은 연관되어 있으며 혼재되어 사용되기도 한다(구효주, 2021).

Céspedes-Báez, 2018). 남성에 대한 성폭력은 무력 분쟁 격화 지역인 우라바(Urabá), 몬테스 데 마리아(Montes de María), 네바다 산맥(la Sierra Nevada) 그리고 베네수엘라 및 에콰도르 접경 지역 등 주로 특정 지역에서 집중적으로 발생했다.

24세의 청년 넬슨 토스카노(Nelson Toscano)는 게릴라 조직 ELN의 주요 활동 거점인 베네수엘라 국경 도시 쿠쿠타(Cucutá) 외곽에서 성장했다. 2016년 FARC가 정부와 평화 협상을 체결했으나 ELN는 협상을 거부한 채 무력으로 정부를 위협하며 마약 밀매에 개입하고 있다. 넬슨은 긴 침묵을 깨고 성폭력 피해자 모임을 주도하며 사회 운동가로 활동하고 있다. 그는 9세와 17세 당시 AUC와 ELN에 의해 강간당한 사실을 폭로했다.

무장 조직이 나의 아버지를 살해했다. 나는 매일 사망자를 보았다. (……) 나는 9살 때 할머니의 허락을 받고 그림을 사러 외출하는 삼촌을 따라나섰다. 나는 집 앞에 대기하고 있던 차에 오르고 나서야 삼촌이 무기를 배달한다는 사실을 알아차렸다. 삼촌이 배달간 사이 나는 긴 시간 두 남자와 함께 차 안에 있었다. 삼촌이 돌아왔을 때 나는 울면서 나에게 일어난 일을 말했다. 그러나 삼촌은 할머니가 죽는 것을 보고 싶지 않다면 입을 다물라고 윽박질렀다. (……) 그들은 나를 강간한 이후, 마치 표시라도 하듯 칼로 내 귀를 잘랐다. (……) 시간이 흘러 8년이 지난 어느 날, 나는 친구와 건축자재를 싣고 고속도로를 운전하던 중 ELN에게 체포되었다. 그들은 트럭에 낙서를 하고 나의 친구를 허름한 농장으로 끌고 갔다. 저항한 나는 팔에 흉터가 생겼다. 얼마 후 그들이 사라지고 나는 자신도 강간을 당했다며 울고 있는 친구를 발견했다. 나는 더 이상 살 수 없어서 보고타로 탈출했고, 나의 친구는 몇 달 후 스스로 목숨을 끊었다(Javier Sulé, 2022).

초코 주의 작은 마을에서 태어난 64세의 헤르만 모스케라(Germán Mosquera) 씨는 닭과 돼지를 키우고, 쌀을 경작하며 매일 낚시를 즐겼다. 2002년 마을을 점령한 FARC는 헤르만의 집을 침입해 그의 눈앞에서 장남을 살해하고 그의 아내를 강간했다. 그의 아내 역시 남편이 강간당하는 것을 지켜봐야 했다. 모스케라 씨는 FARC의 경쟁 조직인 AUC를 지원한다는 혐의로 갖은 폭력과 학대에 시달려야만 했다.

그들은 저항하는 사람들을 결박해 매질했고, 그들이 원하는 짓을 저질렀다. 굴욕적이고 참담한 상황을 견뎌야 했을 뿐 저항은 죽음이었다. 그들은 나를 강간한 후, 마치 표시라도 하듯 면도칼로 나의 귀를 잘랐다. 나와 가족은 탈출할 기회가 없었다. 며칠 후 또 다른 FARC 전투원이 나의 집을 찾아와 같은 짓을 반복했다(ibid).

2019년 3월17일 산타 마르타(Santa Marta)에서 개최된 무력 분쟁 지역 피해자 모임에 참가한 실베리오(Silverio)는 2000년 11월 막달레나에 위치한 로스 포소스(Los Pozos)라는 외딴 마을에서 아버지와 도미노 게임을 즐기던 중 무장 남성들이 침입하여 아버지를 강간하는 것을 목격했다.

아버지는 (……) 사건 이후 뇌졸중을 앓았다. 그는 슬퍼했고, 죽이겠다고 분노

했다. (……) 집에 나타난 6명의 무장 남성들은 (……) 권위적인 어조로 강압적인 행동을 시작했다. (……) 갑자기 한 남성이 (……) 성희롱을 시작했고, 나는 남자로 존중해 달라고 말했다. 그는 굴욕감을 주기 위해 나를 강간했다. (……) 아버지에게도 용서할 수 없고, 말할 수도 없는 짓을 저질렀다. (……) 아버지는 처한 현실을 극복하려고 부단히 노력했다. (……) 그러나 결국 정신 불안과 위궤양으로 사망하셨다(JEP, 2020).

강간은 남성성의 핵심을 공격하여 적의 심리를 교란하는 전략으로서 피해자를 비인간화하고 굴욕감을 주어 심리와 정서를 약화시키는 전략으로 활용되었다. 일부 남성의 경우 아들과 근친상간을 강요당한 사례도 있다. 남성에 대한 강간은 성 정체성이나 취향과는 무관하게 발생하며 피해자는 남성성 상실에 대한 극심한 정신적 혼란을 겪는다. 이성애 이외에 성적 취향에 대한 편견이 깊이 뿌리내린 사회에서 남성에 대한 성폭력은 일탈행위가 아닌 힘과 권력을 동원한 억압의 기제로 활용된다.

2) 강제 징집과 납치

불법 무장 조직은 아동 및 청소년을 강제 징집하여 성폭력, 성노예, 강제 낙태 및 강제 임신 등 다양한 범죄를 자행했다. 2003년 콜롬비아 국방부는 불법 무장 조직에 소속된 아동 수를 약 8천 명, 비정부기관은 약 1만 1천 명으로 추산했다. 2002년 아동 및 청소년 대상 강제 징집 평균 연령은 13.8세에서 2006년 12.8세로 낮아졌다(Paula Andrea Ramírez,

123-124). 1990-2017년까지 다양한 불법 무장 조직의 아동 모집 사례는 16,238건으로 기록되었지만 실제 피해 사례는 40,828건에 이른다(Oficina de Representante Especial del Secretario General para los Niños y los Conflictos Armados, 2024: 25-31).

불법 무장 조직은 소년병이 성인보다 순종적이고, 명령에 의문을 제기하지 않으며 통제가 수월하다는 이유로 강제 징집을 주도하고 있다. FARC는 거의 모든 지역에서 청소년을 강제 징집했으며 AGC에 의한 강제 징집은 주로 카사나레와 센타우로스(Centauros), 아라우카, 볼리바르, 카케타, 누티바라(Nutibara)에서 발생했다. 인구 10만 명당 100명 이상의 청소년이 강제 징집된 지역은 카케타(225명), 바페우스(Vaupés: 184명), 과비아레(Guaviare: 174명), 푸투마요(146명), 아라우카(144명), 메타(Meta: 124명), 카사나레(115명), 과이니아(Guainía: 100명) 등이다(Instituto Colombiano de Bienestar Familiar, 2014: 63-83).

2002년 초등학교 재학 당시 FARC에 의해 강제 징집되었던 에스페란사(Esperanza)는 영문도 모른 채 남성의 손에 끌려가 낯선 곳에서 혹독한 군사훈련과 성적 학대를 견뎌야 했다. 불법 무장 조직에 납치되었던 소년은 자신의 경험을 들려주었다.

(······) 총을 들고 다니는 데 익숙해지기 위해 막대기를 들고 훈련을 시작해야 했다. (······) 형편이 어렵고 돈이 없어서 코카잎을 음식과 교환했다. (······) 장난감을 내려놓고 새벽 일찍 일어나 훈련하고, 수류탄을 던지고, 정글에서 위장하는 법을 배웠다. FARC 지도자들은 아이들에게 소총을 건네기 전 나무총으로 3개월 동안 훈련시켰다. (······) 어릴 때 끌려오면 포주의 먹이로 살아간다. 원하지

않아도 남성이 자신의 몸을 만지는 것을 자주 경험한다(Camilla Osorio, 2022).

18세 미만 어린이와 청소년은 징집으로 무력 분쟁에 개입하여 전사, 성노예, 요리 및 가사 노동, 정보원, 가이드 및 메신저 역할을 담당한다. 그동안 FARC는 15-17세 청소년을 징집해 폭력 행위에 동원했으며, 이러한 과정에서 최소 9,870명의 아동과 청소년이 희생되었다. 소녀들은 무엇보다도 성노예로서 학대와 착취에 시달렸다. 전 AUC 요원은 다음과 같이 언급했다.

> 카우카 지역 AUC 지휘관들은 (……) 12세에서 14세 사이 소녀들과 동거한다. 소녀들은 성노예로 성 서비스를 제공한다. (……) 임산부의 경우 탈출 시도 정보가 접수되면 보복으로 살해되었고, 비슷한 상황에 있는 다른 소녀들에게 공포를 조장하기 위해 아이를 강제 낙태했다(Revista Semana, 2015).

룰루(Lulu)는 12세 당시 안티오키아에서 ELN에 의해 강제 징집되어 군사훈련과 성적 학대에 시달렸으며 성노예로 살아왔다. 그러던 어느 날 심신이 지친 그녀는 도움의 대가로 동료에게 성을 상납하고 탈출에 성공했다. 그러나 룰루의 마을은 이미 또 다른 게릴라 조직 FARC가 점령하고 있었다. 결국 그녀는 홀로 메데진(Medellín)으로 이주했으며 생계를 위해 13세부터 성 노동에 종사했다. 룰루는 진실 규명위원회와의 인터뷰에서 다음과 같이 말했다.

> 나는 전투원이었다. 1985년 12월 12세의 나이로 FARC에게 납치되었다. 그것은

징집이라고 할 수 없다. 납치된 날 밤 나는 게릴라에게 강간을 당했다. 강간은 반복적이었고 매우 고통스러운 낙태로 이어졌다(Comisión de Verdad, 2019).

2020년 강제 징집은 전년 대비 113퍼센트나 증가했다. 2019-2022년 등록된 젠더박해 피해 사례 133건 중 72건은 18세 미만 청소년과 관련이 있다. 징집된 청소년들은 마약 복용을 강요당하며 코카인 제조 실험실에서 노동하거나, 마약 판매를 전담했다. 공권력도 청소년을 강제 징집으로 동원해 정보원으로 활용했다.

12세 당시 FARC에 의해 강제 징집되었던 헤수스(Jésus)에 의하면 게릴라 조직은 소년들을 파티에 초대하고, 소녀들을 동원해 유혹하는 등 다양한 방법으로 강제 징집한다. 무장 조직은 자신들의 유인책이 통하지 않으면 마을 전체 주민을 협박한다. 이러한 방식으로 강제 징집되었던 헤수스는 함께 훈련받던 친구의 사망으로 마음의 병을 앓았다. 병이 악화되어 더 이상 쓸모없게 되자 무장 조직은 그를 귀가 조치했다. 고향으로 돌아온 헤수스는 탈출을 시도했으나 늘 보복에 대한 두려움을 안고 살았다. 결국 그는 두려움과 위협에서 벗어나는 유일한 길이 또 다른 게릴라 조직 ELN에 가입하는 것이라고 판단했다.

정부와 협상을 중단한 ELN와 AGC는 농촌 지역 아동과 청소년을 강제 징집해 마약 밀매 및 폭력 범죄에 동원하고 있다. 아동기 성폭력을 경험한 남성 피해자들은 주로 강제 징집과 관련 가능성이 매우 높다. 강제 징집을 거부한 아동들은 성폭력 대상이 된다. 심지어 무장 조직은 학교까지 침입해 표적이 된 아동을 납치하고 성폭력을 자행한 사실도 밝혀졌다.

강제 징집을 피하기 위한 최선의 방법은 스스로 목숨을 끊는 것이다. 초코 지역에서 강제 징집을 피해 자살하는 청소년이 증가하고 있다. 2022년 원주민 법률 고문 헤라르도(Gerardo Jumi Tapias)는 원주민 아동과 청소년의 자살이 강제 징집을 피하는 최선의 선택이 되었다고 한탄했다. 강제 징집 대상 청소년의 자살은 안티오키아, 나리뇨 그리고 카우카에서도 발생한다.

> 초코 지역의 강제 징집은 매우 심각하다. (……) 우리는 AGC도 원주민 청소년 강제 징집과 관련 있다고 확신한다. (……) 현재 초코 지역에서 발생한 30건의 청소년 자살 사건에 대해서 말하고 있지만, 모든 사건을 우리가 다 파악할 수 없는 상황이다. (……) 무장 조직은 강제 징집 대상 청소년이 자살하자 생존한 가족을 위협하고 있다. 따라서 피해 사실은 묵인되거나 과소 보고되고 있다 (Infobae, 2022).

3) 강제 매춘 및 기타 젠더박해

분쟁 지역 여성들은 불법 무장 조직 남성과 강압에 의한 정서적 관계를 형성하거나 성 파트너로서의 의무를 수행한다. 10대 청소년의 임신과 낙태 그리고 성적 학대 및 성 노예화는 콜롬비아 사회의 새로운 문제로 지적되고 있다. 정서적 관계 형성 이후 대부분의 여성은 인신매매 및 강제 매춘을 통해 무장한 남성의 경제적 이윤 창출의 도구가 되었다. 납치된 여성들은 인신매매를 통해 모든 유형의 성 노동과 가사 노동에 동원되었다. 2001년 5월 푸투마요에서 납치된 22세와 23세 자매는 자신의 경험을 말했다.

(……) 밤에 우리들은 성매매를 위해 도착한 남성과 관계를 맺어야만 했다. 가끔 12명의 남자까지 상대해야 했다. 낮에는 산에서 도착한 무장 조직이 우리들을 감금했다. 점심도 주지 않았고 간식도, 물도 주지 않았다. 하루 한 끼만 주었고, 아무런 대가도 지불하지 않았다. (……) 어떤 사람인지 확인할 수 없는 남자들이 계속해서 들어오고 나갔다. 가끔 아주머니들이 우리에게 음식을 주었고, 물을 주었을 뿐이다(Juan Carlos Rojas, 2017).

분쟁 지역 무장 조직은 여성의 행동과 생활을 통제했으며, 사회 정화라는 미명하에 폭력을 정당화했다. 자신들이 제시한 규범을 어길 경우 도발적이거나 암시적인 행위로 간주해 잔인하고 굴욕적인 처벌을 가했다.

(……) 무장 조직은 마을에서 자유롭게 활동했다. 그들은 아무도 존중하지 않았으며 당시 최고의 권력을 누렸다. (……) 오후 6시경 이미 집에 있어야만 했다. 규칙을 위반하고 길에서 만나게 되면 죽음이 기다렸다. 그들은 (……) 규칙을 부과하고 명령했다. (……) 그들은 여성들을 강제 매춘에 동원하여 경제적 이윤을 누렸다. (……) 강제 매춘은 무장 조직이 부여한 행동 규정 위반에 대한 처벌로 가해졌다(Juan Carlos Rojas, 2017).

분쟁 지역에서 유일하게 합법적인 것은 지배자 혹은 적과 대면하는 무장한 남성의 '영웅적인 행위'이며 여성과 비무장 남성은 모든 영역에서 무장한 남성의 이익 추구에 희생된다. 무력 분쟁은 남성에 비해 불리한 위치에 있는 여성에 대한 효과적이고 반복적인 희생을 구체화한다.

전 AUC 요원은 다음과 같이 말했다.

> 그들 중 두 명이 여성의 방으로 들어갔다. 그들은 여성을 공격하고 뒤에서 강하게 머리를 잡아당겼으며 값있는 물건을 내놓으라고 명령했다. (……) 준군사 조직은 무기로 그녀의 팔에 부상을 입혔다. 그리고 그녀에게 100만 페소와 금목걸이를 빼앗았다. 그들은 여성을 바닥에 쓰러뜨리고 나무막대기로 머리를 구타했다. 돼지를 다루듯 그녀의 팔과 다리를 꽁꽁 묶었다. 그녀는 옷이 찢기고 알몸이 되었다(Juan Carlos Rojas, 2017).

한편, 죽음의 경계를 넘나들며 분쟁 지역을 탈출한 젠더박해 피해자들은 상대적으로 안전하게 보이는 인근 도시로 이주한다. 육체와 정신적 트라우마가 혼재된 임시 정착촌의 삶은 실향민의 현실을 마주할 수 있는 공간이다. 메데진 외곽 산 하비에르(San Javier), 비야 에르모사(Villa Hermosa) 그리고 마니케(Manique)에는 실향민 정착촌이 형성되었다. 시내 중심에 위치한 마노 데 디오스(Mano de Dios) 실향민 정착촌은 2003년 인종차별과 실향민에 대한 혐오로 화재가 발생해 소멸했다. 안전이 담보되지 않은 실향민의 삶은 여전히 인신매매, 성 착취, 성폭력의 불안이 지속된다. 실향민은 희망이 보이지 않는 현실에서 마약과 알코올 및 향정신성 물질에 의존한 일탈 행위로 현실 도피를 시도한다.

젠더박해 피해자들은 성병, 에이즈, 불안, 우울증, 심리적 혼동, 외상 후 스트레스 및 과잉행동 장애로 일상생활 유지에 어려움을 겪는다. 남성 피해자들은 인종차별과 실향민에 대한 혐오에 시달리며, 동성애자라는 사회적 낙인에 대한 두려움으로 고립된 생활을 유지한다. 성기가 거세되거나 절단된 남성들은 결국 자살을 선택한다. 실향 과정에서 가정은 붕괴하며, 여성은 가장으로서 비공식 노동 시장에 통합되어 빈곤의 악순환을 재생산한다. 일할 기회조차 얻지 못한 여성들은 생계 수단으로 성 노동에 종사한다. 국내 실향민 자녀들은 학교 교육으로부터 이탈하여 노동하는 아동으로 성장하며 가족의 생계유지를 지원한다. 아동 매춘 역시 국내 실향민 공동체에서 공통으로 발생한다.

5 나가며

장기 무력 분쟁 전개 과정에서 콜롬비아는 세계적 규모의 국내 실향민이 발생했다. 젠더박해는 기존의 원인에 더해 강제 이주의 원인으로 작용하고 있다. 젠더박해는 권력을 갖고 영향력을 발휘하는 헤게모니적 남성성에 의해 주변화된 여성뿐만 아니라 이성애 남성들도 대상이 되었다.

분쟁 지역의 젠더박해는 주로 성폭력과 관련을 맺고 전개되었다. 성폭력은 일탈 행위가 아닌 힘과 권력에 의한 억압의 기제로 동원되었다. 또한 적의 권위 약화, 주민 통제 그리고 강제 이주 조장의 전략적 도구로 활용되었다. 젠더박해는 성적 지향과 무관하게 헤게모니적 남성성에 기초한 권력과 관련을 맺고 발생한다. 분쟁 격화 지역일수록 극단적 형태의 젠더박해가 발생했다.

그동안 젠더박해는 주로 성별에 기반한 불평등과 여성의 문제로 인식되었다. 이성애 외에 다양한 성적 지향에 대한 편견이 뿌리내린 사회에서 남성 젠더박해 피해가 축소되었다. 남성성과 여성성의 이분법적 사고에 기반을 두어 강화된 이성애 남성의 성적 특권으로 남성 젠더박해는 단순한 신체적 피해로 간주했다.

성폭력에 대한 사회적 통념에는 남성 중심의 전통적 관념의 영향이 작용하고 있다. 남성 젠더박해가 기존 젠더박해 범주로 이해되고 통합되고 있지만 여전히 사법기관 및 사회적 인식의 전환이 요구되고 있다. 남성 젠더박해 피해자에 대한 사회적 지원과 보상은 매우 낮은 수준을 유지하고 있으며, 피해자들은 공동체로부터 여전히 배제와 소외 그리고 편견을 경험한다.

무력 분쟁 지역의 아동과 청소년 역시 강제 징집 및 납치되어 강간, 강제 임신과 낙태, 성노예 및 성적 학대 등 젠더박해 대상이 된다. 강제 징집을 피하기 위해 자살을 선택하는 청소년이 증가하고 있다. 또한 강압으로 의해 정서적 관계를 형성한 청소년들은 인신매매와 강제 매춘에 동원되어 무장한 남성의 이익 추구에 희생되고 있다.

평화협정 체결 이후 정의로의 이행 과정에서 콜롬비아 분쟁 지역 젠더박해 피해자들은 광범위한 연대를 통해 자신의 경험을 재해석하고 있다. 콜롬비아의 사례는 젠더박해를 여성과 여아의 문제로만 이해하려는 경향에서 벗어나 축소되고 은폐되어 온 남성 젠더박해에 대한 인식을 확장하는 계기로 작용하고 있다. 분쟁 지역 젠더박해 피해자들의 경험과 관점을 이해하고 소외된 경험을 복원하려는 콜롬비아 정부의 노력은 고립된 사람들의 경험이 더 이상 배제되는 오류를 되풀이하지 않겠다는 의지를 반영한 것이다.

제4장

라틴아메리카의 종교 차별과 혐오:
갈등을 넘어 공존으로

/

조영현

/

1 들어가며

라틴아메리카는 '가톨릭의 대륙'이라고 할 수 있다. 개신교의 확산세가 가파르지만 아직도 신도 수의 비중으로 볼 때 가톨릭의 패권이 유지되고 있다. 물론 점진적으로 개신교, 특히 복음주의 노선의 오순절교가 그 교세를 급격하게 늘리고 있어 변화의 조짐이 보인다. 다음의 표는 2014년 라틴아메리카 종교 지형을 잘 보여준다. 이 표에서 특히 관심을 끄는 것은 개신교의 확산세가 두드러진다는 점이다.

종교는 인간의 본질적 부분을 이루지만 매우 복잡하고 이해하기 어려운 측면이 있다. 신을 믿고 경배하는 행위나 의식을 넘어, 삶의 의미, 사회 질서, 도덕과 윤리, 그리고 공동체 정체성 형성에 결정적인 역할을 하는 매우 오래되고 보편적인 제도이기 때문이다. 종교를 단순히 신, 영혼, 자연의 신성 등 초월적 존재와의 관계라는 측면에서 보면 신념의 체계지만, 의례와 윤리라는 부분과 깊은 관계가 있다는 면에서는 일종의 사회 제도라고 할 수 있다.

⟨표1⟩ 2014년 라틴아메리카 종교 신도 분포도(%)

국가	가톨릭	개신교	무종교	기타
가톨릭이 절대다수인 나라				
파라과이	89	7	1	2
멕시코	81	9	7	4
콜롬비아	79	13	6	2
에콰도르	79	13	5	3
볼리비아	77	16	4	3
페루	76	17	4	3
베네수엘라	73	17	7	4
아르헨티나	71	15	11	3
파나마	70	19	7	4
가톨릭이 다수인 나라				
칠레	64	17	16	3
코스타리카	62	25	9	4
브라질	61	26	8	5
도미니카공화국	57	23	18	2
푸에르토리코	56	33	8	2
치카노(미국의 중남미인)	55	22	18	5
가톨릭이 과반인 나라				
엘살바도르	50	36	12	3
과테말라	50	41	6	3
니카라과	50	40	7	4
가톨릭이 과반이 아닌 나라				
온두라스	46	41	10	2
우루과이	42	15	37	6
지역 전체 평균	69	19	8	4

출처: Perez Guadalupe, 2018: 20.

모든 문화에서 발견되는 보편적인 제도인 종교는 사회적으로 대우 다양한 역할과 기능을 수행한다. 죽음, 고통, 불확실성, 행복과 불행 등과 관련된 인간의 모든 가치, 삶의 의미, 존재 이유, 그리고 운명에 대한 해석 체계를 제시함으로써 세계관 형성에 기여한다. 또한 사회에서 행해야 하는 것과 금지하는 윤리, 도덕의 체계를 제공한다. 이런 측면에서 보면 종교는 도덕적 규범과 사회 통제, 질서 유지의 역할에 핵심적 토대를 형성한다. 그리고 동일한 신에 대한 신앙, 공동의 신념에 대한 공유를 통해 '우리'라는 공동체 의식, 혹은 집단 의식을 형성한다. 따라서 자연스럽게 같은 신을 믿고 같은 종교에 소속된 신도들은 친밀감을 공유한다. 관혼상제와 같은 인간의 통과의례를 구조화하며, 이렇게 형성된 문화를 세대에서 세대로 전수하는 역할도 한다. 또한 기도와 의식, 명상과 공동체 활동을 통해 정서적 위안이나 심리적 안정, 그리고 타인과 연대를 강화하기도 한다. 이런 복합적 기능을 수행하는 종교는 사회에서 평화를 증진하고, 공동체 질서를 유지하는 긍정적 역할을 하기도 하지만 많은 경우 신에 대한 절대적 믿음이나 교리에 대한 맹신이 종교 간 공존을 어렵게 하고 비관용적 태도를 야기한다. 이는 공존보다는 갈등과 대립을 조장하는 결과를 낳는다.

우리는 폭력, 억압, 배제, 권력 남용의 도구로 종교가 이용된 경우를 쉽게 발견할 수 있다. 종교 간 대립이 격화되어 전쟁의 상황으로까지 이어진 경우가 대표적이다. 11세기에 일어난 유럽의 십자군 전쟁에서 볼 수 있듯이 종교와 신앙은 수많은 전쟁, 학살, 갈등의 명분이나 구실이 되어왔다. 21세기 현재에도 이스라엘과 이란의 전쟁처럼 그 밑바탕에 종교가 있는 경우를 쉽게 볼 수 있다. 하느님이나 알라의 이름으로 적을 단죄하고, 다른 종교를 믿는 사람들을 죄인으로 선언하는 경우가 여기에 해당한다. 가톨릭과 프로테스탄트 간 충돌이나 중동 내 이슬람 종파 간 갈등이 대표적인 경우이다. 자신이 믿는 신이나 교리가 절대화될수록 다른 신을 신봉하는 자들은 이단, 이교, 마녀로 낙인찍히는 것이다. 스페인이나 라틴아메리카에서 행해진 종교 재판은 정치적 적을 제거하는 수단으로 이용되기도 했지만, 기본적으로 여성과 장애인, 유대인이나 이슬람 신도를 탄압하는 도구가 되었다.

종교의 이름으로 인종, 계급, 성별, 민족, 성소수자에 대한 차별이 정당화되는 경우도 있다. 이는 인공지능, 로봇공학, 사물 인터넷 등 21세기 '제4차 산업혁명' 시대에도 그대로 반복된다. 예를 들면, 힌두교적 신분 질서인 카스트 제도에서는 아직도 하층 계급을 구성하는 불가촉천민에 대한 차별이 종교의 이름으로 정당화된다. 가톨릭과 같은 일부 종교에서는 여성에 대한 서품을 불허하며, 여성이 교회의 지도자가 되는 길을 차단하고 있다. 이슬람 세계에서는 여성에 대한 복장 통제가 종교와 신앙의 이름으로 반복된다. 여러 종교에서 성소수자는 단죄되거나 사회적 낙인의 대상이 된다. 이 경우 법적인 권리에서도 제약받게 된다.

라틴아메리카에서는 원주민의 신앙을 미신이나 우상 숭배로 보고 통제했다. 특히 스페인과 포르투갈이 지배한 지역에서 이런 현상이 강했다. 신앙의 이름으로 원주민들의 신앙이 파괴되고 문화유산이 불태워졌다. 종교와 이념의 대립은 오늘도 반복되고 있고, 종교가 정치권력과 결합할 때 종교가 국민 통제나 정권 유지의 수단이 되기도 한다. 이런 현상은 20세기 후반 칠레와 아르헨티나와 같은 군사 독재 국가에서 일어났다. 군사 정권은 가톨릭교회 내부의 보수적 성향의 성직자와 강하게 결속해 자신들의 이념과 통치의 정당성을 확보했다. 이처럼 종교는 인류의 정신적, 도덕적, 영적 발전에 기여했다. 그러나 동시에 권력과 교리의 절대화, 타 종교나 이념에 대한 배타적 태도를 통해 폭력과 억압의 도구가 되기도 했다. 종교는 이처럼 해방과 발전의 토대가 되기도 하지만 인류에게 차별과 배제, 혐오를 불러일으키고, 사회의 대립과 불평등을 심화시키는 기제이기도 하다. 이 글은 주로 라틴아메리카에서 벌어지는 종교 차별과 혐오, 갈등 등에 대해 다루고 이를 극복하기 위한 라틴아메리카 국가, 혹은 지역의 노력에 주목한다.

2 라틴아메리카 내에서 일어나는 종교 차별과 갈등

1) 원주민 전통 신앙에 대한 차별

치아파스(Chiapas)는 원주민 인구가 많고, 멕시코에서 가장 낙후되고 가난한 지역이다. 이곳에는 아직도 마야 문명을 건설했던 종족의 후손들이 살고 있다. 아직도 원주민 공동체들이 존재하며 전통 신앙, 문화, 고유 언어가 잘 보존되어 있다. 그러나 역사적으로 살펴보면 라틴아메리카의 고대 문명은 스페인 정복자들이 도착하면서 붕괴했다. 16세기 본격화된 스페인 식민 지배의 명분 중 하나는 원주민들의 구원, 즉 가톨릭 신앙으로 개종시키는 것이었다. 수천 년간 지속되었던 원주민들의 종교와 신앙은 한순간에 우상 숭배, 미신적 행위로 격하되었다. 정복 과정에서 스페인 사람들과 마야 사람들만 싸운 것은 아니다. 양측은 각자의 신인 하느님과 마야의 쿠쿨칸(kukulkan)에게 승리를 간청했다. 최종적으로는 기독교의 신이 승리하면서 마야의 신들이 미신화된 것이다. 마야인들은 더 이상 자신의 신들에게 의탁할 수 없었다. 스페인 정복자들과 신부들은 마야의 신상들을 파괴하고 땅에 묻었다. 쿠쿨칸은 멸시와 조롱의 대상으로 전락했다. 물론 전통 신앙이나 종교, 의례들이 박해의 대상이 되어 한순간에 사라진 것은 아니다. 오히려 많은 경우 원주민들은 표면적으로 정복자들의 종교를 받아들였지만, 실질적으로 자신들의 신앙이나 신들을 가톨릭 종교와 혼합시키는 작업을 통해 신앙과 의례를 유지했다. 따라서 어느 정도 이질적이지만 종교 혼합적 특성을 띨 수밖에 없었다(조영현, 2014: 231-232). 전 세계적으로 많은 나라에서 선교하면서 축적된 경험이 있었던 가톨릭은 정복한 나라와 주민에게 엄격하게 가톨릭 신앙과 종교를 강제하기보다 장기적 관점에서 유연하게 접근했다.

　식민 시기부터 독립 시기를 거치는 동안 가톨릭은 라틴아메리카 전 지역에서 지배적 종교로 절대적 영향력을 행사했다. 원주민들의 종교를 미신으로 간주했고, 차별과 배제의 대상으로 삼았다. 마야인들 가운데 일부는 주일 아침에 가톨릭 신자로서 미사에 참석하지만, 저녁에는 산으로 가서 마야 종교의식을 행했다. 이는 '이중적 정체성'의 딜레마라고 할 수 있다. 식민 시기 내내 원주민 종교는 탄압과 박해를 받았지만, 스페인에서 독립한 이후에도 멸시와 문화적 차별의 대상에서 벗어날 수는 없었다. 사실상 원주민 자체가 사회적으로 차별의 대상이었기 때문에 그들의 문화와 종교는 자연스레 멸시의 대상이 되었다. 원주민 종교를 숭배하는 주민들은 토지 분배, 교육, 보건 분야에서 차별과 배제의 대상이 되기도 했다. 오랫동안 공공건물, 광장과 같은 공공장소에서 전통 의례나 종교의식은 금지되었다. 원주민 신앙을 따르는 사람들은 불이익을 감수해야 했다.

하지만 세속화와 종교 다원주의 이념이 확산된 20세기에도 원주민 종교에 대한 차별, 혐오, 배제는 계속되고 있다. 다만 차별하고 멸시하는 주체가 가톨릭교회에서 다른 종교로 바뀌었다. 오랫동안 가톨릭교회와 공존한 기득권 정치권력은 원주민 문화와 종교를 '비정통적'으로 간주했었다. 그러나 20세기 들어 종교 다원주의 영향과 세속화의 흐름 속에 가톨릭교회는 타 종교에 대해 보다 관용적이고 개방적인 태도를 보여 왔다.

20세기 후반 급속한 성장세를 보인 복음주의 개신교, 특히 오순절교 계통의 종교는 선교 초기부터 가톨릭교회가 보였던 과거의 태도를 답습하고 있다. 개신교도들이 원주민 종교를 혐오의 시선으로 바라보고 차별하기 시작한 것이다. 이들 종교를 미신으로 보고, 종교 의례를 우상 숭배로 치부하는 현상이 되풀이되고 있다. 개신교는 비성경적, 비그리스도교적 종교에 대한 거부감이 매우 강하며, 유일신 사상으로 인해 타 종교에 대한 배타적인 태도를 보인다. 아직도 라틴아메리카에서 복음주의 교회들은 가톨릭교회에 비해 원주민들의 종교, 신앙, 신에 대해 부정적으로 보는 경향이 강하다.

그러나 원주민 종교에 대한 차별에 있어 커다란 변화가 감지되고 있다. 세계적인 반향을 일으켰던 원주민들의 권리 투쟁 중 하나였던 사파티스타 운동 이후 원주민 문화와 전통, 그리고 그들의 권리에 대한 관심이 확산되었다. 이로 인해 원주민들의 신앙과 의례는 인권과 문화유산 차원에서 존중받기 시작했다. 원주민들은 유네스코와 공동으로 그들의 의례와 전통을 무형 문화유산으로 격상시키기 위해 노력하고 있다. 또한 원주민 출신 대통령을 배출한 볼리비아에서는 보다 적극적인 변화를 확인할 수 있다. 아이마라 계열의 원주민 출신인 에보 모랄레스(Evo Morales)는 서구 식민 지배의 유산에서 탈피하고 전통 사상, 신앙, 그리고 정체성 복권을 중요한 볼리비아의 가치로 여기면서 다양한 개혁을 시도했다. 그는 가톨릭 국가의 성격이 강했던 볼리비아를 세속국가로 탈바꿈시키려고 노력했다. 새로 제정한 헌법에 원주민들이 숭배하던 대지의 신 파차마마(Pachamama)를 넣었으며, 대통령 취임식이나 정부 행사에 코카잎을 바치는 의식, 향을 피우는 정화 의식, 태양제 등 안데스 전통 제의를 의도적으로 넣었다. 그러면서 이런 행동들이 모두 서구중심주의에서 벗어나려는 탈식민적 사유에서 나왔음을 강조했다(조영현, 2020). 이에 대해 백인 중심의 기득권층은 에보 모랄레스 정권이 주도하는 변화에 부정적 입장을 보이면서 '국가 정체성' 문제와 '문화적 우선권'에 대한 논쟁을 촉발시켰다.

2) 아프리카계 종교에 대한 차별

아프리카 대륙에서 아메리카 대륙으로 잡혀 온 흑인들의 삶은 너무나 열악하고 비참했다. 그들과 함께 건너온 아프리카 계열 종교들도 라틴아메리카 원주민들이 겪었던 차별과 배제처럼 동일한 혐오의 과정을 거쳤다. 이들의 종교는 단순히 신앙 체계를 구성할 뿐 아니라 아프리카 디아스포라 문화 정체성의 토대가 되었다. 그들이 겪었던 인종적, 계급적 차별은 그대로 그들의 종교에도 적용되었다. 차별의 근본적인 원인은 식민주의와 백인 중심 체제 때문이었다. 정복자 백인은 가톨릭 종교만이 진리를 담보한 참된 종교요, 그 외의 종교는 미신, 우상 숭배, 이단으로 간주했다. 요루바 반투계 전통 신앙은 백인들이 보기에 야만적이고 반문명적인 것이었다. 20세기에 들어서서도 이런 낙인은 지워지지 않았다. 아프리카 계열의 신앙 행위는 사탄적, 주술적, 흑마술적 예식으로 취급당했다. 오늘날 흔히 영화의 소재로 쓰이는 좀비(zombi)라는 단어만 보더라도 콩고어로 신을 의미하는 은잠비(Nzambi)와 관련되어 있다. 주술에 의해 되살아난 시체를 의미하는 좀비에 대한 이야기처럼 아프리카 계열의 종교는 백인 중심 사회에서 매우 기괴한 것으로 여겨졌다. 마치 악령 숭배나 사탄의 의식처럼 폄하되고 있다.

브라질 흑인 사이에 유행하는 칸돔블레(Candomble)와 움반다(Umbanda)도 박해를 피해 갈 수 없었다. 1888년 브라질에서 노예제가 폐지되고 1890년 신헌법에서 브라질이 세속국가로 선포되었지만, 아프로-브라질 종교는 1960년대까지 여전히 범죄화되어 박해받았다(Lundell, 2020). 한때 제례 도구도 압수당하고 신전도 빼앗기기 일쑤였다. 20세기 초반까지 풍속을 어지럽게 하는 죄라는 명목으로 벌금을 부과하고 이를 실행하는 사람들을 투옥하기까지 했다.

복음주의 개신교의 일부 종파는 자신들이 소유한 대중 매체를 통해 아프리카 계열의 종교 의식을 마법이나 흑마술, 혹은 악마 숭배로 간주하고 공공연히 비판했다. 대표적인 사건은 1995년 브라질 복음주의 개신교의 최대 교단 중 하나인 하느님 왕국의 보편 교회(Igreja Universal do

Reino de Deus, IURD)에 속한 한 목사가 1995년 TV 생방송 도중 칸돔블레 의식에 사용되는 신상을 땅에 던져 깨뜨리는 퍼포먼스를 펼쳤다. 이는 아프로-브라질 종교와 인권 단체의 강한 반발을 불렀고, 일반인들도 이에 대해 편협하고 무례한 행동이라고 목사를 비난했다. 악마의 상징을 파괴한다는 명목으로 행한 퍼포먼스였지만 이는 명백한 종교 차별이자 혐오를 일으키는 행동이었다. 복음주의 개신교 신도들 사이에서는 아프리카 계열의 종교를 숭배하는 사람들을 비이성적 존재로 매도하고, 이들을 미신에 빠진 사람으로 취급하는 경향이 있다. IURD 창시자인 에디르 마세두(Edir Macedo)는 사람이 겪는 모든 불행이 악마와 관련되어 있다고 보는데 특히 아프로-브라질계 종교를 악마와 연결시킨다. 그는 이런 아프로-브라질 종교가 사람들을 하느님으로부터 멀어지게 하고 파멸로 인도한다고 본다(Lundell, 2020).

아프로-브라질 종교에 대한 복음주의 개신교의 배타적 태도는 교육 분야에서도 나타났다. 공립학교에서 칸돔블레나 움반다 관련 수업을 진행했을 때, 복음주의 교회에 속한 교사나 학부모들은 집단으로 반발해 자녀들을 학교에서 조퇴시키는 사례도 있었다. 물론 이런 행동을 하는 복음주의 신도들은 종교적 불관용에 빠진 사람으로 인식되고, '편협한 종교인'이란 꼬리표가 따라붙었다. 하지만 복음주의 개신교의 아프로-브라질 종교에 대한 혐오는 이 종교를 숭배하는 사람들의 활동을 위축시키는 결과를 낳았다.

이념적 차이로 인해 사회주의 국가에서는 종교적 박해나 탄압이 빈번히 발생한다. 이는 종교 자체에 대한 인식이 부정적이기 때문에 박해는 다른 나라의 경우와 달리 보다 구조적인 측면이 강하다. 1959년 이후 사회주의 노선으로 기울어진 쿠바에서는 종교 자체를 비이성적인 것으로 보기 때문에 산테리아(Santería)도 국가 이념을 위협하는 비과학적인 것으로 단죄했다. 그러나 1990년대 이후 관광 산업을 위해 산테리아를 민속 쇼나 전통 공연의 일부로 허용하고 있다. 이는 신앙을 존중해서라기보다는 관광 자원의 일부로 여기는 것으로 보인다. 쿠바에서는 가톨릭 역시 감시와 관리의 대상이다.

콜롬비아의 경우를 보면, 과거에 도망친 노예들에 의해 형성된 공동체인 팔렌케(Palenque) 지역에서 흑인들의 고유 종교, 언어, 음악, 문화를 발견할 수 있다. 이 공동체는 기억의 공간을 유지하며 아프로-라틴아메리카 정체성과 문화의 산실이 되었다(차경미, 2017: 6-7). 그러나 19세기 독립을 획득한 후에 콜롬비아 정부도 이들을 비주류 문화로 보고 이질적 집단으로 인식했다. 매우 오랫동안 공적 영역에서 아프리카 계열의 종교가 배제되었고, 문화유산의 일부로 여겨지지 않았다. 21세기 후반에 와서야 정부의 관심이 증가했고, 이들 문화와 종교를 전통문화 차원에서 존중하려는 움직임이 일고 있으나 오랫동안 쌓여 왔던 편견은 쉽게 바뀌지 않고 있다. 노예는 아니지만 오늘날 흑인들이 비공식 노동자, 빈민층을 이루고 살면서 사회에서 소외되고 차별받는 것처럼 아프리카 계열의 종교도 그런 차별에서 자유롭지는 못하다. 이처럼 아프리카 계열 종교에 대한 차별, 혐오, 배제는 단지 신앙, 신념의 문제가 아니라, 식민주의 이후에도 계속되는 문화적 식민성, 인종차별, 빈곤의 구조화와 연결된 것임을 알 수 있다.

3) 복음주의 개신교 신자에 대한 차별

종교적 관점에서 라틴아메리카를 보았을 때 20세기 후반은 격동의 시대라고 할 수 있다. 1960년대 후반 군부 독재와 만연한 불의, 반인권적 상황에 대해 비판을 제기하며 등장한 해방신학이 이념적으로 큰 반향을 일으켰다면, 1970년대 후반부터 폭증한 복음주의 개신교 신도 수의 확산은 이 대륙의 종교 지형 자체를 변화시켰다.

중미, 특히 과테말라 상황을 연구하던 인류학자 데이비드 스톨(David Stoll)이 주장한 것처럼 라틴아메리카는 점진적으로 '가톨릭의 대륙'에서 개신교의 대륙으로 전환하는 듯 보였기 때문이다(Stoll, 1990). 특히 오순절교 계통 교회의 급속한 확산은 종교 간 갈등과 차별을 심화시켰다. 아직도 소수에 해당하는 개신교도들이 소외되거나 차별의 대상이 되었기 때문이다. 이 긴장은 단순히 종교적 긴장에서 끝난 것이 아니라 문화와 정치 영역에서도 갈등을 초래했다.

멕시코의 경우 농촌에서 가톨릭교회에 다니던 신도들이 복음주의 노선의 개신교로 개종하는 경우가 많았다. 대표적인 경우가 치아파스, 오아하카, 이달고, 게레로 주와 같은 농촌 지역에 거주하는 원주민들이다. "가난한 사람들에 대한 우선적 선택"을 강조하던 해방신학이 교황청으로부터 견제를 받자 가톨릭교회는 빈곤층에 대한 관심을 줄였다. 빈민들은 소속감, 구호품, 정신적 안정, 환대 등의 이유로 인해 개신교로 개종하기 시작했다. 원주민 마을은 전통적으로 가톨릭과 지역 전통 신앙이 혼합된 형태가 많은데 종교 의례와 축제는 공동체 정체성 형성과 유지에 중요한 역할을 했다. 따라서 종교 행사만큼 축제도 중요한 부분으로 여겼다. 이런 공동체 행사에 참여하는 것은 구성원의 의무이자 권리였다. 그러나 복음주의 개신교로 개종한 사람들은 공동체 행사와 지역 축제에 참여하는 것을 거부했다. 십시일반 조금씩 내는 행사 부담금에 대해서도 부정적이었다. 김윤경은 카르고(Cargo)[1] 제도와 지방 토호를 의미하는 카시케스(caciques)들과의 관계를 통해 종교 갈등의 복잡한 구조를 다음과 같이 설명했다.

> 개종한 원주민들의 이러한 행위는 단지 종교적인 것을 넘어 정치적, 경제적인 것으로 인식되었다. 원주민들의 금주와 카르고 제도를 거부하는 행위는 원주민 공동체의 caciques의 권력과 이해관계에 정면 도전하는 것이었기 때문이다. 전통적인 축제에 사용되는 양초나 술 등의 판매를 통제하는 권한을 caciques가 가지고 있었다. 따라서 술이나 양초의 판매 감소는 바로 그들의 수입의 감소를 의미하는 것이었다. 게다가 프로테스탄트들이 축제에 참여하는 것조차 거부하는 행위는 공동체의 정치권력을 장악하고 있는 caciques의 공동체에 대한 통제권까지 타격을 입히는 것이었다. 개종은 단순히 종교를 바꾸는 것을 의미하는 것이 아니라, 공동체의 기존 질서를 위협하는 정치적인 행위였다(김윤경, 2011: 312).

개종자들은 신앙뿐만 아니라 전통문화에 대한 거부까지 표현하고

---

[1] 멕시코 전통 사회에서 카르고는 공동체의 정치, 종교, 사회적 역할을 분담하는 순환적 봉사직을 의미한다. 이는 주로 마야, 아즈텍 문명과 연결된 것이었다. 카르고 자체는 '임무'나 '직책'을 의미하지만 넓은 의미에서 사회적, 종교적, 도덕적 책무 체계에 속하는 것이다. 공동체 유지와 종교와 문화 전승 등의 기본 토대가 되었다.

있기 때문에 갈등을 피하기 어려웠다. 신앙 차원에서 문제가 되는 것은 성상 숭배와 마리아에 대한 신심 표현이었다. 개신교 신도 입장에서는 이 부분에 대한 거부감이 컸다.

1970년대 이후 치아파스의 산 후안 차물라(San Juan Chamula) 같은 마을에서는 이런 개종자를 거부했고 수천 명의 원주민 개종자들이 마을에서 쫓겨나는 일도 발생했다. 개신교 신자들에게는 전기, 수도와 관련된 공공 서비스를 차단했고, 개신교 신도의 자녀가 학교에 오는 것도 제한했다. 폭력을 행사했으며 재산을 몰수하기도 했다. 멕시코 헌법은 일찍부터 종교의 자유를 보장하고 있지만 지방 자치 원칙과 원주민 마을의 전통, 집단적 권리를 중시하는 경향이 강하기 때문에 종교 자유 문제로 공권력이 개입하는 경우가 드물었다. 원주민 공동체 자치권과 종교의 자유 문제가 충돌하고 있지만 이 문제가 원만히 해결되지 않고 있다. NGO나 인권 단체에서는 박해받는 개신교 신도를 위한 피난처를 제공하는 등 여러모로 지원하고 있지만 갈등은 계속되고 있다.

브라질도 카니발, 산 주앙 축제 등 전통 행사에 복음주의 개신교도들이 참여를 거부하고, 대중 매체를 통해 종교 행사와 전통을 부정하자 충돌이 발생했다. 기존의 종교적 패권을 장악했던 가톨릭교회에 차별받았던 복음주의 개신교가 아프로-브라질 종교를 차별하고 박해하는 것은 매우 아이러니하다. 종교적 박해나 차별의 대상이 되었던 종교가 교리나 이념, 정치적 이유로 다른 종교를 차별하는 것은 현실에서 흔히 볼 수 있다. 1970년대 후반부터 급성장하기 시작한 복음주의 개신교, 특히 오순절교는 기존의 종교적, 문화적 패권을 장악한 가톨릭교회와 갈등을 빚으면서도 동시에 아프로-브라질 종교를 박해했다. 여기에는 종교적 이유뿐 아니라 문화적, 정치적 이유가 중요하게 작용했다. 미국과 같은 이질적인 문화에서 유입된 기독교가 브라질 문화를 부정하고 브라질 전통에 적대적인 것처럼 보였기 때문이다. 이런 태도는 일반 대중에게 관용적 태도가 부족한 '편협한 개신교도'라는 부정적인 고정관념을 심어주었다.

복음주의 개신교가 전통문화의 파괴자라는 이미지가 확산되는 또 다른 나라는 볼리비아이다. 원주민 인구가 전체 주민의 60퍼센트 대를 유지하는 볼리비아는 에보 모랄레스와 같은 아이마라족 출신 원주민을 대통령으로 뽑기도 할 만큼 정치적으로 급진적인 변화를 보였다. 에보 모랄레스는 파차마마와 같은 안데스 전통 신앙을 복권하려고 노력했다. 탈식민적 사상에 기반해서 서구 문화에서 탈피하려 했다. 2009년 헌법 전문에는 자연스럽게 파차마마에게 볼리비아를 의탁하는 표현이 삽입되고 하느님이란 호칭은 뒤로 밀리게 되었다(Asamblea Legislativa del Estado de Bolivia, 2004). 이 헌법은 볼리비아를 다종교 국가로 선언했고, 가톨릭의 종교적 독점 체제를 해체시켰다. 헌법 제4조는 "국가는 독립적이고, 종교적으로 중립이다. 모든 종교는 국가로부터 평등하게 존중받는다"라고 선언한다(Asamblea Legislativa del Estado de Bolivia, 2004). 사실상 가톨릭 중심 국가였던 볼리비아가 종교 다원주의 국가로 변모한 것이다. 따라서 가톨릭교회도 이런 조치에 대해 반발했지만, 개신교 신도처럼 전통문화 자체를 비판하지는 않았다. 개신교도들은 에보 모랄레스의 전통 신앙 강조 정책을 반기독교적이고 우상 숭배를 제도화하는 것이라고 비판했다(조영현, 2020). 그리고 전통적으로 공물로 바쳤던 코카잎을 마약의 원료로 치부하고 전통 행사 참석을 거부했다. 이런 행동은 개신교도를 문화 파괴자로 각인시켰다. 따라서 현재 볼리비아에서는 개신교도가 따돌림을 당하거나 소외되는 일이 발행한다.

최근에는 보수 성향의 복음주의 개신교 지도자들의 공적인 발언이 강화되고 있다. 특히 낙태 반대, 동성 결혼 반대, 전통 신앙 반대 등을 외치며 정치 무대로 나가고 있다. 목사들이 지방 선거나 의회에 진출하기도 한다. 최근 브라질에서 복음주의 개신교도들의 정치 참여가 증가한 것처럼 개신교 세력이 정치적 영향력을 확대하려는 움직임을 보인다. 볼리비아에서는 종교 분쟁이나 갈등이 단순히 교리의 충돌이라기보다는 국가 정체성이나 문화적 우선권을 둘러싼 갈등 양상으로 나타나고 있다.

4) 정치와 종교 간 갈등과 탄압

라틴아메리카는 정치적 불안정이 매우 높은 지역이다. 21세기에도 쿠데타가 발생하는 것을 보면 알 수 있다. 2002년 베네수엘라에서는 실패한 군사 쿠데타가 있었고, 온두라스에서는 마누엘 셀라야(Manuel Zelaya) 대통령이 군사 쿠데타로 인해 추방되는 사례가 있었다. 볼리비아의 경우 2019년 군부의 압박으로 인해 에보 모랄레스 대통령이 사임했고, 페루에서도 대통령이 헌정을 무시하고 독재로 전환하려는 시도가 있었다. 정치적 변동 과정에서 종교가 매우 중요한 역할을 하는 경우도 많다. 멕시코의 좌파 대통령인 로페스 오브라도르(Lopez Obrador)는 정권을 잡는 데 보수 개신교 그룹과 연합했으며, 브라질의 보우소나루(Jair Messias Bolsonaro)는 개신교 극우 정당의 후보로 나와서 대통령이 되기도 했다. 니카라과에서는 산디니스타 좌파 정부가 가톨릭과 밀월 관계를 유지하다 최근에 적대적 관계로 돌아서는 극적 반전이 있었다. 과테말라에서는 보수 개신교가 민간 보수 정권과 밀월 관계를 유지한 사례도 발견된다. 1970년대 이후 1990년대까지 라틴아메리카 가톨릭교회는 인권 투쟁과 민주화 운동에 앞장서서 세계의 주목을 받았다면, 이제는 보수 개신교 신도들과 단체가 정치 무대 전면에 등장하여 정치 변화를 주도하고 있는 현실이다. 그러나 정부와 종교 단체, 혹은 국가와 교회의 관계가 어떠냐에 따라 탄압의 대상이 되기도 하고, 지원을 받기도 하면서 종교 간 불평등 관계가 심화되었다.

우고 차베스(Hugo Rafael Chávez Frías)가 권력을 장악한 이후, 가톨릭교회는 정부와 조화로운 관계를 유지하지 못하고 대립했다. 가톨릭교회는 야당, 사설 언론과 반정부 방송 매체, 학생, 기업인 등과 연대해 차베스 정권을 위협했다. 이로 인해 정권의 대표적인 반대 세력으로 부상했다(조영현, 2010: 242). 차베스 대통령은 제헌의회 구성을 묻는 국민투표를 실시하는 등 국민 삶에 중요한 영향을 미치는 문제들에 대해 국민이 직접 결정할 수 있도록 했다. 차베스 대통령은 '주민자치위원회' 조직을 통해 국민이 직접 자신의 주권을 행사할 기회를 확대했다.

가톨릭교회와 차베스 정부가 직접 충돌한 결정적 계기는 2000년 공포한 새로운 교육법(1011호 법령) 때문이었다. 이 교육법은 교육 분야에 정부의 개입을 강화하는 법으로 가톨릭교회에서 보았을 때 교육기관 통제 강화, 종교 교육 제한, 사회주의 이념에 대한 선전 등의 문제를 내포한 법이었다. 그러나 차베스 대통령은 가톨릭교회가 기득권 세력으로 혁명과 개혁을 반대하는 구세력이라고 비판했다. 그러면서 "가톨릭교회는 혁명의 암적 존재"라고 선언했다(조영현, 2010: 258). 차베스 대통령은 사사건건 반대하는 가톨릭교회를 견제하고 압박하기 위해 개신교에게 접근해 다양한 혜택을 제공하면서 자기 편으로 끌어들이기 위한 전략을 폈다. 중립을 지키거나 친정부적 태도를 보인 개신교에게는 각종 세제 혜택과 행정적, 물적 편의를 제공했다. 반면 가톨릭교회가 그동안 누렸던 역사적, 문화적 혜택들은 축소하거나 박탈했다. 친정부적 태도를 보이는 일부 개신교에 대해서는 후원과 지지를 보내지만, 반정부 입장을 표명하는 가톨릭교회에 대해서는 차별하고 심한 경우 협박하는 태도를 보였다. 차베스 대통령이 사망하자 니콜라스 마두로(Nicolás Maduro Moros) 부통령은 그의 이념 노선과 정책을 그대로 계승했다. 그는 차베스의 종교 정책을 그대로 답습했는데, 즉 친정부적 태도를 보이는 종교에 대해서는 지원을 아끼지 않고, 반정부적 태도나 자신을 비판하는 종교에 대해서는 차별하고 심한 경우에 다양한 혜택에서 배제하는 정책을 취했다. 베네수엘라에서 가톨릭교회를 대표하는 주교 회의는 마두로 정권이 권위주의적 독재 체제를 강화하고 있고, 민주주의를 약화시킨다고 평가한다(조영현, 2025: 228). 최근에는 부정 선거에 항의하거나 정부 정책에 반대하는 사람들이 시위 중에 사망하는 일이 발생했다. 주교 회의는 이런 베네수엘라의 인권 상황을 다음과 같이 비판했다.

> 베네수엘라 국가가 책임을 져야 합니다. 우리는 이러한 심각한 사건의 조작, 은폐 또는 축소를 용납하지 않을 것입니다. 교회로서 우리는 희생자들의 가족과 피해자들의 고통받는 얼굴에서 우리 주 예수 그리스도의 고통을 보는 데 전념합니다. 오늘날 이 두 희생자는 같은 패턴에 시달려 온 다른 많은 시민의 외침을

대표하며, 그들의 사건은 보이지 않게 되었습니다. (……) 강제 실종, 고문, 잔혹하고 비인도적이거나 품위를 훼손하는 일들이 군과 경찰에 의해 자행됩니다. (……) 이런 부도덕하고 비열하고 불명예스러운 행위는 인간의 존엄성에 대한 공격이며 공화국이 서명한 협약 및 조약을 위반하는 것으로, 공화국은 이를 명령하고, 적용하고, 관용하는 공무원이나 이를 막을 수 있음에도 이를 막지 않는 공무원에게 직접적인 책임을 묻습니다(Ugalde, 2019).

베네수엘라의 정치 위기는 선거 때마다 반복되었다. 특히 대통령 선거나 총선이 있을 때 위기가 증폭되었다. 이럴 때마다 주교 회의는 민주적 절차 회복과 인권 존중의 중요성을 강조했다. 권력 유지에 급급한 마두로 정권은 자신의 정권을 지키기 위해 더욱 폭력적이고 권위주의적인 태도로 일관했다. 디에고 파트론(Diego Patron)과 발타사르 포라스(Baltazar Porras) 추기경은 베네수엘라가 겪고 있는 반민주적, 반인권적 상황을 한탄하며 "베네수엘라가 패권적 독재 체제(una autocracia hegemónica)에서 폐쇄적 독재 체제(una autocracia cerrada)로 전락했다(Moleiro, 2025)"고 선언했다.

베네수엘라에서 가톨릭교회는 사회 정의, 인권, 민주주의 옹호자라는 평가를 받고 있다. 정부의 실정을 비판하고 탄압받는 사람들의 목소리를 대변하기 때문에 가톨릭교회는 괴롭힘과 비판의 대상이 된다. 정권을 잡은 세력들은 모든 종교를 평등하게 대하지 않고, 이해관계에 따라 편향된 태도를 보이는 경우가 많다. 특히 20세기 초반 '핑크빛 조류(pink tide)'의 흐름 속에서 좌파적 색깔을 띤 정부가 집권한 베네수엘라, 에콰도르, 볼리비아에서 이런 양상이 반복되었다. '21세기 사회주의'를 내세운 정권들은 보수적 가톨릭교회와 대립하는 일이 잦았다. 특히 각국의 가톨릭교회를 대표하는 주교 회의와 정부 간 충돌과 갈등이 많았다. 이런 경우 정권은 정부를 비판하는 세력을 길들이기 위해 그 종교와 경쟁 관계에 있는 다른 종교를 의도적으로 지원하는 정책을 펼쳤다.

5) 소수 종교에 대한 차별

소수 종교라는 표현은 특정 지역에서 신자 수가 주요 종교들에 비해 매우 적은 종교를 의미하지만, 단순히 신도 수로만 판단하는 것은 아니다. 경우에 따라서는 특정 지역에서 사회적 차별이나 소외, 배제를 경험하는 종교 공동체가 생존하는 데 어려움을 겪을 때도 사용할 수 있다. 예를 들면, 한국에서 불교는 소수 종교가 아니지만 라틴아메리카에서 불교는 소수 종교로 분류된다. 이슬람교도 라틴아메리카에서 소수 종교로 분류된다. 따라서 소수 종교는 지역과 나라에 따라 그 기준이 달라지기도 한다. 라틴아메리카에서 주류 종교는 가톨릭이고, 세력을 확장하고 있는 것은 개신교이다. 그러나 개신교 안에는 다양한 종파들이 있고, 지역에 따라 소수 종교의 틀을 벗어나기도 하지만 국가와 지역에 따라 소수 종교로 분류될 수 있다. 아래의 표를 보면 라틴아메리카에서 가톨릭 이외의 종교는 소수 종교가 될 수 있다.

주류 종교나 규모가 큰 대규모 종교가 있는 곳에서 소수 종교들은 차별과 박해를 겪는 경우가 많다. 지역에 따라 원주민 종교가 차별의 대상이 되기도 하고, 개신교 예배가 금지되거나 이슬람 신도의 복장이 제한되기도 한다. 칸돔블레나 움반다처럼 아프로-브라질 계열의 종교 신전

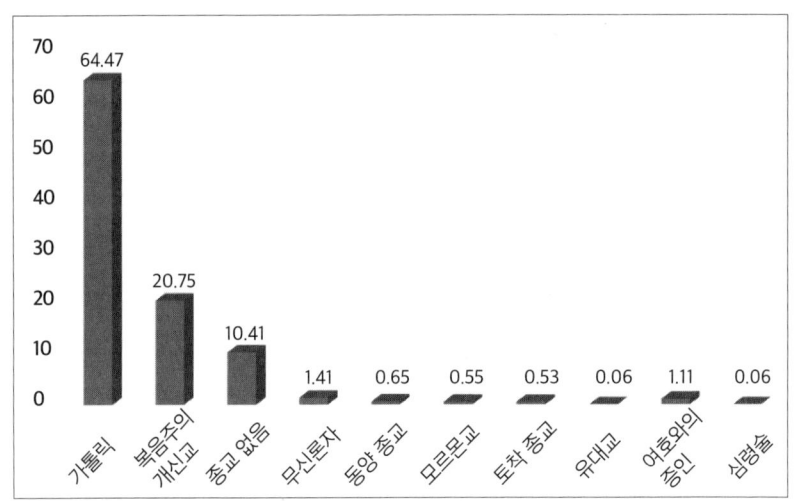

〈그림 1〉• 2014년 라틴아메리카 종교적 소속.
출처: Ortega Gómez, Bibiana Astrid, 2019: 6.

이 파괴되거나 폐쇄되기도 한다. 21세기 초반까지도 치아파스의 경우처럼 소수 종교인 개신교 신도들이 원주민 공동체에서 추방되거나 강제로 이주당했다(김윤경, 2011: 310-315).

콜롬비아 내전이 발생한 이후 지방 권력이나 무장 단체들은 개신교 종교 활동을 이념적, 혹은 정치적 도전으로 보고 탄압한 사례가 있다. 브라질에서는 2023년 가자 사태 이후 반이슬람 정서가 확산하면서 무슬림 여성이 차별을 받고 모욕을 당하는 사례가 급증했다. 테러리스트라는 모욕적 언사를 듣는 일이 다반사였다. 빈번히 공공장소에서 히잡을 강제로 벗기는 폭력적 행동이 발생하기도 했다.

아르헨티나에서는 기업이나 공공기관에서 이슬람 신도를 의도적으로 채용하지 않거나 히잡 착용을 금지하는 경우도 있었다. 특히 차별과 배제는 약자인 여성에게 더 자주 발생했다. 이슬람 신도의 자녀들은 학교에서 조롱의 대상이 되거나 학교에 정상적으로 다닐 수 없는 경우도 빈번히 발생했다. 직장에 취직한 이슬람 신도들은 직장 내 차별이나 왕따를 당할 가능성이 매우 높았다. 아르헨티나에서 '무슬림'에 대한 차별은 매우 오래된 사실이다. 아르헨티나 사람들은 이슬람 신도들이 차별과 혐오의 대상으로 취급받는 것을 문제삼지 않는 경향이 있다(홍인식, 2022: 104-105). 무슬림도 국민의 일원임에도 소수 종교의 신자라는 이유로 외부인 취급을 받는 것이다.

라틴아메리카에서 이슬람 공동체는 이 지역에서 혐오 정서의 피해자라고 평가할 수 있다. 이것은 단순히 불편함의 문제가 아니다. 사실상 교육에 대한 접근 제한, 기본권의 침해, 사회적 차별 문제와 연결된다. 라틴아메리카에서 피해 당사자들이 치안 당국에 신고하더라도 공권력의 강력한 대응을 기대하기는 어려운 것이 사실이다. 따라서 피해자들에 대한 보호를 강화하도록 법률을 개정하거나 공공 캠페인을 확대하는 것이 필요하다. 이 부분에 있어 교육의 역할은 매우 중요하다. 대규모 신도를 확보한 종교 단체가 갖는 패권과 소수 종교 사이에 갈등은 권력의 불균형 때문에 발생한다. 이 문제를 해결하기 위해서는 국가의 법적, 제도적 개선과 더불어 인식의 전환이 필수적으로 따라야 한다.

3 종교 차별과 갈등을 넘어서려는 노력

21세기 들어서면서 라틴아메리카에서도 종교 차별을 극복하기 위한 다양한 시도들이 전개되고 있다. 각각의 국가마다 역사와 문화적 배경에 따라 종교 차별을 극복하려는 노력에도 차이가 존재한다. 라틴아메리카에서도 종교 다원주의 이념이 확산하면서 종교적 갈등과 혐오, 충돌과 배제 등 부정적 측면들을 극복하려는 다양한 노력이 나타나고 있다.

1) 종교 간 대화 증진을 위한 시도

세계 어디에나 종교 간 차별, 혐오, 배제 등의 현상이 나타나고 있고, 심한 경우 종교적 차이가 오랫동안 갈등의 요소로 잠재하다 전쟁으로까지 번지는 일도 있다. 그러나 라틴아메리카에서는 종교 간 갈등을 극복하고 상호 이해와 협력을 증진하기 위한 다양한 대화가 있었으며, 어느 정도 구체적 성과로 이어지기도 했다.

종교 간 대화의 필요성을 깨닫고 종교 간 대화를 촉진하려는 노력을 가장 먼저 시도한 종교는 가톨릭이었다. 1960년대 개최된 제2차 바티칸 공의회는 현대 세계의 문제를 성찰하면서 종교 차별 문제의 심각성을 인식하고 종교 간 대화를 촉진해야 한다고 선언했다. 이후부터 교황들은 종교 간 대립보다 대화를 위한 노력에 집중하기 시작했다. 동방교회 대표자와 포옹하고 각국을 방문할 때면 현지의 종교 지도자들과 함께 행사를 개최하는 전통을 만들었다. 이때 만들어진 '비그리스도교와 교회의 관계에 대한 선언(Nostra Aetate)'을 통해 먼저 다른 종교에 손을 내미는 태도 변화가 이루어졌다.

가톨릭교회는 이들 종교에서 발견되는 옳고 거룩한 것은 아무것도 배척하지 않는다. 그들의 생활 양식과 행동 방식뿐 아니라 그 계율과 교리도 진심으로 존중한다. 그것이 비록 가톨릭교회에서 주장하고 가르치는 것과는 여러 가지로 다르더라도, 모든 사람을 비추는 참 진리의 빛을 반영하는 일도 드물지는 않다. (……) 그러므로 교회는 지혜와 사랑으로 다른 종교의 신봉자들과 대화하고 협력하면서 그리스도교 신앙과 생활을 증거하는 한편, 다른 종교인들의 정신적 도덕적 자산과 사회 문화적 가치를 인정하고 보호하며 증진하도록 모든 자녀에게 권고한다(2항).

이 문서는 제2차 바티칸 공의회 이전에 오랫동안 인정되던 "교회 밖에는 구원이 없다"는 치푸리아노 교부의 시각에서 벗어나게 해주었다. 타 종교를 우상 숭배로, 타 종교 신도들을 이방인으로 표현하며 개종의 대상으로만 보았던 시각을 탈피하도록 도와주었다(신정훈, 2012: 2-9). 이 선언은 유대교, 이슬람교, 힌두교, 불교 등 다른 종교에 대한 긍정적 이해와 포용적 태도 변화를 끌어내는 데 이바지했다. 오늘날 가톨릭교회는 신학적 견해가 다르더라도 다른 종교를 배척하는 것이 아니라, 먼저 상호 존중하는 자세로 임해야 한다고 가르친다. 타 종교에 대한 인식과 태도 변화 속에서 가톨릭 인구가 많은 라틴아메리카에서는 천천히 변화의 결실이 나타나고 있다.

브라질의 경우 상파울루 주정부와 시민사회, 그리고 그 지역의 다양한 종교 단체들이 시민과 종교 협력 기구인 종교 간 평화 포럼(Fórum inter-religioso por una Cultura de Paz)을 결성해 종교 간 협력을 증진하고 있다. 이 기구에는 가톨릭을 주축으로, 복음주의, 유대교, 아프로-브라질계 종교, 불교, 이슬람 등이 참여한다. 이 포럼은 공적 행사에서 종교 간 공동 선언문을 발표하기도 하고, 차별 반대, 인종이나 성적 다양성 존중, 환경 문제에 공동으로 대응하기도 한다. 그리고 무엇보다 종교 혐오를 줄이기 위해 교육 프로그램을 제작하고 캠페인을 벌인다.

브라질의 경우와 유사한 기구가 멕시코에도 존재하는데, 대표적으로 종교 간 협의회가 그것이다. 멕시코시티에서는 종교 문제를 관리하는 부서가 내무부 산하에 있는데, 이 부서가 종교들과 협력해 종교 간 차별, 적대, 배제 등의 부정적 현상을 완화시키는 데 기여하고 있다. 이 기구는 무엇보다 종교의 자유 증진을 위해 노력한다. 주로 종교 혐오를 완화하는 교육 프로그램을 제작하고 배포한다. 신학이나 종교 이념을 넘어서서 인권, 평화, 사회 정의, 환경 문제와 같은 공동의 과제를 논의하면서 차이보다는 인류의 미래를 위해 종교가 어떻게 평화적 공존을 위해 이바지할 수 있는지 고민한다. 이는 종교가 갈등의 주체라기보다는 공공선 실현의 파트너가 될 수 있다는 점에 집중한다. 이 협의회는 멕시코에 만연한 가정 폭력이나 취약한 여성 인권 보호를 위해 공동의 대사회 메시지를 발표하는 일을 한다. 코로나19가 한창일 때는 공동으로 백신 장려와 종교 기관 중심으로 물자를 공유하고 지원하는 일을 펼쳤다.

콜롬비아의 경우 종교 간 협력과 대화를 위한 노력이 내전이나 무장 갈등의 역사와 연결되었다. 콜롬비아 내전은 52년간 정부군과 반군이 대립하면서 매우 오랜 기간 지속되었다. 이 내전은 좌우 이념과 인종, 지역 갈등 등 다양한 요소가 복합적으로 연결되어 있어 콜롬비아 국민에게 복합적인 트라우마를 남겼다. 이런 상황에서 종교 단체는 평화 협상과 치유의 과정에 중요한 임무를 수행해야 했다. 갈등, 혐오, 배제의 긴 경험은 콜롬비아인들에게 대화, 사회적 화해, 포용의 중요성을 각성시켰다. 따라서 평화 문제와 관련해서는 모든 종교 기관이 관심을 가졌고, '평화와 화해를 위한 종교 간 플랫폼(Plataforma Interreligiosa por la Paz y la Reconciliación)' 결성에 참여했다. 종교 기관들은 용서와 화해, 치유 프로그램 운영, 피해자들의 증언 청취 등의 노력과 희생자를 추모하고 위로하는 행사를 주관했다. 그리고 영적 치유, 심리적 안정 부분에서 전문성을 갖는 종교는 콜롬비아 국민의 정신적 회복을 위해 노력했다. 이 플랫폼은 사회적 발전과 역사적 트라우마 치유를 위해 진실위원회의 활동도 지원했다.

아르헨티나도 2002년 경제 위기 이후 급증한 실업자 문제와 노숙자, 마약 중독자 등 좌절한 시민들의 자긍심 회복과 사회적 통합을 위해 각 종단의 지도자들이 적극 나서야 할 의무감을 가지게 되었다. 그래서 먼저 종교 간 대화를 증진하는 연합체를 결성하기로 합의했다. 이들은 대립과 갈등을 조장하기보다 관용 정책과 대화를 강조했다. 아르헨티나에서는 역사적으로 첨예한 갈등을 겪었던 유대교와 이슬람 간 대립을 완화해야 하는 숙제가 있었다. 특히 아르헨티나 출신 프란치스코 교황은 이런 종교 간 대화의 필요성을 역설한 인물이다. 종교 간 대화가 심화될수록 갈등이 완화되고, 상호 신뢰가 증진되는 효과를 낳았다. 이 토대 위에서 공동으로 빈곤, 폭력, 차별 등의 사회 문제를 해결하기 위해 연대할 수 있었다. 이는 또한 종교 혐오 범죄를 낮추는 데 이바지했다. 물론 교단주의, 보수 종파의 협력 거부, 제도화의 부족으로 지속성에 의문을 제기하는 사람들이 있는 것은 사실이다. 그럼에도 불구하고 이런 종교 간 대화를 촉진하려는 노력은 민주주의를 지향하고 다양한 정체성이 공존하는 현대 사회에서 꼭 필요한 일이라고 할 수 있다. 종교 차별 문제는 단순히 신앙의 문제만이 아닌 문화, 인종, 계급, 이념과도 복잡하게 연결된 문제라는 점에서 쉽지 않은 과제이다. 그런데도 라틴아메리카에서 다양하게 시도되는 이런 노력은 매우 의미 있는 것으로 평가할 수 있다.

2) 헌법과 법률을 통한 종교의 자유 보장

라틴아메리카에서는 가톨릭교회가 16세기 정복과 식민의 시기를 거치면서 전 대륙에서 유일하고 합법적인 종교로서의 독점적 지위를 누렸다. 다른 종교의 선교나 종교의식은 철저히 차단되었다. 그러나 독립 시기를 지나 20세기에 들어서면서 가톨릭의 독점적 지위는 점점 그 위상을 상실했다. 현재는 라틴아메리카 전 대륙에서 국교는 사라지고 종교의 자유가 헌법이나 법률에 명문화되었다. 종교 다원주의, 세속화 현상이 확산하면서 국가 혹은 정부가 특정 종교를 우대하거나 차별하지 않도록 제도화하는 쪽으로 변했다. 소수 종교나 전통 신앙, 특정 종교 공동체도 점진적으로 법적 보호를 받을 수 있게 되었다. 다만 수백 년 문화적·국가적 정체성 형성에 중요한 토대가 되었던 가톨릭교회의 전통을 역사적·문화적 차원에서 존중하는 전통이 남아 있는 국가도 있다.

라틴아메리카에서 가장 먼저, 그리고 가장 강력하게 국가와 종교를 분리하려고 시도한 나라는 멕시코이다. 따라서 이 나라는 가톨릭교회의 특권을 제약하거나 박탈했다. 이 전통은 19세기 중반 이후 베니토 후아레스(Benito Pablo Juárez García)가 이끈 자유주의 개혁과 연결된다. 보수주의 전통의 토대를 제공하는 가톨릭교회를 견제하고 자유주의 개혁을 위한 자금 확보를 위해 가톨릭을 공격의 목표로 정한 것이다. 명분이 되어 준 것은 이미 프랑스 등 유럽에서부터 시작된 반성직주의 개혁이었다.

20세기 최초의 사회 혁명으로 불리는 멕시코 혁명의 정신을 담은 1917년 헌법은 국가와 교회를 더 엄격히 분리했다. 사실상 단순한 국가와 교회를 분리시키는 것이라기보다는 반가톨릭적, 반성직적 법 조항들이 삽입되어 있었다는 점에서 가톨릭을 견제하고 억압하는 법이었다고 할 수 있다. 멕시코는 종교와 무관한 세속 국가라는 점이 강조되었고, 종교 기관의 정치, 교육, 사회 분야에서 영향을 제한하는 데 집중한 법이었다. 따라서 학교에서 종교 교육을 금지하고, 성직자들이 학교 운영을 못 하도록 했다. 수도자들이 하는 종교적 서약은 법적으로 인정하지 않았다. 그리고 종교 단체의 재산 소유도 금지했고, 성직자의 공적 정치 활동, 언론 기고, 선거 참여, 성직자 복장 착용을 금지했으며, 공직 진출에 대해 제약을 가했다(정경원 외, 2009: 49-64).

1992년 살리나스 고르타리(Salinas Gortari) 대통령이 바티칸과 국교를 정상화하고, 종교법을 만들면서 종교 단체의 법적 등록, 재산 소유, 공공 활동 참여를 허용했다. 일부 교육 부문과 정치 참여 등에 대해서는 제약이 있었지만, 이전에 비해 많은 영역에서 자유가 확대되었다. 이처럼 멕시코에서는 가톨릭교회가 국교로 인정되다가, 20세기 이후에는 국가가 종교를 탄압하는 이미지가 형성되었다. 1992년 이후 종교의 자유 부문이 확대되어 현재는 가톨릭뿐 아니라 유대교, 이슬람교, 개신교 등의 활동과 자유도 보장된 상태이다.

콜롬비아는 헌법적으로 종교의 자유가 명확히 확립된 국가이다.

1991년 헌법에서는 "국가는 어떠한 종교도 공식 종교로 인정하지 않으며, 모든 개인은 신앙과 신념을 자유롭게 가질 권리가 있다"(제19조)라고 명시했다. 법 앞에 모든 종교는 평등하고, 종교 단체는 자유롭게 등록할 수 있으며, 공공 활동도 자유롭게 할 수 있도록 한 것이다. 1994년 제정된 종교 단체법에 따라 종교 단체의 법인격이 인정되고, 재산권과 교육권이 인정되며, 복지 활동 참여도 사회 내에서 받아들여졌다. 이는 콜롬비아가 가톨릭 국가에서 다종교 국가로 나아가고 있음을 보여주는 것이다.

볼리비아의 경우는 에보 모랄레스라는 원주민 대통령을 배출하면서 기존에 천시되던 전통 신앙을 공적으로 인정받게 되었다. 원주민들의 전통 신인 파차마마가 국가의 상징과 의례에 포함되게 되었다. 따라서 대통령의 취임식도 가톨릭 전통에서 벗어나 원주민 의례에 따라 거행될 수 있었다. 이는 원주민 공동체의 문화적·영적 자율성이 폭넓게 보장되었다는 데 그 의의가 있다. 이는 원주민의 입장에서는 종교적 측면에서도 탈식민화가 이루어지는 과정이라고 이해할 수 있다.

아르헨티나의 경우는 앞선 국가들과 조금 결을 달리한다. 아르헨티나는 문화적·역사적으로 가톨릭의 중요성을 인정해서 지원하고 보호하고 있다. 1994년 개정된 헌법은 국가가 "가톨릭을 지원한다"라고 명시했다. 다만 동시에 종교의 자유도 절대적 권리로 인정했다. 이와 같은 헌법이나 법률적 보호 조치는 라틴아메리카에서 종교 차별을 줄이고, 다양한 신앙과 종교가 공존할 수 있는 토대로 작용한다.

3) 종교 관용 교육의 확산

종교 간 차별이나 혐오, 그리고 편견 등이 심화하는 이유는 모든 종교가 절대 진리를 표방하기 때문이다. 모든 종교는 자기 종교를 믿을 때 구원을 약속하고, 자기 교리의 절대성을 주장하기에 배타적 특성을 보인다. 그러나 종교 간 갈등이나 혐오를 그대로 방치하면 사회적 분쟁이 발생한다. 신앙의 자유, 종교의 자유가 존중되어야 하지만 포교나 선교의 자유는 무한대가 아니다. 타 종교나 타인의 자유와 권리를 침해하지 않아야 한다는 전제가 존재하기 때문이다. 따라서 모두의 합의된 규약인 헌법의 통제를 받는다. 현대 사회는 대부분 세속화와 종교 다원주의의 흐름을 수용한다. 종교 다원주의가 가능해지려면 타 종교에 대한 인정과 존중이 따라야 한다. 이런 존중과 이해는 교육을 통해 어느 정도 배양될 수 있다. 따라서 종교 관용 교육이 중요하다. 종교 간 이해를 높여서 편견을 감소시키고, 다문화와 다종교 간 공존의 필요성을 알리는 것은 교육이 할 수 있는 일이다. 이것은 필연적으로 정부, 시민사회, 종교 간 협력을 통해 이루어진다.

라틴아메리카에서 이 분야에서 선도적인 국가는 멕시코이다. 국립차별방지위원회(Consejo Nacional para Prevenir la Discriminación, CONAPRED)의 주도 아래 '차별 없는 학교(Escuelas libres de Discriminación)'라는 프로그램을 운영한다. 이 기관은 종교 다원성과 관용 교육을 주도하는 교사 연수부터 문제가 발생했을 때 신고 체제까지 마련해 두고 있다. 그 밖에도 이달고 주와 같은 곳에서는 시민 교육에 종교 다양성에 대한 교육도 포함하고 있다. 멕시코는 오랜 세속화 전통 속에서 종교의 자유와 소수 종교의 권리를 강조하고 있다. 칠레의 경우는 종교에 대한 정부나 국가의 중립성 유지를 중요하게 여긴다. 특히 공교육 분야에서 종교 차별이나 편향 문제를 심각하게 보고 있다. 칠레는 2009년 교육 개혁 이후 종교 교육을 선택 과목으로 지정했다. 종교 간 관용과 인권의 상관성을 다룬 시민 교육 과목도 도입했다.

브라질의 경우 지방자치가 잘 구축되어 있어 종교 교육은 주정부의 관리하에 있다. 그러나 아직도 역사적·문화적 이유로 가톨릭교회 중심적인 시각을 탈피하지 못한 주정부의 관리자들 때문에 갈등이 발생한다. 중립적이기보다 가톨릭 편향적인 프로그램들이 교육에 활용되면서 종교 교육 자체가 아직도 가톨릭교회에 의존하는 경향을 드러낸 것이다. 따라서 이를 보완하기 위해 종교 다원주의 교육 기준을 설정하고, 공립학교에서 아프로-브라질 종교나 신앙을 소개하는 교육을 늘리고 있다. 상파울루와 리우데자네이루와 같은 대도시에서는 학생들이 적극적으로 참여하여 종교 간 대화의 날 행사를 운영하도록 자율권을 부여하고 있다. 이를 통해 학생들은 예술 공연, 토론, 학생 발표회를 개최하는 등 다양한 노력을 하고 있다. 브라질의 이웃 국가인 아르헨티나도 역사적·문화적으로 가톨릭 중심적인 정책을 많이 폈기 때문에 브라질과 매우 유사한 시행착오들이 있었다. 그러나 일부 주에서는 문화 간 대화와 평화 등이 포함된 중등 교육 과정을 편성하고, 종교 단체, 시민사회, 주정부의 협력하에 교사들이 사용할 수 있는 교육 자료집을 배포했다. 일부 주에서는 유대교나 이슬람교와 같은 소수 종교 공동체와 연계해 방문 수업을 하는 등 교육 프로그램을 다양화하고 있다. 이처럼 라틴아메리카에서는 종교 교육이 단지 종교에 대한 지식을 전달하는 것을 넘어 편견 해소, 사회 통합, 평화 증진을 위한 문화 조성에 기여하고 있다.

4) 소수 종교 공동체의 권익 보호

라틴아메리카에서 종교적 차별과 혐오가 20세기 후반부터 사회 정치적 문제로까지 비화하자 소수 종교 단체나 공동체를 보호하기 위한 다양한 시도들이 있었다. 유럽이나 미국 등 선진국의 모델을 참고하고, 헌법 개정을 통해 종교의 자유를 보장하려고 노력했다. 이것은 인권 증진과 기본권 함양을 위한 노력의 일환이었다. 이는 유대교, 이슬람교, 아프리카 전통과 연결된 종교, 원주민의 토착 종교, 그리고 불교 등이 이 지역에서 겪는 사회적 차별과 배제를 줄이려는 의도를 담고 있다.

브라질은 특히 아프로-브라질계의 종교들이 복음주의 개신교인 오순절교 신도로부터 우상 숭배나 사탄을 숭배하는 자들로 낙인찍히는 경우가 많았다. 칸돔블레나 움반다에 대한 이런 몰이해는 결국 이 소수 종교에 대한 박해나 차별, 혹은 배제로 이어졌다. 그러나 종교 다원주의가 보편화되는 시대에서 아프로-브라질계 종교는 브라질의 문화적 자산이자 동시에 정체성의 중요한 바탕이라는 인식이 확대되고 있다. 따라서 리우데자네이루처럼 지방 정부 차원에서 시민사회의 도움으로 종교박해방지특별법을 제정하는 사례가 증가하고 있다. 시민사회들도 종교 시설을 파괴하는 행위에 대해 처벌을 강화해야 한다고 목소리를 높여주고 있다. 예전과 달리 종교 차별에 대한 고발을 인종차별에 대한 신고와 같은 수준에서 지방 정부들이 대응하고 있다. 공립학교에서는 인권적 차원에서 아프로-브라질계 종교에 대한 차별이 사라질 수 있도록 종교 교육을 강화하고 있다. 더불어 국제 인권 기구와 연대하고 유엔과 협력하여 종교의 자유가 침해되지 않도록 감시하고, 혐오 범죄에 대한 법적 대응도 강화하는 추세이다.

멕시코에서는 원주민 전통 신앙과 신흥 종교들이 가장 흔히 차별과 배제의 대상이 된다. 따라서 원주민 공동체가 많이 있는 치아파스나 와하카, 게레로 등과 같은 지역에서 종교 간 충돌과 대립이 잦았다. 원주민 가운데 복음주의 개신교로 개종한 신자들이 추방되는 사례가 많았다. 따라서 국가인권위원회(Comisión Nacional de los Derechos Humanos, CNDH)나 국립차별방지위원회 등이 개입해 중재하거나, 차별 방지 혹은 다종교 관용 캠페인을 벌인다. 또한 전통 신앙을 종교적 범주에 포함하기 위해 노력 중이다. 동시에 전통 예식, 축제, 제사 등을 무형 문화 유산으로 등록하려고 시도한다.

아르헨티나는 원주민이나 흑인이 거의 없고, 라틴아메리카에서도 보기 드물게 백인 중심 사회이다. 따라서 종교 문제도 유럽적 맥락과 많이 연결되어 있어 유대교, 이슬람교 등의 소수 종교가 차별받지 않도록 하는 데 집중하고 있다. 라틴아메리카 최대 유대인 공동체가 아르헨티나에 있다. 1994년 반유대주의 공격 이후 종교적 증오 범죄를 줄이는 데 노력하고 있다. 혐오 표현에 대해 감시를 강화하고 피해자에 대해 지원하는 체계가 마련되어 있으며, 교육부가 주도적으로 반유대주의 예방 교육 프로그램을 운영하고 있다. 특히 종교적 관용에 대한 인식을 확대하기 위해 캠페인을 벌이고 있다. 라틴아메리카 각국에서 벌이는 종교 차별과 혐오 방지를 위한 이런 노력을 통해 이 대륙이 종교적으로 더 다원적이고 포용적인 사회로 이행하고 있음을 알 수 있다.

앞서 살펴본 것처럼 종교 간 차별과 혐오, 그로 인한 배제와 갈등은 어제와 오늘의 일이 아니다. 나라와 지역마다 혐오의 대상, 그리고 그 양상은 가지각색이다. 어느 특정 종교가 한 국가에서는 소수 종교로 차별과 박해를 받는가 하면, 어떤 경우에는 이 피해 종교가 상대적으로 더 취약한 다른 종교를 차별하고 탄압하기도 한다. 문제는 종교 차별과 배제가 단순히 신앙의 자유 문제를 넘어, 사회적 불평등 구조를 재생산하고 심화시킨다는 점이다. 종교 차별은 인종, 계급, 성별, 문화적 편견과 결합하여 다차원적 차별을 생산해 낸다. 사회적 배제나 고립뿐 아니라 취업이나 교육에 대한 접근에 제약이 따르기도 하고, 정치적 권리나 경제적 배제로 이어지는 경우도 있다. 소수 종교는 교육, 고용, 의료, 주거 등의 공공 서비스에서 차별받을 수 있고, 공적 자원 분배에서 배제될 수 있다. 구체적으로 보자면, 멕시코 치아파스 주 원주민 공동체에서 복음주의 개신교로 개종한 원주민들이 이런 피해를 보았다. 또한 브라질에서는 칸돔블레를 신앙하는 사람들이 공무원 채용이나 민원 처리에서 차별 대우를 받았다. 이런 소수 종교를 믿는 자들은 주류 종교를 신봉하는 사람들로부터 야만인이나 비문명화된 존재로 취급받고, 악마나 사탄 등 우상을 숭배하는 자들로 낙인찍히는 경우가 많다. 이슬람 공동체에 속하는 사람들은 테러리스트라는 오명을 쓰게 되고, 전통 의복인 히잡을 착용할 때 차별의 대상이 된다. 이런 차별이 사회적으로 묵인될 때, 사회에서 배제되고 타자화되는 존재들이 증가하면서 사회 통합과 시민 간 연대를 방해하는 요소로 작용한다. 박해받는 사람들은 스스로 자기 검열을 하게 되고 열등감에 사로잡혀 사회 내 온전한 시민으로 성장할 수 없게 된다. 이런 사회는 불평등이 구조화되고 세습되는 사회로 전락하게 된다. 이런 맥락에서 종교 차별은 개인의 신념이나 신앙 문제가 아니라 구조적 불평등의 원인이 된다.

　라틴아메리카는 종교 차별과 혐오 문제를 해소하고 건전한 종교 다원주의 사회로 나가기 위해 종교의 자유를 인권과 기본권 차원에서 제도화하려고 노력하고 있다. 헌법에 종교의 자유가 명시되고, 소수 종교를 보호하려고 차별금지법이 제정되고 있다. 사회적 신뢰와 공동체의 연대성을 강화하기 위해 종교 간 대화 혹은 협력 채널이 작동할 수 있도록 시민사회, 지방 정부, 종교 단체 간 협력 기구들이 만들어졌다. 가톨릭교회 중심으로 형성되어 왔던 종교의 특권을 해체하고, 폭력과 차별 방지를 위한 교육 프로그램을 정부와 종교 스스로 만들고 보급하는 데 앞장서고 있다. 이런 종교 간 연대는 팬데믹이나 기후위기, 식량 문제 등 현대 사회의 난제를 해결하는 데 도움이 된다. 라틴아메리카 국가들은 단순히 차별을 금지하는 차원을 넘어 사회 내 타자의 존중, 포용적 사회 구축이란 차원에서 문제에 접근하고 있음을 알 수 있다. 이 대륙에서 종교 간 이해가 증진되고, 관용적 태도와 다원주의 사고가 확산한다면 더욱 정의로운 사회 구현이 가능해질 것이다.

제 5 장

생태세(Ecocene)로의 전환과 행성 정치: 아마존에서 기후위기를 다시 사유하다*

/ 이태혁 /

---

* 이 글은 2025년 『이베로아메리카연구』 제27권 2호에 게재된 「생태세(Ecocene)로의 전환과 행성 정치의 재구성: 아마존과 기후위기의 대안적 사유」를 책의 목적에 맞게 재구성한 것이다.

1 들어가며

왜 '생태세(Ecocene)'[1]일까? 오늘날 우리는 인류가 지구에 미치는 영향이 단순한 환경오염을 넘어 지질학적 수준까지 확장된 시대에 살고 있다. 그래서 21세기에 들어서며 '인류세(Anthropocene)'라는 개념이 주목받으며, 과학자와 철학자, 활동가 들의 언어에 자주 오르내리게 되었다. 인류세란 말 그대로 '인류가 지구 시스템을 변화시킨 시대'를 의미한다. 하지만 이 개념에는 한 가지 근본적인 문제가 있다. '인류'라는 말이 지나치게 보편적이라는 점이다. 지구 위에 사는 모든 사람이 같은 정도로 자연을 파괴해 온 것은 아니기 때문이다. 실제로 기후위기의 책임은 소수의 산업국, 대규모 자본, 과잉 소비를 기반으로 한 체제에 집

---

1) '생태세'라는 용어는 필자가 2021년 《중남미연구》에 발표한 「아마존의 역설, 자본주의 모순 그리고 기후변화: '트랜스 아마존'을 모색하며」에서 처음 제안한 개념이다.

중되어 있다. 그럼에도 '모두의 책임'이라는 이름으로 이 차이를 덮어버리는 것은 불공정하다. 그래서 일부 학자들은 인류세 대신 '자본세(Capitalocene)'라는 표현을 사용하며, 생태 위기의 주범을 자본주의적 축적 구조로 명확히 지목하자고 주장한다.

그렇다면 여기서 '생태세'란 무엇인가? 생태세는 단순히 '이름을 바꾸자'는 제안이 아니다. 그것은 인간 중심의 세계관에서 벗어나, 인간과 비인간, 지역과 행성, 자연과 정치 사이의 관계를 새롭게 사유하자는 요청이다. 다시 말해, 생태세는 인류세가 놓친 다종 존재의 상호의존성과 지역 기반의 생태 거버넌스, 그리고 지구적 책임의 비대칭성을 함께 고민하자는 시도다. 이러한 사유는 결코 이론에만 머무르지 않는다. 아마존은 그 대표적인 사례다. 한때 '지구의 허파'라 불리던 아마존은 지금, 대규모 벌목과 농지 확대, 광산 개발 등의 복합적인 이유로 탄소를 흡수하는 숲에서 탄소를 배출하는 위험 지대로 전락하고 있다. 특히 브라질의 보우소나루 정부(2019-2022) 시기에는 시장 논리에 따른 개발 정책이 본격화되며, 이른바 '탈아마존화'가 가속되었다.

이 글은 바로 이 지점에서 시작한다. 아마존의 위기는 단순한 환경 문제가 아니다. 그것은 우리가 어떤 문명적 가치와 정치 체제 위에서 살아가고 있는가를 되묻는 사건이다. 그래서 우리는 기후위기를 넘어서기 위해, 지금까지의 방식과는 다른 패러다임을 상상해야 한다. '생태세'는 그 새로운 상상의 이름이다. 이 글은 이러한 문제의식을 바탕으로 다음과 같은 질문을 중심에 두고 이야기를 풀어가고자 한다.

첫째, 지금의 국제 기후 거버넌스는 과연 아마존 위기에 실질적 대안이 될 수 있는가?

둘째, 생태세로의 전환은 어떤 제도적·철학적 조건을 필요로 하는가?

셋째, 원주민 중심의 '다자연주의(multinaturalism)'는 생태 거버넌스와 어떻게 접합될 수 있는가?

이 질문에 답하기 위해, 우리는 자본주의와 아마존의 관계, 생태세 개념의 철학적 뿌리, 그리고 아마존을 둘러싼 국제적 정책 대응과 토착 공동체의 역할을 함께 살펴보게 될 것이다. 그리고 그 여정의 끝에서 우리는 다음과 같은 질문을 함께 마주할 것이다.

"우리는 어떤 세계를 만들 것인가, 그리고 누구와 함께 살아갈 것인가?"

2 자본주의와 아마존: 착취의 지층

1) 아마존은 어떻게 '자원'이 되었는가

16세기 유럽이 신대륙에 발을 디디면서, 아마존은 단순한 숲이 아니라 세계 자본주의의 자원 창고가 되었다. 은과 금, 고무, 목재 같은 자원은 유럽 자본주의의 초창기 축적을 가능하게 했고, 아마존은 이 자원을 뽑아내는 공간적 기반이 되었다. 하지만 아마존은 단지 경제적 기능을 제공한 것이 아니었다. 이곳은 자연과 인간을 모두 '식민화된 대상'으로 환원하는 세계관의 실험장이기도 했다. '근대성은 식민성을 전제로 한다'는 말이 있다. 근대적 문명은 타자를 지배하고 주변화함으로써 정립되었고, 아마존은 이 근대/식민 세계 체제의 가장 깊은 지층 중 하나였다.

19세기 산업혁명은 자연을 하나의 '대상' 또는 '도구'로만 보는 인식론을 제도화했다. 증기기관이 확산되고 공장 시스템이 뿌리내리면서, 자연은 인간 외부의 채굴 대상으로 인식되었다. 아마존도 예외는 아니었다. 그 방대한 숲은 개발의 대상이 되었고, 광산과 도로, 대규모 농장으로 덮이기 시작했다. 이런 흐름은 단지 물리적 파괴만을 의미하지 않는다. 그것은 '자연'이라는 존재에 대한 근본적인 관계 변화였다. 자연은 더 이상 '함께 살아가는 존재'가 아니라, 사용하고, 관리하고, 개발해야 할 대상이 된 것이다. 사회학자 앤서니 기든스(Anthony Giddens)와 울리히 벡(Ulrich Beck)은 이러한 흐름이 만들어 낸 위기를 깊이 고찰하고, 그에 대한 성찰의 필요성을 제시하며 이를 '성찰적 근대성(reflexive modernity)'이라고 불렀다. 자신이 만든 위기를 성찰하지 않으면 스스로를 무너뜨리는 근대성의 자기 모순적 체계, 오늘날 기후위기는 그 결과 중 하나다.

2) 개발주의와 국가의 역할

20세기 후반, 브라질은 '개발'을 국가 성장의 핵심 목표로 삼았다. 아마존은 그 중심에 있었고, 고속도로 건설, 대규모 농업 프로젝트, 에너지 개발이 잇따라 추진되었다. 아마존은 더 이상 보존의 공간이 아니라, '경제 성장의 전초 기지'로 재편되기 시작한 것이다. 특히 보우소나루 정부 시기(2019-2022)는 이러한 흐름이 제도화된 형태로 정점에 이른 시기였다. 자연 보호보다는 자원 개발과 시장 확대가 우선되었고, 규제 완화, 환경 기관의 약화, 보호구역 해제가 동시에 일어났다. 그 결과 아마존은 도로와 광산, 농지, 대두 농장으로 조직적으로 침탈당했고, 한때 '지구의 허파'라 불리던 숲은 탄소 흡수원이 아닌 탄소 배출원으로 전환되었다. 연구에 따르면 산림 파괴보다 산림 황폐화(훼손)가 더 많은 탄소를 배출한다는 분석도 나왔다. 이러한 상황을 두고 나오미 클라인(Naomi Klein)은 "기후위기란 결국 자본주의와의 전쟁"(나오미 클라인, 2014: 45)이라고 단언한다. 그녀는 이 위기를 극복하기 위해서는 단순한 기술 개선이 아니라, 신자유주의 체제 자체의 구조적 철회가 필요하다고 강조한다. 즉, 아마존의 위기는 우연한 사건이 아니라, 개발주의 국가와 세계 자본주의 체제가 빚어낸 구조적 폭력의 결과라는 것이다.

3) 아마존은 문명의 거울이다

역사학자 페르낭 브로델(Fernand Braudel)은 세계 자본주의를 '깊은 구조(structure of longue durée)'로 이해했다. 즉, 세계 경제는 표면적인 사건보다 더 오랜 시간에 걸쳐, 생활, 노동, 자연 등의 층위에서 재생산된다는 뜻이다. 이 시각에서 보면, 아마존은 단지 숲이 아니라 자본주의 문명의 깊은 기반부다. 그곳에서 벌어지는 파괴와 저항은, 오늘날 우리가 살고 있는 세계가 어떤 구조로 움직이고 있는지를 드러내는 정치적 지질학의 한 단면이다. 기후위기란 결국 '숲을 어떻게 이해하느냐'의 문제이기도 하다. 아마존은 지금도 우리에게 묻고 있다. "당신들은 우리를 자원으로 볼 것인가, 아니면 함께 살아갈 생명의 공동체로 볼 것인가?" 다시 말해, 오늘날의 아마존 위기는 단지 환경의 문제가 아니라, 문명의 지속 가능성 자체를 묻는 전 지구적 질문이다. 이러한 인식은 생태세 개념의 정당성을 뒷받침하는 역사적·구조적 전환점이 된다.

3 생태세의 철학과 정치적 상상력

1) '생태세'란 무엇인가

'생태세'는 단순히 '새로운 지질학적 시대 이름'이 아니다. 그것은 우리가 지구와 맺고 있는 관계를 근본적으로 다시 생각하자는 요청이자, 삶과 정치, 존재에 관한 새로운 패러다임이다. 지금까지의 인류세 담론은, 인류를 하나의 단일한 지질학적 행위자로 보았다. 인류가 지구 시스템을 변화시킬 만큼의 힘을 가졌다는 점에서 인식의 전환을 이끌어 낸 것은 사실이다. 그러나 동시에 그 담론은 누가, 어떤 방식으로 그 변화를 주도했는가라는 구조적 책임을 흐려 왔다. 세계 자본주의 체제, 산업화된 북반구 국가, 무한 성장과 개발이라는 논리가 불러온 위기를 단순히 '모든 인류의 결과'로 환원한 것이다. 이에 대한 반발로 등장한 개념이 '자본세'이다. 이는 생태 위기의 책임을 자본주의의 축적 체제에 명확히 귀속시키며, 생산 방식과 경제 구조를 비판하는 데 초점을 맞춘다. 하지만 자본세 역시 인간과 자연, 인간과 비인간의 관계성 자체를 재구성하는 데는 한계가 있다. '생태세'는 이 두 담론을 비판적으로 계승하면서, 인간과 비인간 존재들이 맺는 상호의존성과 공동체성, 그리고 다중적 세계관과 지역 기반의 생태 거버넌스를 강조한다. 즉, 생태세는 단지 자본을 비판하는 데 그치지 않고, 새로운 윤리, 새로운 정치, 새로운 존재 방식을 상상하게 하는 개념이다.

2) 생태세의 네 가지 핵심 특성

생태세는 단순한 지질학적 명명이 아니다. 그것은 우리가 지구와 맺는 관계, 삶을 조직하는 방식, 그리고 세계를 인식하는 틀 자체를 근본적으로 바꾸자는 제안이다. 그런 점에서 생태세는 다음과 같은 네 가지 중요한 특성을 지닌다. 첫째, 인간과 비인간 존재의 상호의존성에 대한 깊은 인식이다. 기존의 서구적 세계관은 인간을 자연의 주체로, 나머지를 배경이나 자원으로 간주해 왔다. 하지만 생태세의 관점에서는 자연, 동물, 강, 숲, 토양, 기후까지도 모두 함께 살아가는 존재들이다. 이들은 인간의 삶을 떠받치는 조건일 뿐만 아니라, 그 자체로 고유한 존재성과 권리를 지닌 생명 체계로 간주된다. 둘째, 생태세는 탈자본주의적 생태 사회로의 전환을 요구한다. 단지 탄소를 줄이고 기술을 바꾸는 것으로는 부족하다. 우리는 지금의 자본주의적 생산과 소비 방식—무한 성장, 경쟁, 개발 중심의 사고방식—자체를 근본적으로 되돌아봐야 한다. 생태세는 새로운 사회적 상상력을 바탕으로, 지속 가능한 삶의 방식과 공존의 정치경제를 구상한다. 셋째, 생태세는 '플루리버스(pluriverse)'와 '다자연주의'의 감각 위에 서 있다. 즉, 세계는 하나가 아니라 여럿이다. 우리가 익숙하게 받아들이는 '하나의 자연'과 '보편적 세계관'은, 실은 수많은 지역 공동체와 존재론의 다양성을 억누른 결과일 수 있다. 생태세는 이러한 억압에 저항하며, 여러 존재 방식과 세계관이 함께 공존하는 생태 공동체의 복원을 지향한다. 마지막으로, 생태세는 지식 주권과 생태적 민주주의를 기반으로 한다. 토착 공동체의 지식은 더 이상 주변적이거나 낡은 것이 아니다. 그것은 생태 위기 시대에 가장 중요한 지혜의 원천이 될 수 있다. 따라서 중앙 정부나 국제기구 중심의 일방적 정책이 아니라, 지역 공동체가 주체가 되는 생태 거버넌스 체계, 즉 풀뿌리 민주주의와 생명권 중심의 의사결정 구조가 필요하다. 이처럼 생태세는 단기적 기술 개발이나 제도 보완으로는 도달할 수 없는, 삶의 철학과 세계 인식의 전환을 요청한다. 그것은 결국 우리가 어떻게 살 것인가, 누구와 함께 살아갈 것인가를 다시 묻는 사유의 방식이자, 이 위기의 시대를 건너는 새로운 윤리적 · 정치적 나침반이다.

3) 생태세의 철학적 배경과 사유의 계보

앞서 살펴본 것처럼, 생태세라는 개념은, 인류세 담론과 본질적으로 다르다. 인류세는 '인류 전체'를 하나의 지질학적 행위자로 상정함으로써, 생태 위기의 책임이 모두에게 똑같이 있는 것처럼 보이게 한다. 그러나 실제로 기후위기의 주요 책임은 소수의 산업국과 대규모 자본에 집중되어 있다. 이런 점에서 인류세는 책임의 비대칭성과 구조적 불평등을 가리는 한계를 지닌다. 그렇다고 자본세가 모든 문제를 해결해 주는 것도 아니다. 자본세는 생태 위기의 원인을 자본주의적 축적 구조로 명확히 지목하며 중요한 통찰을 제공하지만, 인간과 비인간의 관계성, 지역 공동체의 지식과 실천까지 포괄하는 데는 다소 한계가 있다. 생태세는 이 두 개념의 장점을 이어받되, 보다 확장된 관점에서 자연과 인간의 관계, 지역성과 다중적 세계관을 아우르는 생태적 전환을 상상한다.

이러한 생태세의 사유는 수많은 사상가들이 서로 다른 맥락에서 고민하고 제안한 생각들이 하나로 어우러지며 지금의 생태세 개념을 가능하게 했다. 이 장에서는 그중에서도 네 명의 주요 사상가를 중심으로 생태세의 철학적 기반을 살펴보고자 한다. 먼저, 디페시 차크라바르티(Dipesh Chakrabarty)는 『행성 시대 역사의 기후』에서 우리가 살아가는 세계를 '지구(globe)'와 '행성(planet)'으로 나누어 보자고 제안한다. '지구'는 인간이 경제와 정치로 통제하는 세계라면, '행성'은 인간이 통제할 수 없는 생명과 시스템의 총체이다. 생태세는 바로 이 행성적 감각(planetary sensibility)에서 출발한다. 인간이 중심이 아니라, 생명 공동체의 일부로서 존재하는 방식이다.

존 벨러미 포스터(John Bellamy Foster)는 자본주의가 인간과 자연의 유기적인 관계를 끊어 냈다고 본다. 그는 이를 '대사 균열(metabolic rift)'이라고 부르며, 자연의 순환이 자본의 논리에 의해 파괴되었다고 주장한다. 생태세는 이 균열을 회복하려는 생태사회주의의 흐름에서 이해될 수 있다. 아르투로 에스코바르(Arturo Escobar)는 '플루리버스'라는 개념을 통해 단 하나의 세계관이 아니라, 다양한 존재론이 공존할 수 있는 다중 생태 공동체의 가능성을 이야기한다. 생태세는 이처럼 다양한 삶의 방식과 지식 체계를 존중하며, 중앙 집중이 아닌 공동체 중심의 생태민주주의를 지향한다. 마지막으로 비베이루스 지 카스트루(Eduardo Viveiros de Castro)와 데보라 다노스키(Deborah Danowski)는 아마존 원주민들의 세계관에서 다자연주의와 관점주의(perspectivism) 개념을 이끌어 낸다. 이들은 자연을 단일하고 고정된 실체가 아니라, 관계 속에서 다르게 존재하는 다중적 현실로 이해한다. 생태세는 이러한 존재론적 사유를 바탕으로, 인간뿐만 아니라 다양한 존재가 공존하는 삶의 방식을 고민한다.

이러한 존재론적 정치의 요청은 생태세 개념이 기존 담론들과 어떠한 이론적 차별성을 지니는지를 보다 구조적으로 정리할 필요성을 제기한다. 다음의 비교는 인류세, 자본세, 생태세 간의 핵심 개념, 책임 구조, 거버넌스 함의 등을 요약한 것이다.

〈표 1〉 생태세 개념과 유관 개념의 비교

구분	인류세(Anthropocene)	자본세(Capitolcene)	생태세(Ecocene)
핵심 주체	인류 일반(Humanity as geological agent)	자본과 자본주의(Capital as structural driver)	인간-비인간 관계의 상호 작용체(Humannonhuman relationality)
문제 진단	인간 활동의 누적 결과가 지구 시스템 변화 초래	자본주의 축적 논리가 생태 위기 야기	인간중심주의, 식민성, 자본 논리의 복합적 위계 비판
책임 구조	인류 전체의 보편적 책임 강조(decontextualized universalism)	자본 중심 구조적 책임 강조(structural asymmetry)	다중적 존재의 윤리·정치적 책임 강조(ontological pluralism)
세계관	단일한 자연, 보편적 인간	이분법적 인간-자연 관계	다자연주의, 플루리버스, 관계적 존재론
거버넌스 함의	기술주의적 해결책 중심	생산양식의 급진적 전환 필요	생태 공동체 기반의 지역 주도 거버넌스 및 탈중심적 협치
실천 지향	국제 협약, 감축 기술	생태사회주의, 반자본 전략	플루리버스 기반 생태 민주의, 공동체 연대

출처: Chakrabarty(2021), Moore(2015), Foster(2000), Escobar(2018) 등 이론에 기초하여 저자 재구성.

이상의 논의를 종합하면, 생태세는 인류세나 자본세의 한계를 넘어선 존재론적 전환의 패러다임이다. 그것은 단지 지질학적 명칭이 아니라, 오늘날 기후위기의 원인과 책임, 해결 방식에 대한 다층적 인식 전환과 실천의 설계도를 담지한다. 이 글은 이러한 생태세 개념을 중심으로, 이후 장에서 트랜스 아마존이라는 구체적 실천 공간을 통해 생태 공동체적 거버넌스와 행성 정치의 가능성을 모색한다.

4 트랜스 아마존과 생태 거버넌스의 대안

기후위기의 중심지로서 아마존은 더 이상 한 국가의 경계 안에서만 논의될 수 없다. 브라질, 페루, 에콰도르, 베네수엘라, 콜롬비아 등 9개국에 걸쳐 있는 아마존 생태계는 국경을 초월하여 연결되어 있기에, 이를 지키고 되살리기 위해서는 새로운 관점과 협력이 필요하다.

이 장에서 제안하는 '트랜스 아마존(Trans-Amazon)'은 단순한 지리 개념이 아니라, 생태적·존재론적·정치적 전환을 위한 상징이자 실천적 비전이다. 특히 에스코바르가 말한 '플루리버스', 즉 하나의 세계가 아닌 많은 세계가 공존할 수 있는 생태 정치의 가능성과 결합되며, '생태세'의 구체적 실천 공간으로서 아마존을 재구성한다. 트랜스 아마존은 다음 세 가지 방향에서 생태 거버넌스를 재구성하고자 한다.

1) 토착 지식 체계와 다자연주의의 정치화

아마존에 거주하는 원주민 공동체는 수천 년 동안 숲과 강, 동식물과 상호의존적인 삶을 영위해 왔다. 이들은 자연을 자원이 아닌, 함께 살아가는 존재로 인식한다. 비베이루스 지 카스트루와 다노스키는 이러한 세계관을 '관점주의'와 '다자연주의'라는 개념으로 설명한다. 이들은 자연은 하나이고 문화는 여럿이라는 서구의 통념을 전복하며, 다양한 자연관과 존재 방식이 공존할 수 있다고 주장한다. 트랜스 아마존은 이러한 토착 지식과 존재론을 단지 보호하는 데 그치지 않고 정치화한다. 다시 말해, 원주민 공동체가 생태 거버넌스에 직접 참여하고 결정하는 주체가 되어야 한다. 이들은 더 이상 외부의 도움을 받는 수동적 존재가 아니라, 생태 정치의 동반자이자 지식의 창출자이다.

2) 생태 연대와 국제 제도의 한계

아마존을 보호하기 위한 국제 제도로는 산림 파괴 방지를 위한 온실가스 감축 프로그램(Reducing Emissions from Deforestation and forest Degradation, 이하 REDD+), 에스카수 협정(Escazú Agreement), 기후변화에 관한 유엔협약(United Nations Framework Convention on Climate Change, 이하 UNFCCC) 등이 존재한다. 그러나 이들은 대체로 국가 중심이거나 시장 중심의 구조를 지니고 있어, 실제 아마존에 거주하는 공동체의 목소리를 반영하지 못한다는 비판을 받는다. 예컨대 REDD+는 산림 보전을 위한 재정 인센티브를 제공하지만, 탄소 배출권 거래에 의존함으로써 토착 공동체의 사전 동의 없이 프로젝트가 추진되기도 한다. 에스카수 협정은 환경 정보 접근과 공공 참여를 보장하려 하나, 법적 강제력이 부족하고 주요 아마존 국가 중 일부는 아직 비준하지 않았다. UNFCCC 역시 국가 단위의 협상 구조에 머무르며, 지역 공동체의 다양성과 토착 세계관은 제도 밖에 머무르는 경우가 많다.

트랜스 아마존은 이러한 한계를 극복하고자 한다. 국제 협력을 수직적 지원 관계가 아닌 다양한 주체가 협력하고 조율하는 수평적 구조로 전환해야 한다. 아마존의 주민과 공동체는 단순한 수혜자가 아니라, 생태적 전환을 이끄는 핵심 파트너이다. 이들의 지식, 문화, 자율성을 존중하는 방식으로 생태 거버넌스를 재구성해야 한다.

3) 생태 사회주의와 초국경적 협치

생태 사회주의자 데릭 월(Derek Wall)은 아마존과 같은 생태 위기의 최전선이 새로운 생태 정치의 실험장이 되어야 한다고 주장한다. 이는 단지 환경 보호의 차원을 넘어서, 자본주의적 생산 방식을 근본적으로 전환하고자 하는 문제의식이다. 존 벨러미 포스터는 자본주의가 인간과 자연의 유기적 관계를 단절시켰다고 진단하며, 이를 '대사 균열'로 명명한다. 생태 사회주의는 이 균열을 복원하고, 자원을 공동으로 관리하며, 생명과 노동을 상품으로 보지 않는 새로운 질서를 지향한다. 트랜스 아마존은 이러한 이상을 실현할 수 있는 공간이다. 국가 간 협력뿐 아니라, 토착 공동체의 지식 주권(knowledge sovereignty)과 문화적 자율성이 함께 보장되는 다층적 협치 구조가 요구된다. 공동 자원은 더 이상

'이용 가능한 자원'이 아니라, 함께 지키고 돌보아야 할 관계적 존재로 인식되어야 한다.

결론적으로, 트랜스 아마존은 생태세의 비전을 실제로 실천할 수 있는 공간이자, 새로운 행성 정치(planetary politics)의 전환점이 될 수 있다. 이는 단지 자연을 보호하는 차원을 넘어서, '누구의 지식과 삶의 방식이 지구의 미래를 이끌 것인가'라는 근본적인 질문에 응답하는 정치적 실험장이다.

5 생태세 전환을 위한 라틴아메리카 실천 전략

아마존은 단지 생태계 보존의 대상으로 머무르지 않는다. 그것은 라틴아메리카 각국의 경제 전략, 정치적 이해관계, 사회 운동, 국제 기후 협상 구조가 교차하는 복합적인 공간이다. 본 절은 트랜스 아마존 개념의 실천 가능성을 평가하기 위해 브라질, 페루, 에콰도르, 베네수엘라를 중심으로 아마존 인접 국가들의 산림 파괴율, 보호 지역 확대 정책, 토착 공동체의 역할, 국제 제도 참여 수준 등을 비교하고자 한다.

특히 REDD+, 에스카수 협정, UNFCCC 참여 등의 틀 안에서 국가별 대응 방식의 유사성과 차이점을 분석하고, 각국이 보유한 제도적 장점과 구조적 한계를 함께 조명한다. 이를 통해 생태세 전환을 위한 실천 전략이 단지 일국 차원의 환경 정책 개선에 머무르지 않고, 초국경적 생태 협치와 공동체 중심의 거버넌스를 요구함을 밝힌다. 결과적으로 본 절은 생태세 전환의 실현 가능성을 높이기 위한 정책적·제도적·지식 기반 전략의 구성 요건을 제안하는 데 그 목적이 있다.

1) 국가별 비교: 보호 지역 비율과 파괴율, 주요 생태 정책

아마존에 인접한 라틴아메리카 국가들은 각기 다른 정치 체제, 경제 구조, 국제 협력 수준에 따라 산림 보호 및 개발 전략이 상이하게 전개되고 있다. 이 절에서는 브라질, 페루, 에콰도르, 베네수엘라를 중심으로 산림 파괴율, 보호 지역 지정 비율, 주요 생태 정책과 그 한계를 비교한다. 이를 통해 생태세 전환이 제도 정비와 공동체 중심의 정책 구성 여부에 따라 어떻게 다른 양상으로 구현될 수 있는지를 확인할 수 있다.

〈표 2〉 아마존 인접 4개국의 산림 파괴율, 보호 지역 및 주요 생태 정책 비교

국가	삼림 파괴율	보호 지역 비율	주요 생태 정책 및 특징
브라질	약 1,400만 ha	약 45%	삼림 복원 프로그램, 원주민 권리 헌법 보장(최근 약화), 아마존 펀드 운영 재개
페루	약 550만 ha	약 35%	공동체 주도 보호 구역 확대, REDD+ 시범 사업 활발, 지속 가능한 산림 인증제 도입
에콰도르	약 320만 ha	약 39%	Yasuní-ITT 생태 보상 제도 실험, 생물 다양성 보존 구역 확대, 지역 NGO와 협치 강화
베네수엘라	약 720만 ha	약 28%	보호 지역 확대 정책 중단, 자원 국유화 강조, 정치 불안정으로 정책 이행 저조

출처: FAO(2024), UNEP(2023), REDD+ Program Database, 각국 환경부 보고서를 기초로 저자 정리.

브라질은 룰라 정부 복귀 이후 아마존 보호 정책을 복원하려는 노력을 이어가고 있으나, 여전히 불법 벌목과 농지 확장이 구조적으로 지속

되고 있다. 반면 페루와 에콰도르는 공동체 주도형 보호 구역을 확대하며 REDD+와 지역 참여 기반 프로젝트를 비교적 안정적으로 운영하고 있다. 특히 에콰도르의 야수니 ITT 프로젝트는 생물권 보호와 경제적 보상을 조화시키려는 실험적 모델로 주목받고 있다.

반면 베네수엘라는 정치적 불안정성, 중앙 정부의 권위주의적 통제 강화 등의 요인으로 인해 산림 보호 및 원주민 자치 권한이 현저히 위축되고 있다. 이는 생태세의 실현 조건으로서 지속 가능한 민주적 제도, 다층적 협치 구조, 지역 주체의 권한 보장이 얼마나 중요한지를 역설적으로 보여준다.

2) 토착 공동체의 대응과 자치권 운동

산림 보호와 생물 다양성 보존은 더 이상 국가 주도적 제도만으로 지속 가능하지 않다. 특히 아마존과 같은 복합 생태계에서는 토착 공동체의 지식, 감시 체계, 생태 실천이 핵심 거버넌스 축으로 작동하고 있다. 본 절에서는 아마존 인접 4개국(브라질, 페루, 에콰도르, 베네수엘라) 내 토착 공동체의 자치권 확보 수준과 생태 대응 방식을 비교 분석한다. 먼저, 페루와 에콰도르는 공동체 주도형 모니터링 시스템과 원주민 자율 보호 구역 제도를 제도화한 대표 사례이다. 예컨대 페루의 원주민 산림 모니터링 프로젝트(Indigenous Forest Monitoring Project)는 위성 데이터와 지역 지식을 접목하여 산림 훼손을 조기에 탐지하고 있으며, REDD+ 프로젝트에서도 원주민 공동체가 공식 파트너로 참여하고 있다. 에콰도르는 야수니 국립공원(Yasuní National Park)과 주변 지역에서 공유지 기반 자율 관리 모델을 추진하고 있으며, 이는 생태권 보장과 문화적 자율성을 통합하는 정책 실험으로 평가된다.

브라질은 1988년 헌법을 통해 원주민 자치 영토(Terras Indígenas) 개념을 도입하여 법적 토대 위에서 원주민의 생존권, 자율성, 자연 자원 관리권을 보장해 왔다. 그러나 보우소나루 정부(2019-2022) 시기에는 대규모 농업 개발, 광산 허가, 경찰적 억압 등으로 인해 자치권이 심각하게 침해되었으며, 원주민 대상 살해 및 범죄도 증가했다. 룰라 정부(2023-)는 이러한 흐름을 되돌리려는 복원 정책을 추진 중이나, 여전히 정치적 갈등과 자원 개발 이익 집단의 반발이 존재한다. 베네수엘라는 1999년 헌법 개정을 통해 '다민족 국가'를 선언했고, 원주민 공동체의 문화와 땅에 대한 권리를 일정 부분 인정했다. 그러나 2010년대 이후 경제 위기와 정치 불안정, 중앙집권적 권력 강화로 인해 자치권의 실질적 실행은 매우 제한된 상황이다. 보호 지역의 실질 관리 주체는 중앙 정부이며, 원주민 공동체는 협의 대상으로도 배제되는 사례가 증가하고 있다.

따라서, 이들 사례는 생태세 전환에 있어 토착 공동체의 제도화 수준과 권리 보장이 결정적 변수임을 시사한다. 특히 단순한 '참여' 수준을 넘어서, 공동체가 정치적 의사결정의 주체, 생태 지식의 생산자, 자원 감시자의 역할을 수행할 수 있는 구조가 마련되어야 한다. 에스코바르가 제안한 '지역화된 플루리버스(pluriversal localization)' 개념은 바로 이러한 생태적 다중성의 제도적 구현을 의미한다(Escobar, 2018).

3) 제도적 연계와 지역 협치 전략

생태세로의 전환은 단순한 생태 보존 수단의 확충이 아니라, 정치적 의사결정 구조의 재구성을 포함하는 총체적 전환이다. 이 전환을 실현하기 위해서는 국가 정책, 국제기구, 시민사회, 토착 공동체 간의 다층적 협치(multilevel governance)가 핵심이다. 특히 기존의 위계적 구조, 즉 국제기구 → 국가 → 지역 → 공동체를 넘어서는 역방향적 소통과 상호 조정 체계가 필요하다. 본 절에서는 생태세 실현을 위한 실천 전략 네 가지를 제안하며, 제도적 연계 및 지역 중심 협치의 구체적 구조를 논의한다.

에스카수 협정은 정보 접근권, 환경 의사결정 참여, 환경 정의 보장 등을 규정한 중남미 지역 최초의 환경 인권 협약이다. 그러나 현재까지 일부 주요 아마존 국가(예: 브라질)의 비준 지연과 제도화 부족으로 실효성이 낮다. 이를 극복하기 위해서는 협정의 지역적 해석과 공동체 기반 실천 모델이 필요하다. 예컨대 지역 시민사회와 원주민 단체가 에스카수 협정의 감시 및 실행 파트너로 참여하도록 제도화할 수 있다.

REDD+는 산림 보호를 통한 탄소 감축 메커니즘이지만, 현재까지는 탄소 배출권 중심의 시장 논리에 치우친 경향이 강하다. 즉, REDD+는 산림 파괴를 줄이기 위한 유엔의 국제 협력 메커니즘이지만, 자주 탄소 크레디트 중심의 시장 접근에 치우쳐 공동체 기반의 생태권 보장은 미진하다는 비판을 받아왔다(Wright & Nyberg, 2015). 트랜스 아마존 구상에서는 REDD+를 단지 재정적 수단이 아닌, 지속 가능한 생태 거버넌스 구축의 매개체로 활용해야 한다. 이를 위해서는 프로젝트 설계 단계부터 공동체의 사전 동의(FPIC), 지식 주권(knowledge sovereignty) 인정, 생계 대안 통합이 제도적으로 요구된다.

남미국가연합(Unión de Naciones Suramericanas, UNASUR) 및 아마존협력조약기구(Amazon Cooperation Treaty Organization, ACTO) 등을 통해 범아마존 협력이 시도된 바 있으나, 정치적 갈등과 실질 협치 부족으로 지속성이 낮았다.[2] 생태세적 전환을 위해서는 국가 주도의 협의체를 넘어, 다자적 지역 생태 플랫폼, 예컨대 범아마존생태거버넌스협의회(Trans-Amazon Council for Ecological Governance)와 같은 거버넌스 실험이 요청된다. 이 플랫폼은 지식 공유, 감시 데이터 연계, 시민사회/학계 연합 등을 지원할 수 있다.

생태 전환에서 핵심은 단지 보호가 아닌 공동 관리(commoning)이다(Wall, 2010). 지역 공동체는 생태 감시자이자 문화적 해석자이며, 생물권의 정치적 재구성을 위한 핵심 주체다. 따라서 생태 정책 설계는 지식 주권, 즉 원주민과 지역민의 세계관, 전통 지식, 언어와 결합된 인식론을 존중하는 방향으로 구성되어야 한다. 이는 플루리버스적 전환의 실질 조건이다(Escobar, 2018).

앞선 분석을 통해 드러난 생태세 전환의 조건은 단일한 제도 개혁이나 기술 도입을 넘어, 정치적·사회적·존재론적 전환을 위한 다층적 실천 전략의 구성이 필요함을 보여준다.

---

2) 아마존협력조약기구(Amazon Cooperation Treaty Organization, ACTO)는 1978년 설립되었으나, 실질적 생태 협치의 역할은 제한적이라는 비판도 존재한다(Gudynas, 2010).

〈표 3〉 생태세 전환을 위한 네 가지 전략 범주와 실천 방향

전략 범주	구체 전략
제도적 연계	- 에스카수 협정의 실질적 이행 - REDD+의 공동체 직접 참여 구조로의 재설계
지역 주도 협치	- 원주민 공동체의 사전 동의 보장 - 자율 보호구역 및 공동 감시 체계 제도화
남-남 국제 연대	- 범아마존 연합 구상 실현 - ACTO 등 지역 플랫폼의 생태 기반 협력으로 재편
정치철학적 기반	- 플루리버스 기반의 생태정치 상상력 확장 - 지식 주권의 제도화

출처: Wall(2010), Escobar(2018), ECLAC(2020), UNFCCC(n.d.) 등을 기초로 저자 정리.

이러한 전략들은 생태세 개념이 단지 이론적 선언에 그치지 않고, 제도적 실행과 지역 협력, 정치철학적 전환을 포함하는 복합적이고 구체적인 실천 경로로 구성되어야 함을 강조한다. 다음 결론에서는 이러한 다층적 전략들을 바탕으로 생태세 전환을 위한 문명사적 과제와 행성 정치의 방향성을 정리한다.

6 맺음말: 생태세로의 전환과 문명사의 재사유

아마존은 단지 보호되어야 할 열대림이 아니라, 근대/식민 세계 체제가 구성한 착취의 지층이자, 오늘날 생태적·문명사적 위기를 압축적으로 드러내는 공간이다. 이 글은 아마존을 둘러싼 기후위기, 자원 착

취, 토착 공동체의 저항, 그리고 국제 거버넌스의 한계를 분석하며, 기존의 인류세 담론이 갖는 보편주의적 전제와 책임의 비대칭성을 비판했다. 이러한 문제의식에 기초해, 최근 제안된 생태세 개념을 이론적 틀로 채택하고, 이를 바탕으로 정치적·윤리적·존재론적 전환의 가능성을 재구성했다.

생태세는 단순한 지질학적 시대 구분이 아니라, 행성 시대(planetary age)를 살아가는 인간이 지구와 맺는 존재론적 관계의 재정의를 요청한다. 이는 기후위기를 단순히 탄소 배출 수치의 문제로 환원하는 기술주의적 접근을 넘어서, 문명의 방식, 삶의 양식, 세계를 구성하는 인식 틀 자체를 근본적으로 전환하는 것을 의미한다. 이러한 생태세적 전환은 다층적이다. 그것은 자본주의적 생산 양식의 비판, 인간중심주의의 탈구축, 다중 세계(pluriverse)와 토착 존재론의 복원, 그리고 초국경적 생태 거버넌스에 기반한 정치적 재구성을 포함한다. 이 가운데 트랜스 아마존 구상은 생태세 개념을 실천 차원에서 구체화한 시도로서, 아마존을 단순히 보호의 대상이 아니라, 새로운 생태적 삶과 정치의 실험장으로 바라보게 한다. 이는 원주민 지식, 지역 기반 협치, 생물권 중심 제도, 공통 윤리를 연결하는 생태 공동체적 거버넌스의 구성을 통해 실현 가능하다. 오늘날 우리는 "하나의 행성, 서로 다른 세계들(One Planet, Many Worlds)"을 살아가고 있다. 이 다중적 현실 속에서 생태세는 보편성의 강요가 아니라, 차이와 다양성이 공존하는 생태적 민주주의의 기반이 되어야 한다. 그것은 단지 위기에 대응하는 기술이 아니라, 위기를 낳은 세계를 근본적으로 재구성하는 정치적·문명사적 요청이다. 이 글은 생태세 개념을 기반으로, 아마존이라는 지정학적 공간에서 발생하는 생태·지식·권력의 다층적 충돌과 가능성을 추적하며, 기후위기 시대에 요구되는 존재론적 사유, 제도적 상상력, 그리고 행성 정치의 재구성을 제안했다. 결국 생태세는 하나의 질문으로 귀결된다. "우리는 어떤 세계를 만들 것인가, 그리고 누구와 함께 살아갈 것인가?" 이 질문에 답하는 방식이야말로, 기후위기 시대를 넘어서는 가장 실천적인 사유가 될 것이다.

제 6 장

제도와 불평등:
브라질, 비공식 제도를 넘어 AI 패러다임 시대의 새로운 사회계약을 향하여

/

임두빈

/

1 들어가며

불평등(Inequality)은 '차별이 있어 고르지 아니함'[1]으로 정의되며, 불평등과 유사한 개념으로 양극화, 격차, 불공정 등이 있다. 현대 사회에서 불평등 정도를 측정하고 평가하는 방식은 주로 소득 불평등과 같은 경제적 불평등에 집중되어 왔다. 그러나 한 사회의 불평등은 단순히 소득에 국한된 게 아니라 다양한 차원으로 나타나기 때문에 단순히 소득 불평등 정도로 사회적 불평등 구조를 파악하거나 정의하기 어렵다. 장 자크 루소(Jean-Jacques Rousseau)는 그의 저서 『인간 불평등 기원론』에서 자연적 불평등과 사회적 불평등을 명확히 구분하며, 후자가 인간이 만들어 낸 제도와 관습, 즉 사회계약의 산물임을 역설했다. 특히 그가 지적한 '기만적인 사회계약'——부유하고 힘 있는 자들이 자신들의 소유와 지배를 영속화하기 위해 약자들을 속여 맺은 계약——이라는 개념은 현대 사회의 불

---

1) 국립국어원 표준국어대사전 인용, https://stdict.korean.go.kr/. (검색일: 2025.05.14.)

평등 구조를 분석하는 데 여전히 강력한 이론적 틀을 제공한다. 이 관점에서 브라질의 '가부장적 후견주의(Clientelismo Patriarcal)'는 소수 엘리트가 국가를 사유화하는 기만적 계약의 전형이며, 한국의 학벌주의와 '빽' 역시 능력주의라는 공식적 계약의 이면에서 작동하는 또 다른 형태의 기득권 구조로 해석될 수 있다. 본 장은 이러한 문제의식에 기초해, 브라질의 비공식적 제도와 불평등 구조를 심층적으로 분석하는 것을 주요 목표로 삼는다. 아울러, 이러한 분석의 한계를 넘어설 수 있는 방향성과 구체적인 제언도 함께 제시하고자 한다.

현대 브라질은 하나의 중심적인 역설을 드러낸다. 자국의 국제적 미래에 대한 상당한 낙관론을 표출하는 동시에, 깊이 뿌리내린 내부 갈등과 불신으로 분열되어 있는 것이다. 2024년 퓨 리서치 센터(Pew Research Center)의 보고서[2]는 이러한 모순을 여실히 보여준다. 이 보고서는 2024년 1월 26일부터 3월 11일까지 브라질 성인 1,054명을 대상으로 설문 조사한 '브라질 사람들이 자국을 보는 시각'에 대한 보고서이다. 브라질 국민의 61퍼센트는 자국이 이미 세계 강대국이거나 앞으로 그렇게 될 것이라고 믿는다고 한다. 하지만 정부와 정치 체제에 대한 신뢰는 낮아, 민주주의 체제에 만족한다고 응답한 비율은 44퍼센트에 머물렀다(Huang, Fagan, and Ramones, 2024). 정치 체제 선호도 조사에서는 민주주의가 59퍼센트로 가장 높았으나, 군부 통치(41퍼센트)와 기술관료제(29퍼센트) 등 비민주적 체제 지지도도 결코 낮지 않았다. 《이코

---

2) 2004년 워싱턴 D.C.에 공식 설립된 초당파 싱크탱크로 다양한 주제에 대한 정보를 제공하는 비영리 조사기관이다. 공공의 이익을 위해 대중과 정책 결정자에게 중요한 팩트를 제공하는 가장 신뢰받는 연구기관 중 하나로 손꼽힌다.

노미스트》의 2024년 세계민주주의 지수에 따르면 브라질은 '결함 있는 민주주의'로 분류되어 167개국 중 57위에 올랐다. 이는 정치적 양극화, 사법부의 과도한 개입, 그리고 2022년 쿠데타 미수 사태의 영향으로 순위가 하락한 결과로 해석된다(Petrov, 2025). 사회적 갈등에 있어서도 설문 대상자의 80퍼센트가 서로 다른 정당 지지자들 사이에 강력한 갈등이 존재한다고 인식하며, 응답자의 81퍼센트는 대부분의 사람을 신뢰할 수 없다고 답했고, 74퍼센트의 응답자가 대개의 사람들은 자기 이익만을 추구한다고 생각한다고 답했다. 이러한 브라질 국민 정서의 이중성은 단순한 모순이 아니라, 이 장의 핵심 주제인 현대 브라질이란 국가의 공식적 열망과 분열된 사회 및 제도적 현실 사이의 깊은 단절을 보여주는 증상이다.

〈표 1〉 브라질 사람들이 자국을 보는 시각

지표(Indicator)	긍정/낙관 응답	갈등/불신 응답
국가 위상 (National Standing)	브라질은 이미(23%)/결국(38%) 강대국이 될 것이다	약화되고 있다(27%)
정부 신뢰도 (Government Trust)	현 정부를 신뢰한다(47%) 2017년 23%, 2024년 47% 상승	
민주주의 만족도 (Democracy Satisfaction)	민주주의 작동 방식에 만족한다 (44%)/대의 민주주의 지지(59%)	만족하지 않는다(54%) 군사 통치 지지(41%) 기술 관료제 지지(29%)
정치적 갈등 (Political Conflict)		정당 지지자 간 갈등이 강하다/ 매우 강하다(80%)
인종/민족 갈등 (Racial/Ethnic Conflict)		인종/민족 집단 간 갈등이 강하다/ 매우 강하다(61%) 종교 간 갈등(57%)
대인 신뢰 (Interpersonal Trust)		대부분의 사람을 신뢰할 수 없다(81%) 사람들이 대부분 자기 이익만 챙긴다(74%)

출처: 퓨 리서치 센터 보고서를 기반으로 저자 작성.

레이터는 민주주의의 결함은 정치 체계가 아닌 사회적 불평등에서 기인하며, 분석의 초점을 '배제'에서 '포함'으로 옮겨야 한다고 강조했다 (Reiter, 2008). 본 장은 브라질의 고질적인 불평등이 단지 교육이나 기술 격차 같은 '근인(causa próxima)'이 아니라, 더 깊숙한 곳에 자리한 '근본 요인(causa fundamental)'에서 비롯되었다고 주장한다. 그 핵심에는 학자들이 '착취적 제도(instituição extrativa)'라 부르는 시스템이 있다(아세모글루 & 로빈슨, 2012; 갤로어, 2023). 이는 정치·경제 권력을 소수에게 집중시켜 사회의 부를 수탈하고, 다수의 경제 활동을 저해해 불평등을 영속화하는 지배 구조를 의미한다. 브라질의 경우, 식민 시대부터 이어진 '가부장적 후견주의'가 바로 이 '착취적 제도'의 전형이며, 이것이 공식적인 민주 제도와 충돌하며 불평등을 끊임없이 재생산하고 있다. 앞서 본 퓨 리서치 보고서에서 그런 현상을 확인할 수 있었다. 따라서 이 장에서는 브라질의 고질적인 불평등이 식민 시대부터 이어져 온 가부장적 후견주의에 뿌리를 둔 강력한 비공식적 통치 시스템과 공식적인 민주 제도 사이의 역사적이고 지속적인 충돌의 직접적인 결과물이라고 주장한다. 이 비공식 시스템은 앞서 언급한 바처럼 '기만적인 사회계약'의 전형으로, 보편적 규칙을 체계적으로 잠식하며 소수 엘리트의 특권과 구조적 불평등을 영속시킨다. 지배 계급은 교육, 정치, 참여 경로를 독점해 특권을 세습한다. 공교육의 질적 취약성은 이를 공고히 만든다. 본 장은 비공식적 권력의 작동 메커니즘을 분석하고, 이에 대응하는 대표적 공식 제도인 '임금 평등법'의 효과성을 평가한다. 나아가 존 롤스(John Rawls)가 정의론에서 주장한 사회 제도 설계를 통한 분배 정의 실현 이론에 기반해, 재분배(redistribution) 중심 패러다임을 넘어선 '선분배(pre-distribution)'를 제시한다. 이 새로운 접근법이 인공지능(AI) 시대에 공정한 사회계약 구축을 위한 잠재적 대안으로 작용할 수 있는 잠재성을 탐구한다.

이를 위해 첫째, 브라질 불평등 구조의 '근본 요인'에서 작동하는 '제이칭뉴(jeitinho)'와 가부장적 후견주의라는 비공식 제도의 역사적 기원과 현대적 의미를 분석할 것이다. 둘째, 독자들의 이해를 돕기 위해 한국의 '빽' 문화와의 비교를 통해 브라질적 맥락의 특수성을 조명한다. 셋째, 브라질의 '임금 평등법' 사례 연구를 통해 공식 제도를 통한 불평등 극복의 가능성과 한계를 심층적으로 검토한다. 마지막으로, 전통적인 재분배 정책의 한계를 넘어 AI 시대의 새로운 불평등에 대응할 수 있는 선분배적 대안을 제시하며, 브라질이 더 정의로운 사회로 나아가기 위한 길을 전망해 볼 것이다.

2 비공식 제도의 그림자: 브라질 불평등의 구조적 기원

브라질의 불평등은 단순히 경제적 결과가 아니라, 공식적인 국가 제도의 이면에서 사회를 실질적으로 지배하는 비공식적 규범 체계에 의해 적극적으로 생산되고 유지된다. 이 보이지 않는 제도는 역사적으로 형성되고 문화적으로 내재화되어, 불평등을 자연스러운 질서처럼 보이게 만든다(임두빈, 2024).

1) 제이칭뉴: 생존 전략인가, 부패의 온상인가?

　브라질 사회의 작동 원리를 이해하는 핵심 열쇠 중 하나는 '제이칭뉴 브라질레이루(jeitinho brasileiro)'이다. 이는 "어렵거나 금지된 상황을 해결하는 특별한 방법" 또는 "비상 상황에 대한 창의적 해결책"으로 정의되며, 종종 규칙을 우회하거나 위반하는 행위를 수반한다(Barbosa, L., 1992). 제이칭뉴의 발생 배경에는 포르투갈로부터 물려받은 과도하고 경직된 관료주의, 극심한 소득 불평등, 그리고 법과 현실 사이의 깊은 괴리, 즉 '형식주의(formalism)'가 자리 잡고 있다(Pilati, R. e et al, 2011). "브라질에서 법은 백신과 같아, 맞은 사람도 있고 맞지 않은 사람도 있다"는 속담은 법의 보편적 적용에 대한 깊은 불신과 형식주의의 만연을 단적으로 보여준다(다마따, 2015). 제이칭뉴는 두 가지 상반된 얼굴을 지닌다. 하나는 '제이칭뉴 심빠치꾸(jeitinho simpático)'로 창의성, 친절함, 공감 능력과 같은 긍정적 가치와 연결된다(Akira Miura M. e et al, 2019).[3] 이는 브라질 문화에서 중요시되는 대인 관계에서의 조화와 친밀감, 즉 '심빠치아(simpatia)'라는 문화적 각본에 기반한다. 다른 하나는 '제이칭뉴 말란드루(jeitinho malandro)', 즉 '부정적 편법'으로, 교활함, 속임수, 그리고 타인에게 해를 끼치면서까지 사적 이익을 추구하는 부정적인 측면을 의미한다(같은 책, 2019).

　이 두 차원의 공존은 제이칭뉴의 본질을 이해하는 데 매우 중요하다. 특히 브라질 중산층의 복잡한 심리를 이해하는 데 핵심적인 단서를 제

---

3) 우리말로 '긍정적 편법' 정도로 해석된다.

공한다. 브라질의 중산층은 국가 경제가 호황을 누려도 자신들의 위로 덮인 유리천장은 뚫기 어렵다고 느끼는 동시에, 좌파 정부의 소득 주도 성장 정책이 빈곤층의 소득을 향상시켜 계층 상승이 일어나는 현상을 목격하게 됐다. 이 과정에서 중산층은 위로는 '따라잡기'의 좌절과 아래로는 '구별 짓기'의 실패라는 이중의 박탈감을 경험한다.

여기서 '구별 짓기'는 자신보다 낮은 계층과의 차이를 통해 자신의 사회적 지위를 확인하려는 심리적 기제인데, 빈곤층의 소득 향상은 이 구별 짓기의 기반을 흔들어 중산층의 불안감을 증폭시킨다(Reiter, 2008). 이러한 상황에서 제이칭뉴는 중산층에게 필수적인 생존 도구가 된다. 그들은 상층 엘리트들이 거대한 네트워크를 통해 시스템을 조종하는 것을 보고, 빈곤층이 국가의 지원을 받는 것을 보면서, 자신들만이 공식적인 규칙의 무게에 짓눌려 있다고 느낀다. 결국 제이칭뉴는 시민들이 불합리한 공식 제도에 순응하지 않고도 일상을 영위하게 해주는 일종의 사회적 윤활유이자, 역설적으로는 그 불합리한 제도의 근본적 개혁을 지연시키며 현상 유지를 가능하게 하는 강력한 기제인 것이다(임두빈, 2010).

2) 가부장적 후견주의: 국가를 사유화하는 기만적 계약

브라질 불평등 구조의 더 깊은 토대에는 '가부장적 후견주의'가 자리 잡고 있다. 이는 공적인 영역과 사적인 영역의 경계가 모호해져, 국가의 자원과 권력이 통치자나 지배 엘리트의 사적 이익을 위해 사용되는 시스템을 의미한다(올란다, 2017). 그 역사적 뿌리는 포르투갈 식민 통치 시대로 거슬러 올라간다. 당시 포르투갈 왕실의 재정과 국가의 재정은 분리되지 않았으며, 이러한 공사 불분의 통치 방식은 식민지 브라질에 그대로 이식되었다(올란다, 2017).

식민지 시대의 대토지 소유주와 노예제는 소수 엘리트에게 경제적, 정치적 권력을 집중시켰고, 이들은 공공 자원을 자신들의 부와 권력을 유지하고 확장하는 데 사용하는 것을 당연하게 여겼다. 이러한 전통은 브라질 독립 이후에도 공화국 시기 '꼬로넬리즈무(Coronelismo)'라는 지방 유지들의 정치적 지배 체제로 이어졌고, 현대에 이르러서도 부패와 정경유착, 비효율적인 관료주의의 형태로 지속되고 있다.

가부장적 후견주의는 단순히 과거의 유산이 아니다. 이는 현대 브라질 사회에서도 불평등을 고착화하는 핵심적인 비공식 제도로 작동한다. 권력을 지배층의 사적 이익을 위해 사용하는 이 시스템은 '착취적 제도'의 완벽한 사례. 착취적 제도는 기업가 정신과 혁신을 저해하고, 교육과 같은 인적 자본에 대한 투자를 가로막아 국가를 정체와 빈곤으로 내몬다(아세모글루 & 로빈슨, 2012; 아세모글루 & 존슨, 2023; 갤로어, 2023). 이 시스템하에서 공직은 공공 서비스의 장이 아니라 사적 이익을 취할 기회로 간주되며, 정치적 충성도에 따라 경제적 자원이 배분된다. 바로 이 지점에서 가부장적 후견주의는 루소의 '기만적인 사회계약'의 전형적인 모습, 즉 소수 엘리트가 국가를 사유화하는 불문 계약으로 기능한다. 피케티(Thomas Piketty)의 연구는 이러한 비공식 제도의 힘을 실증적으로 보여준다. 그의 분석에 따르면, 룰라(Luiz Inácio Lula da Silva)와 호세피(Dilma Vana Rousseff) 좌파 정권 시기(2001-2016)에 최하위 50퍼센트의 소득 점유율은 11.3퍼센트에서 12.3퍼센트로 소폭 증가했지만, 최상위 10퍼센트의 소득 점유율은 54.3퍼센트에서 55.3퍼센트로 오히려 증가했다(Alvaredo et al., 2018). 이는 공식적인 정부의 이념과 정책 방향에도 불구하고, 최상위 계층의 이익을 보장하는 강력한 비공식적 구조가 작동하고 있음을 시사한다.

3) 비교의 거울: 브라질의 '제이칭뉴'와 한국의 '빽' 문화

브라질의 '제이칭뉴'와 한국의 '빽' 문화는 공식적인 규칙보다 비공식적인 인적 네트워크가 사회적 성공과 자원 배분에 결정적인 영향을 미친다는 점에서 현상적으로 유사하다(다마따, 2015; You, 2014). 그러나 두 관행의 작동 방식과 사회적 수용성에는 결정적인 차이가 있으며, 이는 각 사회의 상이한 역사적 경로와 지배 이데올로기에서 비롯된다.

이러한 차이를 만드는 근본적인 원인은 각 사회의 지배적인 비공식 이데올로기에 있다. 브라질의 제이칭뉴는 앞서 분석했듯이 포르투갈 식민주의가 남긴 가부장적 후견주의, 즉 공사 구분의 모호함과 소수 엘리트의 권력 독점 구조에 그 기원을 두고 있다(올란다, 2017). 국가는 처음부터 특정 계층의 사적 이익을 위한 도구라는 인식이 강했고, 법은 보편적 정의의 실현이 아닌 지배를 위한 수단으로 여겨졌다. 따라서 제이칭뉴를 사용하는 것은 공정한 시스템을 '속이는' 행위가 아니라, 본래부터 불공정하고 비인격적인 시스템의 '실제 규칙'에 따라 게임을 하는 것으로 인식된다(Pilati, L. e et al., 2011). 이 때문에 제이칭뉴는 사회 전반에서 비교적 공개적으로 논의되고 용인되는 문화 코드로 자리 잡을 수 있었다.

반면, 한국의 '빽' 문화는 다른 역사적 토양에서 자라났다. 고려시대 과거 제도의 도입 이래, 한국 사회에는 능력과 시험을 통해 관직에 나아간다는 강력한 '능력주의(meritocracy)'의 이상이 존재했다(You, 2014). 물론 현실에서는 이 이상이 끊임없이 훼손되었지만, '공정한 절차를 통한 성공'이라는 규범적 가치 자체는 사회의 중요한 축으로 자리 잡았다. 해방 이후 압축적 산업화 과정에서 '재벌(chaebol)'이라는 새로운 경제 권력이 국가와 유착하며 비공식적 네트워크를 통해 특혜를 받는 관행이 고착화되었지만, 이는 어디까지나 공식적인 능력주의 이상에 대한 '위반'으로 간주된다(You, 2014). 따라서 한국의 '빽' 문화는 표면적으로는 강력하게 비난받으면서 암암리에 활용되는 이중적 성격을 띤다. '빽'을 사용하는 것은 공정한 경쟁의 규칙을 위반하는 '반칙'이자 '부정'으로 간주되어 강한 사회적 낙인을 동반하기 때문이다(강준만, 2011).

결론적으로, '빽'은 능력주의라는 '이상'에 대한 부패(corruption of an ideal)인 반면, '제이칭뉴'는 가부장적 후견주의라는 '현실'에 대처하기 위한 도구(tool to cope with a reality)이다. 이 근본적인 차이가 두 현상이 각각의 사회에서 차지하는 위상과 대중적 담론의 성격을 결정짓는다. 제도의 힘이 지리[4]나 문화[5]를 압도한다는 사실은, 2차 세계대전 이후 완전히 다른 길을 걷게 된 남북한의 사례에서 가장 극명하게 드러난다. 동일한 역사와 언어를 공유함에도, 서로 다른 제도의 선택이 어떻게 한쪽은 번영의 불빛을, 다른 쪽은 암흑의 정체를 낳았는지는 제도의 결

---

4) 재레드 다이아몬드가 『총, 균, 쇠』에서 논의한 내용을 참조.
5) 새뮤얼 P. 헌팅턴이 『문화가 중요하다(Culture matters)』에서 논의한 내용을 참조.

정적 중요성을 웅변한다(아세모글루 & 로빈슨, 2012). 브라질에서 불평등 개혁이 더 어려운 이유는, 단순히 비공식 관행을 없애는 것을 넘어, 사회 구성원들에게 한 번도 지배적 현실이었던 적 없는 '보편적이고 공정한 시스템'에 대한 믿음 자체를 구축해야 하는 과제를 안고 있기 때문이다.

〈표 2〉 브라질 '제이칭뉴'와 한국의 '빽'

구분	제이칭뉴	빽 문화
역사적 기반	식민지 시대의 가부장적 후견주의 (Clientelismo), 공사(公私) 불분	왕조 시대의 과거제 기반 능력주의 이상과 압축 성장기의 정경유착 현실
작동 방식	'심빠치아(simpatia)'를 활용한 관계 중심적, 창의적 문제 해결	학연, 지연, 혈연 등 연고주의 (cronyism)에 기반한 비공식적 영향력 행사
사회적 수용성	사회적으로 널리 용인되는 개방적인 문화 코드	표면적으로는 강력히 비난받지만, 사적으로는 널리 활용되는 이중적 구조
정당화 논리	비인격적이고 경직된 공식 제도를 '인간화'하는 생존 전략	능력주의 경쟁에서 뒤처진 것을 만회하거나 경쟁 우위를 확보하려는 수단
주요 효과	불평등의 자연화, 공식 제도에 대한 냉소주의 확산	기회의 불공정 배분, 능력주의 이상 훼손 및 사회적 박탈감 심화

출처: 저자 작성.

3 공식 제도를 통한 저항: 임금 평등법의 도전과 현실

깊게 뿌리내린 비공식적 관행과 구조적 불평등에 맞서, 브라질은 최근 공식 제도를 통한 정면 돌파를 시도하고 있다. 그 가장 상징적인 사례가 2023년 7월부터 시행된 '임금 평등 및 보상 기준에 관한 법률(법률 제 14,611/2023호)', 통칭 '임금 평등법'이다. 이 법은 성별, 인종, 연령 등에 따른 임금 차별을 해소하기 위해 '투명성'이라는 강력한 무기를 도입했다는 점에서 중요한 제도적 실험이다. 이 법의 시행 과정은 보편적 규칙을 앞세운 공식 제도가 기존의 불투명한 비공식 질서와 충돌할 때 어떤 저항과 논쟁이 발생하는지를 보여주는 생생한 사례다.

1) 임금 평등법의 목표와 메커니즘

임금 평등법의 핵심은 기업의 임금 구조를 사회적 감시 아래에 두는 것이다. 이 법은 직원 100명 이상을 고용한 민간 기업에 대해 반기별(3월과 9월)로 '임금 투명성 및 보상 기준 보고서'를 의무적으로 제출하고, 이를 자사의 웹사이트나 소셜 미디어 등 대중이 쉽게 접근할 수 있는 채널에 공개하도록 규정했다(Portal Gov.br, 2023). 이 법의 독특한 점은 보고서를 기업이 직접 작성하는 것이 아니라, 브라질 노동고용부(Ministério do Trabalho e Emprego, 이하 MTE)가 기업이 제출한 인사 데이터(eSocial)와 추가 정보를 바탕으로 직접 생성하여 배포한다는 것이다(PayAnalytics, 2024). 보고서에는 성별, 인종, 연령 등에 따른 임금 및 보상 통계, 관리직 및 리더십 직책의 성별 구성 비율 등 민감한 정보가 포함된다(L&E Global, 2023).

법의 목표는 단순히 정보를 공개하는 데 그치지 않는다. 만약 보고서를 통해 임금 격차가 확인될 경우, 해당 기업은 노동조합 및 직원 대표의 참여하에 90일 이내에 격차 해소를 위한 '실행 계획(Plano de Ação)'을 수립하고 이행해야 한다(Portal Gov.br, 2023). 또한, 법 위반 시에는 상당한 수준의 벌금이 부과된다. 보고서 미제출 시에는 기업 급여 총액의 최대 3퍼센트에 달하는 행정 벌금이, 임금 차별이 입증될 경우에는 차별받은 직원의 신규 급여 최대 10배에 달하는 벌금이 부과되며, 재발 시에는 벌금이 두 배로 가중된다(Portal Gov.br, 같은 책). 이처럼 임금 평등법은 '투명성 강화 → 사회적 압력 → 시정 조치 의무화 → 강력한 처벌'로 이어지는 제도적 장치를 통해 뿌리 깊은 임금 불평등 구조를 개선하려는 명확한 목표를 보여준다.

2) 통계로 본 현실: 시행 초기 성과와 구조적 한계

법 시행 이후 발표된 MTE의 보고서들은 브라질의 임금 불평등 실태를 적나라하게 드러내며 사회적 논의에 불을 지폈다. 2024년 3월에 발표된 첫 보고서(2022년 데이터 기반)에 따르면, 조사 대상 기업(49,587개)에서 여성은 남성보다 평균 19.4퍼센트 적은 임금을 받는 것으로 나타났다(BIP Brasil, 2024). 2025년 4월에 발표된 3차 보고서(2024년 데이터 기반) 역시 여성-남성 간 임금 격차가 20.9퍼센트로 소폭 악화되었으며, 특히 흑인 여성의 소득은 백인 남성의 47.5퍼센트 수준에 머물러 인종과 성별이 교차하며 차별이 심화되는 현실을 보여주었다(Agência Gov, 2025). 보고서는 또한 기업들의 양성평등 정책이 매우 미흡한 수준임을 보여주었다. 여성 채용을 장려하는 정책을 가진 기업은 32.6퍼센트에 불과했으며, 여성을 관리직으로 승진시키기 위한 구체적인 정책을 보유한 기업도 38.3퍼센트에 그쳤다(BIP Brasil, 2024).

이러한 통계는 법이 '투명성 확보'라는 1차 목표는 성공적으로 달성하고 있음을 보여준다. 이전에는 추상적인 논의에 머물렀던 임금 격차 문제가 이제는 모든 기업이 반기별로 마주해야 하는 구체적이고 데이터에 기반한 현실이 된 것이다. 그러나 격차가 좀처럼 줄어들지 않는 현실은 투명성만으로는 구조적 문제를 해결하기에 역부족이라는 한계를 명확히 보여준다. 이는 브라질의 불평등 감소가 주로 두 가지 요인에 의존해 왔다는 분석과 일치한다. 첫째, '아우실리우 브라질'과 같은 현금 지원 프로그램이고, 둘째는 팬데믹 이후의 일시적인 고용 회복이다. 즉, 임금 평등법은 사후적 결과(임금 격차)를 교정하려는 재분배적 성격의 조치이지만, 직업 선택, 승진 기회, 돌봄 노동 부담 등 불평등을 야기하는 근본적인 선분배적 요인들을 직접적으로 해결하지는 못하는 것이다.

3) 방법론 논란과 사회적 저항

임금 평등법의 시행은 브라질 사회에 큰 파장을 일으키며 격렬한 논쟁을 촉발했다. 논쟁의 핵심은 MTE가 보고서를 작성하는 '방법론'의 타당성 문제이다. 기업과 법률 전문가들은 MTE가 '브라질 직업 분류(CBO: Classificação Brasileira de Ocupações)'[6]라는 지나치게 광범위한 직업 코드를 사용해 보고서를 작성한다고 비판한다(Littler, 2024). 이 방식

---

6) 1977년 11월 30일 최초 공표되었고, 1982년 수정을 거쳐 2002년 10월 9일, 장관령 (Portaria Ministerial N º 397)을 통해 제정되었다.

은 실제로는 전혀 다른 직무, 경력, 성과, 근속 연수 등을 가진 직원들을 동일한 직업군으로 묶어버려 임금 격차를 왜곡하거나 과장할 수 있다는 것이다(BIP Brasil, 2024). 예를 들어, 20년차 수석 엔지니어와 2년차 신입 엔지니어가 동일한 CBO 코드에 속할 경우, 이들의 임금 차이는 성별에 따른 차별이 아님에도 불구하고 보고서상에서는 성별 격차로 나타날 수 있다.

이러한 방법론적 논란은 결국 사법적 도전으로 이어졌다. 미나스제라이스 주 산업연맹(FIEMG)과 전국산업연맹(CNI) 등 주요 경제 단체들은 MTE의 보고서 공개 의무를 중단시키거나 관련 규정이 위헌임을 주장하는 소송을 연방대법원 등에 제기했다(BIP Brasil, 2024). 이러한 저항은 단순히 기술적인 문제를 넘어, '평등'의 개념에 대한 근본적인 시각 차이를 드러낸다. 정부는 여성이라는 '집단'이 남성이라는 '집단'에 비해 전반적으로 낮은 임금을 받는 '결과의 불평등'에 초점을 맞추고 있다. 반면, 기업들은 특정 '개인'이 동일한 가치의 노동을 하는 다른 성별의 '개인'에 비해 부당하게 낮은 임금을 받는 '차별 행위'가 있었는지 여부에 초점을 맞춘다.

이처럼 임금 평등법의 가장 즉각적인 효과는 임금 격차 해소 그 자체가 아니라, '차별의 의미'를 둘러싼 사회적, 법적, 통계적 논쟁을 제도화하고 강제했다는 점에 있다. 과거에는 학계나 시민 단체의 담론에 머물렀던 이슈가, 이제는 국가와 민간 부문이 반기별로 데이터를 통해 충돌하고 각자의 서사를 구축하며 싸워야 하는 공식적인 전쟁터가 된 것이다. 기업들이 방어적으로나마 자신들의 임금 구조를 돌아보고 '설명 노트(nota explicativa)'를 통해 해명해야 하는 상황(Rumo, 2024) 자체가, 불투명한 관계 중심의 비공식적 질서에 균열을 내고 공적 책임성을 요구하는 전례 없는 압력으로 작용하고 있다.

4 미래를 위한 대안: 재분배를 넘어 선분배로

브라질의 임금 평등법과 같은 공식 제도의 도입은 불평등 해소를 위한 중요한 진전이지만, 역사적으로 누적된 구조적 격차와 비공식 제도의 완강한 저항 앞에서 그 한계 또한 명확하다. 더욱이 AI 기술의 급격한 발전은 부와 권력의 집중을 가속화해 기존의 불평등을 더욱 심화시킬 위험을 내포하고 있다(CGDEV, 2023). 이러한 상황에서 전통적인 사후적 '재분배(redistribution)' 정책만으로는 역부족이라는 인식이 확산되면서, 불평등의 근본 원인을 사전에 교정하는 '선분배(pre-distribution)' 패러다임이 새로운 대안으로 주목받고 있다.

1) 존 롤스의 '자산 소유 민주주의' 재조명

전통적인 복지국가 모델의 핵심인 재분배 정책은 주로 조세와 사회보장제도를 통해 소득과 부의 격차를 사후적으로 완화하는 데 초점을 맞춘다(World Economic Forum, 2015). 이는 불평등의 '결과'를 다루는 방식이지만, 애초에 왜곡된 시장 소득 분배 구조 자체를 교정하지는 못한다는 근본적인 한계를 지닌다. 브라질의 '보우사파밀리아(Bolsa Família)'나 '아우실리우브라질(Auxílio Brasil)'과 같은 조건부 현금 지원

프로그램은 빈곤 완화에 큰 성과를 거두었지만, 교육의 질이나 생산성 향상과 같은 근본적인 기회의 불평등 문제를 해결하지는 못했다는 비판에 직면한다.

이에 대한 대안으로 제시된 '선분배'는 불평등이 발생하는 시장의 '사전' 단계에 개입해, 생산에 기여하는 자본과 자산 자체의 소유를 광범위하게 분산시키는 것을 목표로 한다(Wesche, 2013). 이러한 선분배적 접근의 철학적 토대를 제공하는 가장 중요한 이론이 바로 존 롤스의 '자산 소유 민주주의(Property-Owning Democracy, POD)'이다. 롤스는 그의 저서 『정의론』에서, 정의로운 사회는 모든 시민에게 동등한 기본적 자유를 보장해야 하며, 특히 정치적 자유의 '공정한 가치(fair value)'가 실현되어야 한다고 주장했다. 그는 복지국가 자본주의(welfare-state capitalism)가 막대한 부의 불평등을 허용함으로써 소수의 경제 권력이 정치 과정 전체를 지배하게 만들어 정치적 자유의 공정한 가치를 훼손한다고 비판했다(Big Think, 2022).

롤스가 대안으로 제시한 '자산 소유 민주주의'는 단순히 최저 생활을 보장하는 것을 넘어, 모든 시민이 사회의 생산적 자산(토지, 자본, 기술 등)과 인적 자본(교육, 기술)을 폭넓게 소유하도록 보장하는 사회 체제이다(Wesche, 2013). 이는 부의 집중을 원천적으로 막고 모든 시민이 경제적으로 독립적인 주체로서 동등한 입장에서 사회적, 정치적 삶에 참여할 수 있는 실질적인 토대를 마련하는 것을 목표로 한다(리브스, 2019). 브라질처럼 불평등이 뿌리 깊은 사회에서 롤스의 이념은, 단순히 결과의 격차를 줄이는 것을 넘어 사회의 '기본 구조(basic structure)' 자체를 공정하게 재편해야 한다는 근본적인 문제의식을 던져준다.

2) AI 시대의 새로운 불평등과 선분배적 해법

AI 시대는 롤스의 '자산 소유 민주주의'와 선분배 패러다임을 현실에 적용해야 할 시급성을 더욱 높이고 있다. AI 기술은 과거의 자동화 기술과 달리 고소득 전문직의 업무까지 대체할 잠재력을 갖고 있다. 그 결과 노동소득 분배는 악화되고, 자본소득의 비중은 더욱 높아질 것으로 예상된다. 이는 AI 기술과 인프라를 소유한 소수에게 부가 집중되는 결과를 낳을 수 있다.

이러한 'AI발(發) 불평등'에 대응하기 위한 구체적인 선분배 정책은 아래와 같이 구상될 수 있다(IMF, 같은 책).

인적 자본에 대한 선분배: 모든 시민이 AI 기술을 이해하고 활용할 수 있도록 공교육 및 평생교육 시스템을 통해 AI 리터러시 교육을 제공하고, 교육, 의료, 공공 서비스 접근성 향상 등 공익적 목적의 AI 도구를 개발해 보급한다.

생산 자본에 대한 선분배: AI 모델 훈련에 필수적인 컴퓨팅 자원('컴퓨트')을 공공재로 간주하고, 모든 시민이나 스타트업, 연구기관에 기본적인 할당량을 제공하는 '컴퓨트 바우처' 제도를 도입한다. 또한 정부가 데이터센터, 초고속 인터넷망 등 AI 시대의 핵심 인프라에 투자하고, 노동자들이 기업의 지분을 소유하고 경영에 참여하는 노동자 소유 기업 모델을 장려해 AI 도입으로 발생하는 이윤이 노동자에게 공유되도록 한다.

금융 자본에 대한 선분배: 노르웨이의 석유기금처럼, AI 기술을 통해 창출되는 부의 일부(예: AI 기업에 대한 과세, 공공 투자 수익)를 국부펀드로 조성해 그 수익을 모든 시민에게 'AI 배당' 또는 '시민 배당' 형태로 분배한다. 또한 정부가 국가 AI 생태계 구축을 위한 '시민 AI 채권'을 발행하여 시민들이 투자 수익을 공유하게 하거나, 공공 데이터나 정부 R&D 지원을 받은 기업에 대해 그 혜택에 상응하는 수준의 기업 지분을 공공기금에 의무적으로 기여하도록 하는 제도를 도입할 수 있다.

3) 브라질의 응답: '모두를 위한 AI 계획'의 가능성과 함정

이러한 선분배적 논의의 맥락에서, 브라질 정부가 2024년 발표한 '모두를 위한 AI 계획(Plano IA para o Bem de Todos, 이하 PBIA)'은 주목할 만한 시도이다. 총 230억 헤알(약 6조 원) 이상의 예산이 투입될 이 야심 찬 계획은 기술 주권 확보, 포용적 성장, 불평등 해소를 목표로 내세우고 있다(Portal Gov.br, 2025). 구체적으로는 세계 5위권 수준의 국립 슈퍼컴퓨터 구축, 포르투갈어 기반의 대규모 언어 모델(LLM) 개발, 공공 서비스 개선을 위한 AI 활용 등을 주요 과제로 제시한다(Portal. Gov.br, 2025).[7]

PBIA가 '인간 중심', '모두를 위한 접근성' 등 선분배의 가치를 표방하고 있다는 점은 긍정적으로 평가할 수 있다. 그러나 그 구조를 면밀히

---

7) 2025년 6월 30일 기준, 한국의 이재명 정부는 대통령실에 AI 최고책임자를 신설하고 국무총리 산하 AI 국가전략위원회를 강화하고 AI 기본법 제정을 통해 인공지능 개발, 안전성 평가, 공공 분야 활용 기준을 마련하고, 정부 예산 30조 원과 민간 투자 70조 원을 합쳐 총 100조 원 규모의 AI 펀드를 조성한다. 이를 바탕으로 국가 AI 데이터센터 클러스터 구축, GPU 5만 개 이상 확보, 국산 대규모 언어모델(LLM) 개발, AI 리터러시 교육 강화 등 데이터 주권 확보 정책을 추진한다.

들여다보면, 롤스적 '자산 소유 민주주의'보다는 전통적인 국가 주도 발전 모델에 가깝다는 비판적 검토가 가능하다. PBIA의 핵심 사업들은 국립 슈퍼컴퓨터, 국책 연구소, 정부 주도 프로젝트 등 거대하고 중앙집권적인 방식으로 추진된다(Portal Gov.br, 2025). 이는 과거 브라질의 발전 모델이 그래왔듯, 막대한 공적 투자의 과실이 소수의 기득권층이나 대기업에 집중될 수 있는 위험을 내포한다. 즉, '자산의 광범위한 분산'이라는 선분배의 핵심 원칙보다는, 국가가 통제하는 '자산의 집중'에 가까운 형태를 띠고 있다.

이러한 구조적 긴장은 '데이터 주권'을 둘러싼 논의에서 더욱 첨예하게 드러난다. 데이터 주권은 AI 시대의 핵심 자산인 데이터에 대한 통제 권한이 누구에게 있는가의 문제이다(이재영, 2021). 만약 이를 '국가 주권(state sovereignty)'으로 해석한다면, 정부가 시민의 데이터를 통제하고 활용하는 권한을 독점하게 되어 중앙집권적 경향을 강화할 수 있다(Governo Digital, 2023). 반면, 데이터 주권을 '시민 주권(citizen sovereignty)'으로 해석한다면, 이는 선분배 패러다임과 맞닿아 있다. 개인이 자신의 데이터에 대한 소유권을 갖고, 이를 제공하는 대가로 경제적 보상을 받거나, 데이터 신탁(data trust) 등을 통해 데이터 활용에서 발생하는 이익을 공유받는 모델이 가능해진다(황 사프론, 매닝 샘, 2025). 이는 시민에게 AI 경제의 핵심 자산에 대한 실질적인 소유권을 부여하는 롤스적 접근 방식이다.

결론적으로 브라질의 AI 전략은 중대한 기로에 서 있다. PBIA가 시민 배당, 디지털 바우처, 데이터 소유권 보장과 같은 구체적인 '자산 분산' 메커니즘을 도입하지 않는 한, '모두를 위한 AI'라는 수사(rhetoric)

에도 불구하고 실제로는 기존의 가부장적 후견주의를 디지털 시대에 맞게 재편해 불평등을 심화시키는 결과를 낳을 수 있다. 브라질이 진정한 디지털 시대의 '자산 소유 민주주의'로 나아갈 수 있을지는, 향후 구체적인 제도 설계 과정에서 '누가 AI 자산의 과실을 소유하고 통제할 것인가'라는 질문에 어떻게 답하는지에 달려 있을 것이다.

이러한 도전은 비단 브라질에만 국한된 과제가 아니며, 대한민국을 포함한 전 세계 모든 국가에 던져진 공통의 질문이다. 소수의 기술 선도 국가나 거대 테크 기업이 데이터와 AI 인프라를 독점하고 나머지 국가들은 기술과 데이터의 식민지로 전락하는 '신(新)제국주의'가 부상할 수도 있기 때문이다. 반면, 데이터 주권을 시민에게 돌려주고 AI의 혜택을 사회 전체가 공유하는 '자산 소유 민주주의'의 원칙을 국제적으로 확산시킨다면, 인류는 과거 그 어느 때보다 민주적이고 평등한 세계로 나아갈 수 있다. 결국 AI라는 새로운 패러다임에 어떻게 대응하느냐에 따라, 세계가 심화된 종속과 불평등의 길을 걸을 것인지, 아니면 전례 없는 번영과 평등의 기회를 잡을 것인지가 결정될 중대한 갈림길에 서 있는 것이다.

5 맺음말: 새로운 사회계약을 향하여

본 장은 브라질의 사례를 중심으로 제도와 불평등의 복잡한 상호작용을 다각적으로 살펴보았다. 식민지 시대부터 이어진 가부장적 후견주의의 깊은 뿌리 위에서 자란 '제이칭뉴'라는 비공식적 규범은, 경직되고 불공정한 공식 제도에 대한 시민들의 적응 전략이자 동시에 불평등을 지속시키는 기제로서 기능하는 이중적 현실을 보여주었다. 이는 공식적 규칙을 위반하면서도 '심빠치아'라는 문화적 가치를 통해 사회적 조화를 유지하려는, 루소가 말한 '기만적인 사회계약' 하에서의 생존 방식이라 할 수 있다. 본고에서 분석한 브라질의 가부장적 후견주의와 같은 비공식 제도야말로 바로 공식적으로 '보이지 않는 힘'이 어떻게 불평등을 영속시키는지를 명확히 보여주는 사례이다.

이러한 구조적 문제에 맞서 브라질이 야심 차게 도입한 '임금 평등법'은 공식 제도를 통한 저항의 가능성과 한계를 동시에 드러냈다. 이 법은 '투명성'을 무기로 기업의 임금 구조를 공론의 장으로 끌어내는 데는 성공했지만, 방법론적 논란과 기업의 저항 속에서 실질적인 격차 해소까지는 아직 갈 길이 멀다는 점을 보여주었다. 이는 피케티와 같은 학자들이 지적했듯이, 더 큰 평등을 향한 진보는 깊은 사회적 갈등과 정치적 투쟁 없이는 오지 않는다는 명제를 다시금 확인시켜 준다. 이러한 피케티의 통찰은 불평등 논의의 패러다임 전환을 잘 보여준다. 크루그먼(Krugman, 2015)의 지적처럼, 1990년대의 불평등 논의는 주로 기술 발전이 고숙련 노동자의 임금을 상승시켰다는 설명에 머물렀다. 그러나 피케티와 동료 연구자들은 세금 데이터를 활용해 불평등의 진짜 동력이 상위 1퍼센트 소수의 소득 급증에 있음을 실증적으로 증명했다. 이로써 학계의 관심은 시장의 '보이지 않는 손'에서, 최상위 계층의 부를 뒷받침하는 법과 제도라는 '보이는 힘'으로 옮겨 왔다.

나아가 AI 기술의 등장은 불평등의 지형을 근본적으로 바꾸고 있다. AI가 창출할 막대한 부가 소수에게 집중될 것이라는 우려 속에서, 전통적인 사후적 재분배만으로는 한계가 명확하다. 존 롤스가 제시한 '자산 소유 민주주의'에 기반한 선분배적 접근, 즉 교육과 기술 같은 인적 자본, 컴퓨팅 파워와 데이터 같은 생산 자본의 소유권을 시민들에게 광범위하게 분산시키려는 새로운 패러다임의 모색이 절실하다(IMF, 2024). 브라질의 '모두를 위한 AI 계획'은 이러한 시대적 과제에 대한 응답이지만, 그 구체적인 설계가 시민의 자산 소유권을 보장하는 방향으로 나아가지 않는 한, 또 다른 형태의 중앙집권적 자원 독점을 낳을 위험을 안고 있다.

결론적으로 브라질의 사례는 제도가 불평등을 생성하고 유지하는 강력한 힘을 지니는 동시에, 이를 해소할 수 있는 잠재력 또한 품고 있음을 웅변한다. 루소의 통찰처럼, 사회적 불평등이 자연적인 것이 아니라 인위적으로 만들어진 병리적 현상이라면, 그것은 인간의 의지와 실천을 통해, 즉 제도의 개혁과 사회계약의 재정립을 통해 치유될 수 있다(롤스, 2002). 이를 위해서는 공식적·비공식적 제도의 투명성을 강화하고, 데이터에 기반한 정책을 수립하며, 사회적 합의를 이끌어 낼 수 있는 정치적 리더십이 필수적이다. 그러나 무엇보다 중요한 것은 루소의 사회계약론이 궁극적으로 강조했듯, 깨어 있는 시민들의 적극적인 감시와 참여이다. 브라질의 2013년 대규모 시위나 한국의 2016-2017년 촛불혁명에서 볼 수 있듯이, 제도의 개혁을 추동하고 그 성과를 지켜내는 최종적인 힘은 언제나 시민사회로부터 나온다(Reiter, 2008; You, 2014). 불평등이라는 오래된 질병을 극복하고 AI 시대의 새로운 도전에 맞서 더 정의로운 사회를 건설하기 위한 여정은, 결국 낡고 기만적인 계약을 파기하고 모두가 동등한 주체로 참여하는 '새로운 사회계약'을 끊임없이 다시 써 내려가는 과정 그 자체일 것이다.

제7장

라틴아메리카 중소득 국가들의 공여국 전환: 남남 협력과 삼각 협력을 중심으로*

/ 김영철 /

* 이 글은 2025년 『이베로아메리카』 제27권 1호에 게재된 논문을 책의 내용에 맞게 첨삭한 것이다.

1 들어가며

최근 국제 개발 협력의 환경은 급속한 변화를 겪고 있다. 이스라엘-하마스 전쟁과 러시아의 우크라이나 침공, 아프리카 국가들의 내전 등 지정학적 갈등이 지속되면서 주요 공여국들의 재정적 지원 역량이 축소되고 있다. 특히 미국의 트럼프 대통령이 미국 국제 개발 협력청(U.S. Agency for International Development, 이하 USAID)이 담당하던 프로그램의 83퍼센트를 폐지하고, 나머지 프로그램은 국무부(State Department) 산하로 이관하면서 국제 사회는 혼란에 빠졌다(Emanuele Bompan, 2025). 이와 함께 관세 전쟁을 촉발해 기존의 무역 기반 협력 전략이 심각한 위협에 직면해 있다. 이로 인해 국제 개발 협력에서 새로운 거버넌스가 필요한 것이 아닌가라는 의구심이 증폭하고 있다.

이런 가운데 중소득 국가들(Upper Middle-Income Countries, 이하 MICs)[1]이 기존 수원국이라는 수동적인 위치에서 벗어나 적극적으로 공

---

1) 2025년 세계은행은 상위 중소득 국가(upper middle-income)는 1인당 GNI가 4,516달

여국으로 부상하며 국제 사회에서 새로운 역할을 모색하고 있다. MICs는 결코 동질적인 집단이 아니며, 국제 개발 협력에 참여하는 방식과 경험에서 상당한 차이를 보인다. 일부 MICs는 오랜 기간 원조 공여국으로서의 경험을 축적한 반면, 다른 국가들은 최근에야 새롭게 공여국으로 등장하거나 재참여하기 시작했다. 또한 일부 국가는 여전히 '공여국'과 '수원국'의 이중적 역할을 동시에 수행하고 있다. 더불어 2015년 9월, 유엔(UN) 회원국 193개국은 2030 지속가능 발전 의제(Agenda, 2030)를 통해 보편적 개발 의제를 추진하면서 중소득 국가의 역할이 어느 때보다 더 중요해졌다. 중소득 국가의 규모가 확대되었고, BRICS 국가들은 세계 성장의 핵심 엔진 역할을 하고 있기 때문이다.

그러나 MICs에는 전 세계 빈곤 인구의 3분의 2가 거주하고 있으며, 라틴아메리카와 아시아 태평양 지역은 대부분 중상위 소득 국가로 전환되었지만, 기아와 빈곤 문제가 심각한 실정이다. 따라서 MICs는 세계 빈곤 문제 해결의 주요 대상이자 구조적 격차와 취약성 극복을 위한 주체로서 잠재력을 가지고 있기 때문이다. 또한 글로벌 공공재 제공자로서 중요한 역할을 담당할 뿐 아니라 남남 협력의 핵심 행위자로서 국제적 위기와 경제적 충격에 효과적으로 대응할 수 있다. 나아가 중소득 국가들은 빈곤 인구가 집중된 지역에 속해 있어 글로벌 빈곤 문제의 해결에 있어 전략적으로 중요한 의미를 지닌다. 이처럼 MICs는 글로벌 문제

러에서 14,005달러에 속하는 국가들로 구분하고 있다. 중소득 국가들은 일반적으로 경제 발전 과정에서 농업 중심의 저소득 국가에서 제조업과 서비스업 중심의 고소득 국가로 전환되는 과정에 위치한다. 따라서 이 국가들은 지속 가능한 경제 성장과 함께 빈곤 퇴치, 불평등 감소, 사회적 포용성 증진 등의 문제에 직면해 있으며, 국제 사회에서 전략적으로 중요한 위치를 차지하고 있다(Kharas & Kohli, 2011).

해결뿐 아니라 자신들이 속한 지역 내에서도 협력과 발전을 촉진하는 선도적 역할을 수행할 수 있다는 점에서 국제 개발 협력에서의 중요성이 더욱 부각되고 있다.

그러나 이들의 적극적인 공여국 전환 노력은 다양한 구조적이고 역사적인 도전 과제를 안고 있다. 기존의 국제 개발 협력이 북반구 중심의 조건부 원조를 통해 이루어졌고, 이는 남북 간의 불균형적 관계와 경제적 종속성을 심화시켜 왔기 때문이다. 더욱이 라틴아메리카 국가들은 높은 경제적 불평등, 정치적 불안정성, 사회적 배제, 환경 악화와 같은 근본적 문제로 인해 여전히 글로벌 경제 체제의 주변부 위치에서 벗어나기 어려운 상황이다.

그럼에도 브라질, 멕시코, 콜롬비아는 자신들이 보유한 개발 경험과 전문성을 활용해 남남 협력과 삼각 협력을 중심으로 국제 개발 협력에 기여하고 있다. 구체적으로 브라질은 농업 및 보건 분야에서 아프리카 국가들과의 기술 및 지식 이전을 활발히 진행하고 있으며, 멕시코는 중앙아메리카를 대상으로 재난 대응 및 인도주의 지원을 삼각 협력 형태로 수행하고 있다. 콜롬비아는 자국의 분쟁 극복 및 평화 구축 경험을 바탕으로 분쟁 후 국가 재건 및 평화 유지 활동에 적극 참여하고 있다.

라틴아메리카 중소득 국가들이 효과적인 공여국으로서의 역할을 수행하기 위해서는 단순 재정 지원을 넘어 정치적, 사회적 변화를 촉진하는 방식의 접근이 필요하다. 단순히 공여국이 수원국의 역할을 대체하는 방식이 아니라, 현지의 역량과 제도를 존중하고 이를 강화하는 방식으로 추진해야 한다. 예를 들어, 기술 협력과 역량 강화를 통한 지속 가능한 발전 촉진, 다자주의적 접근의 강화, 자원의 효율적 활용 등이다.

이 글은 이러한 맥락에서 라틴아메리카 중소득 국가들의 국제 개발 협력의 역할과 한계를 다각도로 살펴볼 것이다. 구체적으로는 남남 협력과 삼각 협력의 실천적 사례, 지역 및 국제적 공공재 제공 역할, 지역 통합 기구 참여, 브라질 방식 같은 혁신적 협력 모델, 글로벌 거버넌스에서의 역할 등이다.

2 라틴아메리카의 국제 개발 협력 약사: 1945-2020년

1948년에 유엔 라틴아메리카 경제위원회(Comisión Económica para América Latina, CEPAL)가 창설되어 국제 체제에 불평등하게 편입되어 있는 지역 상황에 대한 의문들을 제기했다. 대표적으로 라울 프레비쉬(Raúl Prebisch, 1949)는 주변부와 중심부 간의 불평등한 무역 조건을 비판했다. 이에 따라 주변부 저개발국들은 지역에서나 국제적으로 대외 원조 프로그램의 수정이 필요하다는 인식이 확대되었다. 1955년에 인도네시아 반둥에서 열린 아프로아시아 회의에서 탈식민화 과정에 있는 아프리카와 아시아 국가들의 독립을 지지하고, 서구의 식민주의를 비판하면서 서구 중심의 발전 정책을 재검토할 것을 촉구했다. 회의에서 발전이 경제 용어로서 인식되면서 유엔 헌장 55조 개정으로 이어졌다. 발전을 위한 기제로서 협력은 시민들이 생활 수준을 개선하고 자유롭게 결정할 수 있는 평등권을 존중하는 것이다. 또한 경제적, 사회적, 위생적인 국제 문제 해결 외에 저개발 국가가 국제 사회의 의사결정 및 실행에 적극적으로 참여할 수 있도록 요구했다.

반둥 회의에 참여한 라틴아메리카 국가들도 국제 사회의 개발 원조 활동에 적극적으로 참여하고자 했다. 해외 원조를 주도했던 미국은 아메리카 대륙의 경제 발전을 위해 제도를 정비했다. 미국은 1961년에 존 F. 케네디 대통령이 미국 의회에 제출한 국제 개발법(Rist, 2002: 8)에 기초해 최초로 개발 전문 기관인 USAID를 만들었다.

아래 〈그림 1〉 국제 개발 협력과 남남 협력의 발전 과정(1945-2020)에 따르면, 미국의 USAID와 경제개발협력기구(이하 OECD)는 1961년에 설립되었다. 같은 해 OECD 내에 경제 성장, 무역 확대와 개발 협력 중 공적 개발 원조를 담당하는 개발원조위원회(DAC)가 설치되었다. 당시까지 개발 원조는 미국의 USAID와 DAC가 전체의 90퍼센트를 차지했다. 1960년대 '진보를 위한 동맹' 기간을 지난 이후 1974년에 새로운 국제 경제 질서 확립에 관한 선언문이 제안되었는데, 저발전의 원인은 주변부와 중심부 간의 경제 관계와 불균형한 무역 때문이고, 산업화된 국가들이 발전 문제를 해결하기 위해 유엔의 활동 시스템을 개혁할 것을 제안했다. 라틴아메리카에서는 진보를 위한 동맹이 마치 유럽의 마셜 플랜과 같이 추진되었다. 원칙적으로 진보를 위한 동맹은 지원과 투자(80퍼센트 직접 협력)를 통해 10년 내에 200억 달러를 투자하고, 지역이 사회 및 경제 개발 프로그램에 1,000억 달러를 지원하는 것이었다(Adriana Paniagua Sánchez, 2024: 63).

1970년대 말, 개발도상국의 역할은 더욱 강화되었다. 1978년 아르헨티나에서 열린 유엔 회의에는 138개국이 참여해, 남남 협력을 위한 개발도상국 간 기술 협력의 촉진 및 이행을 목표로 '부에노스아이레스 행동 계획(Buenos Aires Plan of Action, PABA)'에 서명했다. 이 계획은 개

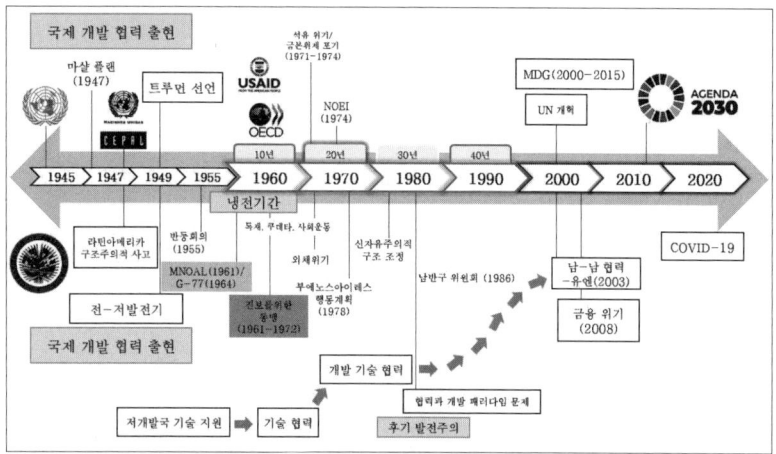

〈그림 1〉• 국제 개발 협력과 남남 협력의 발전 과정(1945-2020)
출처: Adriana Paniagua Sánchez, 2024: 62.

발도상국 간의 기술 협력을 양자 및 다자 차원뿐 아니라, 하위 지역, 역내 및 지역 간 협력을 포함하는 다차원적 프로세스로 설계했다. 또한, 공공 기관뿐 아니라 민간 기관과 개인의 참여를 확대할 수 있도록 정부가 정책적 틀을 마련해 추진하도록 했다. 아울러, 적절한 기술 이전과 함께 선진국이 보유한 첨단 기술과 전문 지식의 이전을 강조하며, 개발도상국의 기술 역량 강화를 위해 선진국이 지원을 확대할 필요성에 대해 합의했다.[2]

1980년대에는 공적개발원조(ODA)의 양자 간 자금 흐름이 감소했으며, 국제수지 적자 해소를 위한 재정 지원 프로그램으로 조정되었다. 또한, 워싱턴 컨센서스는 구조적 시장 개혁을 조건으로 제시하기도 했

---

2) UNDP(1994), *The Buenos Aires Plan For Action, Special Unit ofr TCDC*, New York.

다(Juan Carlos palacios-Cívico & Irene Maestro-Yarza, 2023: 708). 1986년에는 유엔 결의안(41/128)을 통해 협력이 양도할 수 없는 인권인 '개발권'으로 공식 인정되었다. 이어 1987년, 지속 가능한 개발 의제를 제안한 브룬트란트 보고서 「우리 공동의 미래(Our Common Future)」를 통해 유엔무역개발회의(UNCTAD)와 세계환경개발위원회(WCED)가 협력했다.

개발권에 대한 논의는 북반구가 주도한 다자간 회의에 대한 균형을 맞추기 위해 개발도상국 포럼에서도 재조명되었다. 특히, 1987년 비동맹국가 회의를 중심으로 구성된 '남반구위원회(Comisión del Sur)'는 1986년 말레이시아 쿠알라룸푸르에서 열린 제3세계 재단과 말레이시아전략연구소 주최 회의에서, 마하티르 모하맛 말레이시아 총리의 제안으로 출범했다(Fondo De Cultura Económica, 1991). 남반구위원회는 국제 금융 기구에 대한 새로운 대안 기구 창설을 제안하며, 구조적 위기를 보다 안정적으로 해결하기 위한 제1차 개발 전략에 동의하는 주변부 국가들의 전문가, 지식인, 정치인 들을 조직했다. 당시 남반구 국가들은 공통된 문제를 안고 있음에도, 자국의 아이디어와 잠재력, 한계를 제대로 인식하지 못해 공동 발전을 위한 협력에 대한 이해가 부족했다. 이러한 문제의식에서 출발한 남반구의 논의는 이후 '글로벌 사우스(Global South)' 개념의 모태가 되었다.

그러나 남반구의 이러한 제안은 소련 붕괴와 냉전 종식에 따른 지정학적 재편의 영향으로 협력 패러다임에 변화를 맞게 되었다. 동서 진영의 지원과 봉쇄에 기반을 두었던 국제 개발 협력은 점차 협력의 주체로서 개인을 포함하는 새로운 접근 방식으로 전환되었다.

1990년, 개발 협력 40주년을 맞아 유엔개발계획(UNDP)은 사회 지표, 삶의 질, 그리고 빈곤과 관련된 새로운 지표들을 발표하며, 국제 개발 협력의 방향성과 조정에 참고할 수 있는 다양한 사례를 제시했다. UNDP의 인간 개발 접근법은 경제 성장에 국한되지 않고, 사람들의 역량 강화, 교육, 건강, 자유 등 다양한 요소를 포함하는 보다 포괄적인 목표로 확대되었다.

이 시기, 환경 오염 문제의 심각성이 대두되며 새로운 글로벌 의제가 등장하기도 했다. 대표적으로, 1992년 리우 환경회의(유엔환경개발회의, UNCED)에서는 환경 문제 해결을 위한 새로운 의제와 실천 방안들이 논의되었다. 이 회의에서는 27개 원칙이 채택되었으며, 그중 '원칙 1'은 다음과 같이 명시했다.

> 인간을 중심으로 지속 가능한 개발이 논의되어야 하며, 인간은 자연과 조화를 이루며 건강하고 생산적인 삶을 영위할 권리가 있다.

이는 개발이 단순한 경제적 성장에 그쳐서는 안 되며, 미래 세대를 위한 지속 가능한 개발이어야 함을 공식적으로 천명한 중요한 이정표가 되었다.

1990년대에는 탈냉전, 환경 이슈의 부각, 권위주의 국가들의 재민주화, 신자유주의 경제 정책과 무역 자유화 등으로 국제 사회가 빠르게 변화했다. 이러한 변화 속에서, 그동안 추진해 온 국제 개발 협력의 성과에 대한 다양한 시각이 나타났다. 특히, 각국과 국제기구가 개별적으로 추진한 개발 지원이 파편화, 중복, 그리고 지속성 부족 등의 문제를 초래하면서, 기대했던 원조 효과가 충분히 발휘되지 않았다는 데 국제 사회가 공감대를 형성했다. 이러한 문제의식은 다가올 2000년대를 대비할 새로운 개발 아젠다의 필요성을 부각시켰다. 이에 따라 2000년 9월 유엔은 2015년까지 국제 사회가 공동으로 달성해야 할 8개 목표와 18개 세부 목표를 담은 새천년 개발 목표(Millennium Development Goals, 이하 MDGs)를 발표했다.

MDGs는 무엇보다도 빈곤 문제를 최우선 과제로 삼았다. 그러나, MDGs는 저발전의 구조적 문제를 충분히 고려하지 않은 채, 원조 중심의 개발에 중점을 두었다. 동시에, 원조 효과성을 높이기 위한 메커니즘 구축의 필요성을 제안했다. 그러나 이러한 접근은 남-북 간 수직적 개발 논리를 재생산하는 결과를 낳기도 했다. MDGs는 일부 분야에서 성과를 거두었지만, 대부분의 목표는 달성에 실패했다. 그럼에도 불구하고 MDGs는 다음과 같은 중요한 역사적 의의를 남겼다. 첫째, 전 세계가 공동의 목표 아래 국제 개발 협력을 추진했다는 점, 둘째, 모든 활동을 객관적인 지표로 측정할 수 있는 기반을 마련한 점 등이다. 이러한 경험은 이후 2015년, 지속가능발전목표(Sustainable Development Goals, SDGs) 수립에 중요한 교훈이 되었다.

MDGs가 빈곤 문제에 집중했으나, 경제적 성장에만 지나치게 치중했다는 비판을 받으면서, 이를 보완하기 위한 새로운 개발 목표가 수립되었다. 2015년 9월 25일, 유엔은 개발을 위한 21세기의 두 번째 전략으로 유엔 결의안 A/RES/70/1을 통해 "세계의 변화: 지속 가능한 개발을 위한 2030 의제(Transforming our world: the 2030 Agenda for Sustainable Development)"를 공식 채택했다. 이 새로운 계획의 핵심인

SDGs는 17개 목표와 169개 세부목표로 구성되며, '2030 의제(Agenda 2030)'로 명명되었다. SDGs는 개발에 대한 통합적 접근법을 도입함으로써, 개발 협력을 세계화의 도전에 대한 정치적 대응의 핵심 수단으로 되돌려 놓았다. 이를 통해 선진국과 개발도상국이 하나의 공통 프레임워크와 공동의 언어를 기반으로 협력할 수 있는 길을 열었다. 그러나, '2030 의제'가 여전히 남-북 문제, 즉 선진국과 개발도상국 간의 구조적 불평등과 격차를 극복할 수 있을지에 대해서는 여전히 의문과 논쟁이 남아 있다.

그러나 팬데믹으로 라틴아메리카 국제 개발 협력은 몇 가지 문제에 직면했다. 첫째, 보건과 같은 사회적 복지 분야가 크게 위축되었다. 둘째, 라틴아메리카는 팬데믹 이후 경제적 취약성이 더욱 심화되어 국제적 또는 내부적 충격으로부터 발전 성과를 유지하기 어렵게 되었다. 셋째, 전통적인 남북 협력의 국가 중심 구조와 대비되는 새로운 협력 구조의 자금 조달 문제가 나타났다. 특히, 협력 자금의 정체는 다양한 자금원을 통한 다각화와 효율성 관리 필요성을 부각시켰다. 팬데믹으로 라틴아메리카가 자체적인 발전 역량을 구축하는 데 어려움을 겪고 있으며, 외부 원조에 대한 높은 의존성이 여전히 높다는 것을 확인할 수 있었다(Adriana Paniagua Sánchez, 2024: 67-69).

페데리코, 올리버, 안드레스(Federico Merke, Oliver Stuenkel, and Andreas E. Feldmann, 2021)는 2020년 팬데믹으로 드러난 문제점을 극복하기 위한 라틴아메리카 국가들의 지역 협력 방안 열 가지를 제안했다. 첫째, 민족주의적 포퓰리스트 정권들이 등장했기 때문에 정치적, 정책적 협력보다는 기술적인 협력에 집중해야 한다. 둘째, 지역 협력을 탈대통령화(depresidentialize)하고, 지방 행위자들에게 초점을 맞추어 가능하다면 지방 수준(Subnational)에서 협력을 추진해야 한다. 셋째, 그린 에너지, 백신 보급, 베네수엘라 및 중앙아메리카의 이주 문제에 집중하며, 중요한 문제는 나중에 다루고 중독성 문제(toxic issues)는 잠시 보류해야 한다. 넷째, 중국과의 지역 대결을 피하고 협력을 증진시키는 미국의 스마트한 관여를 유도해야 한다. 다섯째, 글로벌 수준에서도 중요한 기후변화 문제에 집중할 필요가 있다. 여섯째, 미·중 경쟁에서 개별적 대응보다는 단합된 대응이 필요하다. 일곱째, 라틴아메리카 국가들이 역내뿐만 아니라 글로벌 수준에서 남-북 문제 해결을 위한 가교 역할을 해야 한다. 여덟째, 지역의 물류 네트워크 문제를 비롯한 통합에 방해되는 문제를 하나씩 해결해야 한다. 아홉째, 라틴아메리카 또는 남아메리카 전체를 대상으로 하는 다자주의보다는 소다자주의적인 접근이 필요하다. 열 번째, 시민 사회가 지역 통합에 결정적인 역할을 할 수 있으므로 비정부 측면을 강조해야 한다. 팬데믹 이후 라틴아메리카 사회는 보건과 이주 문제에서 대립적인 입장을 보였고, 미·중 경쟁이 격화되면서 개별 국가들이 선택적 비동맹 외교 전략을 추구하게 되었다. 또한, 민족적 포퓰리즘과 정치적 이데올로기의 양극화로 인해 라틴아메리카 지역의 주요 거버넌스 기구들의 역할이 축소되는 환경에서, 이러한 협력 방안들은 효과적으로 적응하고 대응하기 위한 전략이라 할 수 있다.

3 라틴아메리카 중소득 국가들의 국제적 역할

1) 수원국으로서의 공적개발원조 현황

공적개발원조(Official Development Assistance, 이하 ODA)는 1960년 대 초, OECD 개발원조위원회(Development Assistance Committee, 이하 DAC)가 개발도상국에 대한 원조 조건을 조화시키는 방법을 논의하면서 시작되었다. DAC는 1965년에 원조 조건에 대한 첫 번째 권고안을 채택했지만, 선진 공여국들이 수원국에 제공하는 양허성 차관에 대한 규정은 명확히 설정하지 않았다. 1970년, DAC에 가입한 공여국들은 국민 총소득(GNI)의 0.7퍼센트를 원조로 출원하는 목표를 설정했으며, 이는 몬테레이 의정서(Monterrey Consensus)를 통해 확정되었다. 따라서 ODA는 공여국의 지방 정부, 중앙 정부 및 행정 부처를 포함한 공식 기관이 DAC 수원국 목록에 있는 국가에 제공하는 원조를 의미하며, 주로 개발도상국의 경제 발전과 복지 증진을 위한 목적을 가진다. ODA에는 군사 원조나, 공여국의 안보 이익 증진 및 상업적 목적을 위한 거래는 포함되지 않는다.

2023년 기준으로, DAC 회원국 전체 공적 원조는 GNI 대비 0.37퍼센트에 불과하다. 이 중 노르웨이(1.09퍼센트), 룩셈부르크(0.99퍼센트), 스웨덴(0.91퍼센트), 독일(0.91퍼센트), 덴마크(0.79퍼센트)는 GNI 대비 높은 비율로 원조를 출원하고 있다. 반면, 한국은 2023년 기준 공적 개발원조가 31.3억 달러로 GNI 대비 0.18퍼센트에 불과하며, DAC 31개 회원국 중 28위에 머물러 있고, 지원 규모로는 14위에 해당한다(국무조정

실 보도자료, 2024). 5개국을 제외한 대부분의 국가는 아직 0.7퍼센트 목표에 미치지 못하고 있다. ODA의 약 90퍼센트는 다자간 혹은 양자간 협력 기부로 제공되며, 약 7퍼센트는 차관으로 제공된다. 또한, 2021년 기준으로 부채 탕감은 0.3퍼센트에 불과하다. 미국, 독일, 일본, 영국은 ODA 금액이 가장 많고, 룩셈부르크, 노르웨이, 스웨덴은 GNI 대비 원조 비율이 가장 높다(Latin American Network for Economic and Social Justice, 2022: 4-5).

라틴아메리카 국가들 중 멕시코(1994), 칠레(2010), 콜롬비아(2020), 코스타리카(2021)는 OECD 회원국에 가입해 있지만, 아르헨티나, 브라질, 페루는 아직 가입을 추진 중이며, 개발원조위원회(DAC)에는 어떤 국가도 가입하지 않았다. 그 결과, 라틴아메리카 국가들은 공여국 목록에는 포함되지 않고, 수원국 목록에 등록되어 있다. 그러나 라틴아메리카 국가들은 수원국 목록에서는 저소득 국가에는 속하지 않는다. 아이티만이 2010년 대지진 이후 최빈 개발도상국으로 떨어진 이후 여전히 회복되지 못한 상태이며, 볼리비아, 온두라스, 니카라과는 중하위 소득 국가에 속한다. 그 외의 라틴아메리카 국가들은 대부분 중소득 국가에 속한다. 〈표 2〉에서 보듯이 라틴아메리카 국가들은 주로 중소득 국가에 집중되어 있다.

GNI 기준으로 보면, 라틴아메리카 국가들은 아프리카나 아시아의 많은 국가들보다 상대적으로 높은 소득 수준을 보이고 있다. 이러한 특성으로 인해, 전 세계 ODA에서 라틴아메리카 국가들이 받는 지원 비율은 약 9퍼센트로, 상대적으로 적은 편이다.

2022년 기준으로 10년간 라틴아메리카 공적개발원조의 50퍼센트

〈표 2〉 2024년 라틴아메리카 소득 구분

구분	최빈 개발도상국	저소득 국가 (GNI ≦ $1,135)	중하위 소득 국가 (GNI $1,136-$4,465)	중소득 국가 (GNI $4,466-$13,845)
Latin America			볼리비아, 온두라스, 니카라과	아르헨티나, 벨리즈, 브라질, 콜롬비아, 코스타리카, 에콰도르, 엘살바도르, 과테말라, 멕시코, 파라과이, 페루, 베네수엘라
Caribbean		아이티		쿠바, 도미니카공화국, 세인트루시아, 세인트빈센트그레나딘, 자메이카, 수리남

출처: OECD DAC List of ODA Recipients.

이상이 콜롬비아, 아이티, 멕시코와 브라질에 집중되었다. 아이티를 제외하면 역내에서 1인당 국민소득 수준이나 경제 규모가 상당히 높은 국가들에 집중되었다는 것을 알 수 있다. 공적개발원조가 역내에서 사회경제적 위급성보다는 개별 국가들의 경제 규모에 따라 이뤄졌다는 것을 알 수 있다. 만약 사회경제적 수준에 따라 지원된다면 중하위 소득 국가에 속하는 볼리비아, 온두라스와 니카라과에 더 많은 지원이 이뤄져야 할 것이다. 이를 보면 라틴아메리카 역내 공적개발원조의 지원은 선진 공여국의 경제적 이해관계와 수원국의 경제 규모에 따라 결정되었다는 것을 알 수 있다.

라틴아메리카 국가들은 1960년대와 1970년대 초반, 높은 경제 성장률을 기록하며 많은 국가들이 중진국으로 진입했다. 또한, 2000년대 자원 경제 붐으로도 중진국으로 성장했지만, 칠레를 제외한 대부분의 라틴아메리카 국가들은 여전히 고소득 국가로 발전하기 위한 노력에도 불구하고, 발전주의, 구조주의, 신자유주의 경제 정책 기간 동안 다양한 전략을 추구했음에도 중소득 국가에 머물러 있다.

카밀 프루흐니크(Kamil Pruchnik)와 야쿠브 조프차크(Jakub Zowczak)는 중진국 함정(Middle Income Trap)을 분석하는 집단을 다섯 가지로 구분했다. 비선험적이고 서술적 해석 그룹, 고정 소득 한계 그룹, 상대적 소득 한계 그룹, 시간 한계 그룹, 그리고 지표 그룹이다. 이들의 분석은 라틴아메리카 국가들이 오랫동안 중소득 국가에 머물러 있는 이유를 잘 설명해 준다.

국제 개발 협력에서 중소득 국가들은 수원국과 공여국의 역할을 동시에 수행해야 하는 경우가 많다. 2000년대에 세계 경제 성장률이 높아짐에 따라, 대부분의 개발도상국들이 세계은행 기준으로 중소득 국가로 분류되었다. 〈표 3〉에서 보듯이, 라틴아메리카 국가들도 대부분 중

〈표 3〉 2022년 세계은행 글로벌 지수

구분	세계 인구 비율	세계 GDP	세계 극빈층	탄소 배출 비율
저소득 국가	8.9%	0.6%	36.5%	0.5%
중하위 소득 국가	40.3%	8.3%	55.4%	15.7%
중상위 소득 국가	35.1%	30.6%	7.1%	48.6%
고소득 국가	15.7%	60.8%	1.0%	35.2%

출처: A World Bank Group Flagship Report, 2024: 4.

소득 국가에 속하는 것을 알 수 있다. 이는 중국의 경제 성장을 계기로 시작된 자원 경제 붐의 결과라고 할 수 있다. 하지만 2010년대 중반 이후 세계 경제의 하강 국면에 접어들면서, 중소득 국가들은 경제적 위기나 정체를 경험하고 있다. 이는 중소득 국가들이 직면한 구조적 결함과 취약성을 반영한다고 볼 수 있다. 다른 측면에서 보면, 미래의 국제적 발전과 집단적인 인간 복지는 중소득 국가들의 발전 성공 여부에 큰 영향을 받을 것임을 나타낸다(Alonso et al., 2014: 2).

어떤 중소득 국가는 세금 운영에 한계가 있어 빈곤을 줄이기 위한 대규모 재정 이전이 여전히 필요할 수 있다. 반면, 다른 국가들은 녹색 인프라를 구축하고 지속 가능한 글로벌 개발에 기여할 수도 있다. 또 다른 중소득 국가는 재정적 지원이 필요하지 않지만, 기술 지원과 교류를 받을 수 있으며, ODA의 약 1/5를 차지하고 남-남 협력의 대부분을 담당하고 있다. 이처럼 중소득 국가는 공여국과 수원국의 지위를 동시에 가질 수 있으며, 특히 남남 협력을 통해 공여국으로서의 역할을 확대하고 있다(Alonso et al., 2014: 9).

다음의 〈표 4〉에서 보는 것처럼, 라틴아메리카 지역별로 지원 규모에서 중앙아메리카가 근소한 차이로 앞서 있다는 것을 알 수 있다. 특히, 2021년에는 중앙아메리카에 더 많은 지원이 이루어진 것으로 나타난다. 이는 온두라스와 니카라과가 중하위 소득 국가로 분류된 것을 반영한 결과라고 할 수 있다. 이 국가들은 경제적 취약성과 사회적 필요로 인해 상대적으로 더 많은 지원을 필요로 하며, 그로 인해 지원 규모가 증가한 것으로 보인다.

수원국으로서 라틴아메리카 국가들은 세계 ODA 수혜의 약 9퍼센

⟨표 4⟩ 2019-2023년 라틴아메리카 지역별 ODA 규모(2022년 기준, 백만 달러)

구분	2019	2020	2021	2022	2023
카리브 지역	757.312036	983.616185	1,295.371517	1,071.390631	1,127.599185
중앙 아메리카	491.206419	2,225.90417	13,077.82248	4,996.068458	3,814.242133
남아메리카	1,290.164614	2,716.005152	7,937.011973	5,497.186014	3,027.177157

출처: OECD Data Explorer(검색일: 2025.01.07.)

트를 차지하며, 콜롬비아, 멕시코, 브라질 등 중소득 국가들이 ODA의 상당 부분을 수혜받고 있다. 그러나 중소득 국가들에 대한 지원은 경제적 규모가 큰 국가 위주로 이루어져, 실제 사회경제적 필요가 높은 국가들(볼리비아, 니카라과 등)에 대한 지원은 상대적으로 적었다(OECD Data Explorer, 2024). 이는 중소득 국가들이 겪는 경제 성장의 정체 및 사회경제적 불평등 문제를 해결하는 데 실질적 도움이 되지 않고 있다는 점에서 비판의 대상이 되기도 한다.

결론적으로, 라틴아메리카의 중소득 국가들은 국제 개발 협력 체제 내에서 수원국으로서 경제적·사회적 도전을 지속적으로 겪으면서도, 최근 들어 공여국의 역할을 강화하고 있다. 이들은 국제 개발 협력 체계 내에서 수원국과 공여국의 이중 역할을 수행하며, 국제 협력의 구조적 한계를 극복하고 지속 가능한 발전을 추구하기 위한 전략적 접근이 요구된다. 특히 삼각 협력과 남남 협력을 중심으로 역내 발전 및 글로벌 지속 가능성 증진을 위해 보다 능동적인 역할을 수행할 필요가 있다.

2) 공여국로서의 역할

세계은행의 글로벌 지수에 따르면 각 국가는 소득 수준에 따라 크게 저소득 국가, 중소득 국가(하위/상위), 고소득 국가로 분류된다. 이 중에서 중소득 국가 그룹은 전 세계 인구의 절반 이상을 차지하고 있음에도 불구하고, 이들 국가 중 상당수는 경제적 도약을 이루지 못한 채 '중진국 함정'에 빠져 있다. 특히 중소득 국가는 상당한 경제적 성과를 이룬 국가들이지만, 고소득 국가로의 발전에 성공한 사례는 드물어 '중진국 함정'이라는 구조적 한계에 봉착해 있다(World Bank, 2024: 1-2).

이러한 상황에서 국제 사회는 전통적인 선진 공여국과 저개발 수원국이라는 이분법적 구분에서 벗어나 중소득 국가들이 수행하는 국제적 역할에 주목하고 있다. 중소득 국가들은 단순히 원조를 받는 수원국이 아닌, 국제 개발 협력의 주체로서 중요한 공여국 역할을 수행하며 다양한 국제적 책무를 지고 있다(Alonso et al., 2014: 13-16).

첫째, 중소득 국가들은 남남 협력을 활성화하는 주요 행위자로서, 공여국의 역할을 확대할 수 있다. 이러한 국가들은 이미 일정 수준의 경제적·기술적 역량을 갖추고 있으므로 전통적인 북-남 원조 관계를 넘어 저소득 국가와의 수평적이고 실질적인 협력을 통해 경험과 기술을 공유할 수 있다. 브라질은 농업과 보건 분야에서 아프리카 국가들과의 협력을 통해 남남 협력을 적극적으로 선도하고 있으며, 멕시코와 콜롬비아는 삼각 협력의 형태로 중앙아메리카 국가들의 역량 강화에 중요한 역할을 수행하고 있다(Alonso et al, 2014: 9-11).

둘째, 중소득 국가들은 글로벌 차원의 공공재(public goods) 제공과 국제적 협력 이행에서 중요한 역할을 담당하고 있다. 중소득 국가들은 경제적 역량을 바탕으로 기후변화 대응, 글로벌 팬데믹 대응, 에너지 효율성 향상 등 글로벌 공공재를 적극적으로 제공하고 있으며, 글로벌 거버넌스 체제 내에서 전략적으로 중요한 위치에 있다(World Bank, 2024: 1-2). 따라서 전통적 공여국들은 이러한 중소득 국가들이 글로벌 공공재 제공자로서의 역할을 더 효과적으로 수행할 수 있도록 제도적 지원과 재정적 촉진을 제공해야 한다.

셋째, 중소득 국가들은 지역적·국제적 공공재를 제공하는 데 중심적인 역할을 한다. 특히 라틴아메리카 지역에서 아르헨티나, 브라질 등 주요 국가들은 지역 협력을 통해 인프라 구축, 환경 보존, 공중보건 등 다양한 분야의 공공재를 제공하며 지역의 공동 번영을 위한 전략을 주도할 수 있다. 최근 들어 팬데믹과 같은 글로벌 위기를 겪으면서 이들 국가 간의 협력적 접근이 더욱 중요해졌으며, 지역 협력의 틀을 넘어 글로벌 수준에서도 공공재를 적극적으로 제공하는 국가들로 성장하고 있다 (Sushil Kumar, 2023: 58-61).

넷째, 중소득 국가들은 글로벌 문제 해결을 위한 지역적 통합과 협력의 중심적 역할을 수행한다. 라틴아메리카 국가들은 라틴아메리카-카리브해 국가 공동체(Comunidad de Estados Latinoamericanos y Caribeños, CELAC)와 같은 지역 통합체를 통해 역내 경제 및 사회 발전의 문제를 공동으로 논의하고 있다. 특히 팬데믹 이후 이러한 지역 협력의 중요성은 더욱 강조되고 있으며, 민족주의적 포퓰리즘과 정치적 양극화로 인해 어려워진 역내 통합을 회복하는 전략으로 기술적 협력, 지방 수준의 협력, 소다자주의 접근 등을 제안하고 있다(Merke et al,

2021: 10-15).

다섯째, 중소득 국가들은 저소득 국가와 고소득 국가 사이에 위치해, 이 두 그룹을 연결하는 가교(Bridge Role)의 기능을 수행할 수 있다. 글로벌 북반구와 남반구 간의 구조적 불균형과 격차가 지속되고 있는 현실에서, 중소득 국가들이 글로벌 협력 체계의 중개자 역할을 수행할 가능성이 크다. 하지만 여전히 제도적 역량과 정책적 일관성에서의 취약성도 드러내고 있어, 전통적 공여국의 기술적 지원과 제도적 역량 강화를 위한 협력이 중요하게 요구된다(Alonso et al. 2014, 13-16).

마지막으로, 전통적 공여국들은 중소득 국가들의 지속 가능한 성장을 위해 지원을 지속해야 한다. 이 국가들은 빈곤 감소와 같은 기본적인 문제 해결뿐 아니라 첨단 기술 이전, 혁신적 성장 전략 구축, 친환경 인프라 개발 등 지속 가능한 글로벌 개발 아젠다를 추진하는 데 핵심적인 역할을 맡을 수 있다(World Bank, 2024: 1-2). 공여국들의 이러한 전략적 지원은 중소득 국가들이 중진국 함정을 극복하고 고소득 국가로의 도약을 이루는 데도 기여할 수 있다.

결과적으로 라틴아메리카 중소득 국가들의 공여국 역할 확대는 국제 개발 협력의 역사적 진화 과정에서 필연적이고 중요한 변화라 할 수 있다. 이 국가들이 수원국의 위치에서 공여국으로 변화해 가는 과정은 국제 사회가 전통적 원조 개념에서 벗어나 보다 포괄적이고 평등한 협력의 패러다임을 구축하는 데 결정적 기여를 할 것이다.

4 라틴아메리카 중소득 국가들의 지역적 역할

1) 남남 협력과 삼각 협력의 지역 협력 강화

1978년 아르헨티나 부에노스아이레스에서 채택된 부에노스아이레스 행동 계획(Buenos Aires Plan of Action, BAPA)은 라틴아메리카를 비롯한 개발도상국들이 스스로의 발전을 위해 주도적으로 협력 체계를 마련한 역사적 이정표였다. 이 계획은 기존의 북반구 중심적이고 수직적인 개발 원조 방식에서 벗어나, 개발도상국 간 수평적인 기술 협력을 통해 각국의 자립과 상호의존성을 높이는 것을 목표로 했다. 즉, 라틴아메리카 국가들은 더 이상 수동적인 수혜자로 머물지 않고, 능동적으로 지식과 기술을 공유하며 공동의 발전을 도모하기 위한 협력의 새로운 패러다임을 수립한 것이다. 부에노스아이레스 행동 계획은 기술 협력의 제도적 기반을 구축해 라틴아메리카 국가들이 주도적으로 협력을 관리하고 실행할 수 있도록 했다. 첫째, 이를 계기로 라틴아메리카 국가들은 남남 협력의 이론과 실천을 구체화하고, 지역 내 자체적인 협력 체계를 형성했다. 둘째, 라틴아메리카 국가들은 이후에도 지속적으로 협력 체계를 강화하기 위한 제도적 발전을 주도적으로 추진했다. 그 결과 1980년에는 남남 협력 고위급 위원회가 설립되어 국가 간 협력의 구체적인 정책과 전략을 논의할 수 있는 공식적인 제도적 틀이 마련되었다. 셋째, 1981년에는 경제 협력 조정 위원회가 창설되었고, 1986년에는 남반구 위원회(South Commission)가 구성되어 남남 협력의 정책적 틀과 국제적 영향력을 더욱 강화했다. 나아가 1995년 비동맹 운동 센터의 설립은 라틴아메리카 국가들의 남남 협력의 제도화와 지역 내 기술 협력 확대를 촉진했다(Oviedo, 2021: 13).

이러한 협력 체계의 발전을 바탕으로 1980년대 후반부터 라틴아메리카 중소득 국가들은 자국의 국제 협력 전담 기관을 잇달아 설립해 자체적인 남남 협력을 적극적으로 추진하기 시작했다. 특히 브라질이 1987년 협력청(ABC)을 설립해 지역 협력을 선도했고, 1990년 칠레는 국제 개발 협력청(AGCID)을 창설해 지역 내 기술 협력과 인적 자원 교류를 주도적으로 확대했다. 이후 페루(2002년 APCI), 에콰도르(2007년 AGECI), 콜롬비아(2011년 APC), 멕시코(2011년 AMEXCID), 우루과이(2011년 AUCI), 엘살바도르(2020년 ESCO) 등이 국제 협력 기구를 설립함으로써 남남 협력의 운영과 제도적 역량을 더욱 강화했다(Rivero and Xalma, 2019).

2015년 멕시코 정부는 세계식량기구(FAO)와 함께 '메소아메리카 기아 퇴치 프로그램(Mesoamerica Hunger Free Programme)'을 추진했다. 이 프로그램은 멕시코가 1,500만 달러를 5년에 걸쳐 지원해 중미 국가들의 빈곤 종식, 기아 해소, 깨끗한 식수 확보 등의 목표를 달성하도록 돕는 것이 핵심이다. 멕시코는 이 프로그램을 통해 지역 농민 등록 시스템 구축, 니카라과의 가족농을 위한 지속 가능한 종자 시스템 구축 지원, 중소규모 어업 및 가족농에 대한 모델 법안 개발 등의 성과를 거두었다.

자메이카는 쿠바와의 협력을 통해 보건 및 교육 분야에서 역량 구축과 복원력 강화를 목적으로 한 남남 협력을 활발히 진행하고 있다. 또한, 자메이카-멕시코 이중위원회는 주기적인 협의와 평가를 통해 양국 간 협력 전략을 수립하고 지속 가능한 개발 목표 달성에 적극 기여하고 있다.

2015년에 유엔이 채택한 지속 가능한 개발 목표는 라틴아메리카 중소득 국가들이 국제 협력에서 남남 협력의 중요성을 재확인하고, 지역적 차원에서 더욱 적극적인 역할을 수행하도록 촉진했다. 특히, 지속 가능한 발전을 위한 라틴아메리카 및 카리브 국가 포럼(Forum of the Countries of Latin America and the Caribbean on Sustainable Development)을 통해 중소득 국가들은 국제 협력의 새로운 의제를 주체적으로 설정하며, 남과 북 사이의 협력을 강화했다. 이 포럼에서 라틴아메리카 국가들은 협력의 기준을 새롭게 정의하고, 기존의 협력 방식에서 벗어나 다자주의로의 복귀를 촉구하며 남과 북 간의 수직적이고 불균형한 관계를 극복할 것을 강조했다. 이러한 논의는 2019년 제2차 유엔 남남 협력 고위급 회의(BAPA+40)에서 더욱 구체화되었다. 라틴아메리카 중소득 국가들은 이 회의를 통해 2030년까지 SDGs를 달성하기 위해 남남 협력과 삼각 협력의 구체적인 효과를 평가할 수 있는 객관적인 방법론 개발의 필요성을 적극적으로 제안했다(ECLAC, 2023: 6). 또한, 남남 협력의 가치를 증명하고 추가적인 국제적 지원과 재원을 동원할 수 있도록, 기술 협력, 정책적 대화, 협력적 파트너십의 개발 및 강화, 지식 공유와 다양한 이해관계자의 참여가 중요하다는 점을 강조했다. 이와 같은 일련의 노력들은 라틴아메리카 중소득 국가들이 남남 협력과 삼각 협력의 주체로서 보다 능동적으로 참여하며, 국제 개발 협력의 질적 전환을 이끌어 내고 있음을 보여준다. 또한, 라틴아메리카 중소득 국가들은 지역 협력을 통해 글로벌 사우스 간 연대를 강화하고, 보다 공정하고 지속 가능한 국제 협력 체계를 구축하는 데 선도적이고 책임 있는 역할을 수행하고자 한다(ECLAC, 2023: 6).

2020년에는 유엔 총회 개혁의 일환으로 라틴아메리카 및 카리브 지역의 조정 메커니즘(Regional Coordination Mechanism)과 유엔 지속가능한 개발 그룹(UN Sustainable Development Group for Latin America and the Caribbean, UNSDG LAC)을 통합해 라틴아메리카 및 카리브 지역 협력 플랫폼(Regional Collaborative Platform in Latin America and the Caribbean, 이하 RCP LAC)을 설립했다. 이 플랫폼에는 유엔의 3개 사업 영역에 24개 기관이 참여하고 있다. 이 기구는 조정과 협력을 위한 수요자 주도 방식을 채택하고, 유엔 전문가들을 활용해 지역 수준에서 자산을 최대한 활용할 수 있도록 유엔 개발 시스템을 보다 민첩하게 대응할 수 있게 했다. 또한, 유엔의 개발 목표 달성을 위한 리더십과 책임성을 명확히 하는 역할을 한다.

2021년에 열린 라틴아메리카경제위원회 회의에서는 라틴아메리카 및 카리브 남남 협력 지역 회의(Regional Conference on South-South Cooperation in Latin America and the Caribbean) 개최를 승인했다. 이 결정에 따라 2023년 5월 30일과 31일, 칠레 산티아고에서 제1회 라틴아메리카 및 카리브 남남 협력 지역 회의(First Session of the Regional Conference on South-South Cooperation in Latin America and the Caribbean)가 개최되었다. 이 회의의 목적은 국가 간 남남 및 삼각 협력 메커니즘을 강화하고, 남-북 및 다자간 협력을 증진시키는 것이었다. 또한, 공여국들과 국제 기구를 포함한 역내 및 역외 이해관계자들의 남남 및 삼각 협력을 촉진하며, 협력 분야에서 기술 및 지식 이전과 공동 활동을 촉진하는 것, 그리고 라틴아메리카 및 카리브 지역 국가들의 남남 협력과 삼각 협력 경험을 검토하고 이를 바탕으로 연구 수행 및 평가를 진행하는 것이었다(ECLAC, 2023: 5).

2) 역내 및 글로벌 공공재의 유형

지역은 글로벌 시스템의 지리적 하위 시스템으로, 지질학적(예: 평야나 해안선 기준), 지리적(예: 특정 대륙과 같은 위치), 또는 정치적(예: 사회주의와 같은 공유된 정치적 가치 기반) 기준에 따라 구분된다. 또한, 지역 구분은 EU, 북미 자유무역지대(North American Free Trade Agreement, NAFTA), 동남아시아 국가연합(Association of South East Asian Nations, ASEAN), 남미공동시장(Mercado Común del Sur, MERCOSUR)과 같은 무역 블록이나 경제 연합의 호혜적 경제 협정에 의해 결정될 수도 있다(Daniel G. Arce M. and Todd Sandler, 2002: 12).

또 다른 관점에 따르면, 지역이 성립하는 조건(즉, 지역성)은 네 가지 주요 요소로 구성된다. 첫째, 의도적인 행위자 시스템(공식적으로 의사를 공식화하고 이에 따라 행동할 수 있는 행위자), 둘째, 실효적으로 규정된 특성을 지닌 합리적 시스템(공유된 가치에 동의하고 목표를 설정해 이를 달성하기 위한 수단을 사용할 수 있는 능력), 셋째, 행위자 간의 상호 인정, 넷째, 의미와 정체성을 생성하고 이를 전달하는 능력이다(Carlos Portales, 2017: 287).

지역은 또한 공동 운명, 확실한 유사성, 접근성 및 경계성을 지니고 있다(Langenhove, 2003). 이러한 특성으로 인해, 하나의 영토(국가)가 여러 지역에 속할 수 있는 가능성도 존재한다. 1990년대 세계화와 기술 진보로 인해 국가 간에 혜택이 비경쟁적이고 배제 불가능한 초국가적 공공재(TPGs)에 대한 관심이 높아졌다. 이로 인해 1990년대 초국가적 공공재에 대한 해외 원조는 1980년대 15퍼센트에서 1990년대 40퍼센트로 확대되었다. 글로벌 공공재는 선진국과 개발도상국 모두에게 혜택을 제공하며, 여기에는 지구 온난화 억제, 오존층 보호, 생물 다양성 보존, 글로벌 금융 안정 증진 등이 포함된다. 지역 공공재(RPG)는 혜택의 범위가 국가보다는 넓지만, 잘 조직된 국가들과 동일한 수준에서 제공된다. 따라서 지역 공공재는 민족 국가나 글로벌 커뮤니티를 구성하는 전통적인 관할권과 일치하지 않으며, 유엔과 같은 다자 기구에 의해 제공된다. 지역 공공재는 특정 목적을 달성하기 위해 새로운 기구를 창설하거나 기존 기구를 강화하는 노력이 필요할 수 있다(Daniel G. Arce M. and Todd Sandler, 2002: 4-5).

지역 공공재는 세 가지 필수적인 공공성을 갖추어야 한다. 첫째, 혜택의 비경합성, 둘째, 비납부자의 비배제성, 셋째, 응집 기술(aggregation technology), 즉 개별 공여자가 재화의 전체 수준을 결정하는 방식이 충족되어야 한다. 또한 공공재는 순수 공공재(Pure public goods), 비순수 공공재(Impure public goods), 클럽 공공재(Club goods), 합작 생산(Joint products)으로 구분될 수 있다. 소비에서 부분적인 경쟁이 발생하거나 비공여자에 대한 불완전한 배제성이 발생하면 비순수 공공재가 나타난다. 예를 들어, 지역 진입 지점이 증가함에 따라 페스트 방제가 덜 효과적이게 되고, 활동이 부분적으로 경쟁적이게 되는 상황이 이에 해당한다.

클럽 공공재는 부분적으로 경쟁적이지만 비회원에게는 배타적이다. 국가 수준에서의 확장 서비스와 커뮤니케이션 네트워크 등이 이에 포함된다. 또한, 합작 생산은 공개 정도가 다양한 여러 산출물을 생성하는 초국가적 활동으로, 순수한 공적 초국가적 이익과 국가별 특화된 이익을 동시에 만들어 내는 결과물이다. 이처럼 공공재는 다층적으로 구분할 수 있으며, 아래 표와 같이 정리할 수 있다. 아래 표는 공공재를 국가, 지역과 글로벌 수준으로 구분한 것이다.

〈표 5〉 공공재 성격과 내용

구분	순수 공공재	비순수 공공재	클럽 공공재	합작 생산
국가	■ 적 억제력 ■ 재무회계 표준	■ 국경 감시 ■ 국가간 고속도로 네트워크	■ 확장 서비스 ■ 커뮤니케이션 네트워크	■ 교육 ■ 자선 활동
지역	■ 유역 관리 ■ 말라리아 치료	■ 페스트 관리 ■ 인구 면역	■ 공항 ■ 파워 그리드	■ 평화 유지 ■ 산성비 감축
글로벌	■ 글로벌 온난화 방지 ■ 오존층 파괴 제한	■ 조직 범죄 감축 ■ 오염 제한	■ INTELSET ■ 세계우편연합	■ 우림 보호 ■ 해외 원조

자료: Daniel G. Arce and Todd Sandler, 2002: 17.

지역 공공재는 참여하는 국가들이 공유하는 이익을 창출하며, 참여국들이 집단적인 행동(collective action)을 통해 생산하는 공공적 특성을 지닌 상품, 서비스, 규제 시스템 또는 정책 체계이다. 따라서 지역 공공재는 최소 3개 이상의 국가들이 집단적으로 생산한다(Kea Wollrad, 2007: 1). 미주개발은행(IDB)은 지역 공공재를 공공 부문과 필요시 민간 및 비영리 부문이 공동으로 생산하고 소비하는 상품, 서비스 또는 자원으로 정의하고 있다.

라틴아메리카에서 공공재의 개념은 1948년 미국과 함께 만든 미주기구(Organization of American States, OAS)가 최초로 공동의 가치를 추구한 사례로 볼 수 있다. 이 기구는 불간섭주의를 인정하고, 지역 안보 위기에 공동으로 대응하기 위해 외무장관 협의회를 설치하고, 미주 지역의 안보와 갈등 해결 시스템을 구축했다. 이후, 1959년에는 유럽의 경제 블록 형성에 대응해 라틴아메리카자유무역연합(Latin American Free Trade Association, LAFTA)이 설립되었고, 1960년에는 중앙 아메리카 공동시장(Central American Common Market, CACM), 1965년에는 카리브 자유무역 연합(Caribbean Free Trade Association, CARIFTA)이 형성되었다. 민주화 이후에는 미주 기구가 지역 공공재로서 인권과 민주주의 강화를 위한 제도를 설립하는 데 중요한 역할을 했다. 미주인권위원회(IACHR)가 확대 운영될 수 있도록 지원했으며, 미주인권법원의 기능 강화를 통해 2001년에는 미주 민주주의 헌장(IADC)으로 이어지기도 했다(Carlos Portales, 2017: 288-290).

21세기 들어서면서 라틴아메리카에서는 좌파 정권의 등장으로 정책적인 변화가 발생했으며, 그로 인해 개별 국가나 하위 지역 간의 경쟁적인 구도가 형성되었다. 이러한 정치적 변화는 새로운 형태의 지역 공공재들이 형성되는 원동력이 되었다. 특히, 갈등 해결, 안보, 연결성 및 국제 정치 대표와 같은 분야에서 지역 차원의 협력이 증진되었고, 건강, 교육, 환경과 같은 기능적인 협력이 필요한 부분에서도 다양한 협력 메커니즘이 등장했다. 이와 함께, 국가 간 협력의 범위와 방식은 보다 구체화되고 다양해졌으며, 각국은 공동의 이익을 증진시키기 위해 상호작용과 협력을 강화했다. 이러한 변화는 지역 내 문제 해결을 위한 협력뿐만 아니라, 세계적인 문제에 대응하기 위한 지역의 역할을 재정립하는 과정으로 이어졌다.

3) 라틴아메리카 지역 통합과 브라질의 국제 개발 협력 전략

라틴아메리카는 국제 개발 협력을 통해 지역 통합을 확대하고 있으며, 소지역 단위와 소다자주의에 기반한 다양한 지역 협력 기구들이 형성되고 있다. 그중 하나인 메소아메리카 프로젝트(Proyecto Mesoamérica)는 원래 푸에블라-파나마 플랜으로 알려졌으며, 멕시코 남부와 중앙아메리카 10개국이 참여한 중요한 협력 모델이다. 이 프로젝트는 지역 인프라, 에너지, 사회 개발 프로젝트를 통해 경제 통합과 지속 가능한 발전을 촉진하는 것을 목표로 했다. 특히, 중미 전력 상호 연결 시스템(SIEPAC)은 지역 전력망을 구축해 에너지 안보를 강화하고 비용 절감을 실현했다. 이러한 에너지 인프라의 구축은 참여국들 간 물리적, 경제적 연결을 강화하고, 무역과 협력을 더욱 효율적으로 만드는 중요한 역할을 했다.

또 다른 예는 아마존 협력 조약 기구(The Amazon Cooperation Treaty Organization, ACTO)로, 이는 아마존 열대우림을 보존하고 지속 가능한 발전을 촉진하는 지역 기구이다. ACTO에는 아마존 8개국이 참여하며, 독일, 노르웨이, 글로벌 환경 기금(GEF)과 같은 국제 기부자들이 보전 프로젝트와 역량 강화, 기후변화 완화 등의 활동을 지원하고 있다. EU의 지원을 받는 아마존 지역 프로그램은 삼림 파괴를 방지하고 지속 가능한 생계를 촉진하는 국경 간 협력을 강화하는 데 중요한 역할을 하고 있다.

또한, 카리브 공동체(CARICOM)는 무역, 교육, 재난 회복력에 중점을 두고 15개 회원국 간 경제 통합과 협력을 촉진하는 중요한 기구이다. 유엔개발계획(UNDP)과 세계은행은 카리브 공동체의 재난 회복력 강화와 기후 적응을 지원하며, 카리브 재난 위험 보험 시설(CCRIF)은 자연재해에 대한 재정적 보호를 제공하는 국제 기금을 설립해 회원국들의 재난 대응 역량을 강화하고 있다.

이와 같은 국제 개발 협력은 라틴아메리카 각 지역이 공통의 과제 해결을 위해 협력할 수 있는 중요한 기반을 마련하고 있으며, 지역 간 협력을 통한 지속 가능한 발전을 추구하고 있다.

브라질은 OECD 개발원조위원회(DAC) 회원국이 아니지만, 브라질 개발청(Agência Brasileira de Cooperação)을 설립해 독자적인 원조를 제공하고 있다. 브라질의 협력에 대한 접근은 신제도주의(Neo-Institutionalist) 관점에서 출발한다. 신제도주의자들은 국제 체제의 안보와 안정을 확보하는 가장 좋은 방법은 법률, 규정, 제도라고 본다. 국제무대에서 협력과 상호 의존을 통해 국가의 국제적 권력을 형성하려면 스마트 파워(Smart Power)가 필요하며, 이는 하드 파워와 소프트 파워를 통합하는 개념이다. 하드 파워와 소프트 파워는 각각 구조, 제도, 상황이라는 세 가지 범주로 국력을 평가한다. 하드 파워는 구조적인 영역에, 소프트 파워는 제도와 상황 영역에 영향을 미치며, 스마트 파워는 이 모든 영역에 영향을 미친다. 스마트 파워는 국가의 경제적 및 군사적 파워를 넘어서며, 다른 영역을 개발하려는 총체적인 권력으로 이해된다. 이를 통해 국가의 국력 신장을 위해 연대, 파트너십과 제도(alliances, partnerships, and institutions), 글로벌 개발(global development), 공공 외교(public diplomacy), 경제 통합, 기술과 혁신에 집중한다(Medeiros & Pinto, 2015: 1-2).

또한, 신제도주의자들은 협력과 대립이 분리될 수 없으며, 많은 경우 대립에서 협력이 파생된다고 본다. 이러한 관점은 브라질의 글로벌 사우스 리더로서의 역할을 강조하며, 브라질의 국제 개발 협력에 투영된다. 라틴아메리카에서 국제 개발 협력은 빈곤과 기아와 같은 공동의 문제를 해결하기 위해 2개국 이상이 함께 협력하는 방식으로 이루어지며, 이는 지역 통합을 촉진하는 중요한 기회가 된다(Rodrigo Fernando Gallo, 2023: 382). 이러한 맥락에서 지역 내 국제 협력 증진은 브라질이 지역 패권 국가로서의 지위를 확보하는 데 중요한 역할을 한다.

룰라 집권 1기 동안, 브라질은 정치적 안정과 경제 성장에 기반해 '브라질 방식'을 추구했다. '브라질 방식'의 주요 특징은 첫째, 아프리카 및 라틴아메리카 국가들과의 연대를 강화하고, 아프리카 흑인 노예에 대한 도덕적 부채를 인정하며, 1974년 포르투갈의 카네이션 혁명 이후 아프리카와 아시아의 식민지 독립을 지원하는 것이다. 이는 남남 연대와 글로벌 사우스에서 글로벌 파워로 성장하기 위한 실용적인 접근을 강조한다. 둘째, 대부분의 국제 개발 협력이 개도국에게 특정 조건이나 구조조정을 요구했음을 감안해, 브라질은 수원국의 부담을 경감할 수 있도록 비조건부로 지원을 제공한다. 셋째, 많은 선진국 공여국들이 수원국의 정치 경제에 개입했던 것과 달리, 브라질은 불간섭을 고수한다. 넷째, 2006년부터 2010년까지 브라질의 국제 개발 협력 지원 규모는 3배 증가했으며, 아프리카와 라틴아메리카 국가들과의 다수의 기술 협력 및 수요자 중심 협력(demand-driven cooperation)을 통해 개발 국가의 주권을 존중하는 방식으로 협력이 진행되었다(김영철, 2024: 131-132).

브라질 방식은 아이티 국민들이 대지진으로 정치적 불안정, 경제 위기, 환경 위기에 직면한 상황에서 따뜻한 문화적 공생 공략(conviviality)으로 인식되었다. 브라질 방식은 분쟁 지역 접근에서도 차이를 보였다. 일반적으로 분쟁이 소강 상태에 접어들면 평화 유지 활동을 전개하는 것과 달리, 브라질은 평화 구축(consolidação da paz) 전략을 추진했다. 평화 구축 전략은 안보와 개발을 통합적으로 다루며, 다자간 환경에서 안보 문제와 일자리, 평등 문제를 포괄적으로 접근한다. 이 전략은 1990년대 말부터 강조되었으며, 지속 가능하고 장기적인 평화 기반을 구축하려는 노력을 담고 있었다. 또한, 브라질의 개발과 역량 제고를 위한 중요한 부분으로 자리 잡았다. 브라질은 포르투갈어권 공동체(CPLP), 브라질-남아공-인도 포럼(IBSA), 브릭스(BRICS) 등 여러 국제기구들을 통해 평화 구축 전략을 실현하고 있다.

브라질은 UN의 평화 유지 활동에 참여하면서 긍정적인 성과를 거두었다. 브라질의 평화 유지군은 1956년 시나이반도의 평화 유지를 위해 파견된 것에서 시작되었다. 이후, 브라질은 독립 투쟁을 벌이던 동티모르에 1999-2002년 70명, 2002-2005년 125명을 파견했고, 아이티, 콩고공화국, 앙골라, 모잠비크에도 평화 유지군을 파견했다.

특히 아이티 안정화 미션(Missão das Nações Unidas para Estabilização no Haiti, MINUSTAH)에서 좋은 성과를 거두었고, 이를 통해 브라질은 평화 유지군 파견에 대한 자신감을 얻었다. 아이티 안정화 미션은 국가 안정, 게릴라와 반군 진압, 무장 해제, 자유로운 선거 실시, 식량 제공, 아이티 제도와 경제 발전을 지원하는 목표를 가졌다. 브라질 외교부는 공공정책을 통해 분쟁의 1차 원인을 해소하고, 국제 협력을 확대함으로써 평화 구축을 통한 국익을 추구하려는 외교적 전략을 내세웠다.

아이티 안정화 미션과 같은 군대 파견과 병행된 국제 협력은 공공성과 결과에 대해 비판의 여지가 있었다. 특히 외교 정책과의 통합적 접근에 대해서는 부정적인 시각이 지배적이었다. 아이티 안정화 활동은 브라질이 유엔안전보장이사회 상임이사국 지위를 확보하려는 외교적 선택이었다는 비판과 함께, 재정적 지원 부족, 계획과 실천의 간극, 장기적인 결과 부재, 구조적 협력 문제 등이 제기되었다(Rodrigo Fernando Gallo, 2023: 368, 382). 그럼에도, 이 시기 동안 브라질은 아이티와 114개의 협정을 체결하면서 카리브 지역의 주요 협력 국가로 자리 잡았다.

4) 정책적 일관성과 글로벌 규칙, 그리고 거버넌스 유지

라틴아메리카에서 효과적인 지역 거버넌스는 빠르게 변화하는 글로벌 질서, 기술 전환, 기후변화, 이주 압력 및 안보 위협 증가와 같은 글로벌 문제에 대한 지역의 역할을 논의하는 것이 필요하다. 지역 거버넌스는 라틴아메리카 국가들이 직면한 많은 문제들을 극복하는 데 있어 중요한 도구로 작용할 수 있다. 개별 국가들의 지도자들이 정치적 이데올로기에서 차이를 보이기 때문에 협력 추진에 어려움이 따르지만, 비공식적인 분야나 가시적으로 드러나지 않는 부분에서 협력을 지속적으로 유지할 필요가 있다(Federico Merke, Oliver Stuenkel, and Andreas E. Feldmann, 2021: 1).

중상위 소득 국가는 저소득 국가들보다는 글로벌 시장 통합 수준이 높지만, 고소득 국가들보다는 경제 건전성이나 제도적 역량이 부족해 중간 위치에 놓여 있다. 월러스틴(Immanuel Wallerstein)의 세계 체제론적 관점에서는 이러한 국가들이 반주변 국가에 해당한다. 이들은 개발 과정에서 어려운 위치를 차지하고 있다. 따라서 무역 및 지적 재산권과 같은 분야에서 정책적 일관성을 유지하는 것이 매우 중요하다. 새로운 국제 환경에서 중상위 소득 국가들은 선진국의 정책뿐만 아니라 지역 내 부유한 경제 대국의 외부적인 영향에도 취약하다. 정책 일관성을 모니터링하는 작업은 남남 협력의 일환으로, 지역 수준에서 주인 의식을 가지고 수행될 수 있다.

개도국들 간의 개발 기회를 더 효과적으로 배분하고, 집단적인 문제에 대해 협력적으로 대응할 수 있는 국제 환경이 없다면, 많은 국가들의 개발 노력은 결실을 맺지 못할 것이다. 효과적인 환경은 국가 발전 전략을 위한 충분한 정책적 공간을 보장하는 동시에, 공유된 문제를 해결하기 위한 효과적인 글로벌 규칙을 제공하는 균형을 유지해야 한다. 발언권과 대표성은 국제 무대에서 특정 국가의 영향력을 반영하며, 글로벌 규칙과 거버넌스 구조를 변화시키는 데 관여할 수 있는 글로벌 거버넌스 구조에 적응해야 한다. 개혁이 필요한 글로벌 규칙과 제도는 많지만, 중상위 소득 국가들에게는 국제적인 세부 조정이 매우 중요하다. 이들 국가는 국내 재정 자원을 보다 효과적으로 동원할 수 있는 조세 제도 개혁을 권고받고 있다.

라틴아메리카의 글로벌 거버넌스에 대한 인식은 적극적인 정치적 입장보다는 방어적이고 법률주의적인 접근 방식으로 특징지어진다. 라틴아메리카 국가들에게 글로벌 거버넌스(다자주의)는 국제 조약과 체제, 국제법 제정, 특히 19세기 말 이후 범미주회의에서 제안된 내용과 유엔 헌장이 지지하는 주권과 불개입 원칙에 강력하게 참여하는 것을 의미한다. 라틴아메리카는 평화 구축, 안보, 국제 협력에서 주요 글로벌 분쟁으로부터 지리적, 전략적 거리를 두고 있으며, 다층적인 요인을 통해 조용하지만 중요한 역할을 해왔다. 라틴아메리카 국가들의 첫 번째 약속은 지역 평화와 안보를 유지하기 위해 국제법을 발전시키고 다자주의 전통을 유지하는 것이다. 2차 세계대전 이후, 라틴아메리카는 국제, 지역, 다자주의 기구에서 적극적으로 참여해 왔다.

따라서 지역 거버넌스에서 협력은 국내 영역에 적용할 수 있는 글로벌 다자 규범을 강화하는 과정이다. 이러한 규범들은 지역 협력을 용이하게 하는 표준화된 용어 역할을 한다. 또한, 지역 문제 해결을 위한 노력에서 개별 국가의 관료, 전문가, 감시자 들이 협력의 주체가 될 수 있다. 제한된 자원을 바탕으로, 이러한 행위자들은 시민 사회 네트워크와 협력해 안보, 보건, 이주, 인권 등 다양한 부문에서 기술적인 협력을 추진할 수 있다.

기후변화와 관련한 다층적인 거버넌스 모델은 다중심적인 접근(polycentric approach)을 필요로 한다. 거버넌스의 다중심적 시스템은 독립적인 정책 결정 권한과 프로세스가 다양한 규모와 부문에 걸쳐 확산되어 상호 연결되지만 분산된 구조를 가지고 있다. 이러한 구조는 거버넌스 과정에서 다층적인 노력이 요구되며, 포용성과 다원성을 바탕으로 한다. 복합 적응 시스템 이론은 이러한 다중심적 시스템이 변화된 환경에 대한 적응 능력을 향상시키고, 내재된 중복성 덕분에 시스템의 실패나 갑작스러운 변화에 따른 영향을 최소화하는 데 기여한다고 본다. 정책과 활동을 결정하고 집행하는 기관, 거버넌스 수준, 비국가 행위자들 간의 시너지 효과는 규모와 분야 전반에서 기후 활동을 일치시키고 조정하는 데 중요한 역할을 하며, 자연에 광범위한 영향을 미치는 기후변화 문제는 각 규모와 맥락에 맞는 정책적 조치를 통해 해결해야 한다. 글로벌 기후 거버넌스의 제도적 복잡성은 기후 관련 영역과 문제 구조가 서로 다른 분야와 상호 연결되면서 그 인정 범위가 넓어지고 점진적으로 파편화되고 있다(Frans Schapendonk, et al., 2023: 7).

과테말라는 북쪽으로 멕시코, 동북쪽으로 벨리즈, 동쪽으로 대서양, 서쪽으로 태평양, 남쪽으로 온두라스 및 엘살바도르와 국경을 맞대고 있다. 국토는 선선한 고지대, 반건조 사바나, 북부 저지대의 열대 정글과 습한 해안 지대로 다양한 기후와 농업 생태 지역을 지니고 있다. 과테말라는 지리적인 위치와 지형 때문에 기후변화의 악영향을 심각하게 겪고 있다. 지난 20년 동안 많은 조치를 취했음에도 불구하고, ND-GAIN 노터담 글로벌 적응 지수(Notre Dame Global Adaptation Initiative)에 따르면, 과테말라는 1995년부터 유엔의 182개 회원국 중 119위를 차지하며 여전히 기후변화에 대한 대응 준비와 대처 능력이 부족한 것으로 나타났다. 이 지수는 적응 조치를 위한 민간 및 공공 부문의 투자 활용 준비 상태를 40개 항목으로 평가한다(Frans Schapendonk, et al., 2023: 10-11).

지난 20년 동안 과테말라의 연평균 기온은 섭씨 0.8도 상승했고, 연평균 강수량은 122밀리미터 증가했지만, 우기의 빈도는 점차 줄어들고 있다. 2050년까지 기온 상승이 2.5-4도에 이를 것으로 예상되며, 특히 북부, 카리브해 연안, 동부와 남부 연안에서 더 큰 영향을 받을 것으로 보인다. 과테말라의 기후변화는 국가의 사회-생태적, 경제적, 정치적 시스템에 연쇄적인 영향을 미치고 있으며, 특히 농업과 임업 분야가 큰 타격을 입고 있다. 농업과 임업은 전체 토지 사용의 70퍼센트를 차지하고 있어 기후변화의 악영향을 더욱 크게 받을 것으로 예상된다.

과테말라는 기후변화와 그 영향에 대응하기 위한 거버넌스를 체계적으로 추진해 왔다. 우선, 1995년에 글로벌 차원에서 진행된 유엔기후변화협약(UNFCCC)과 1997년 파리협정에 따라 환경과 천연자원부 내에 기후변화처를 설립하며 전략을 시작했다. 이후, 2013년에 의회는 취약성, 기후변화의 영향에 대한 적응, 그리고 온실가스 감축을 위한 법률(Framework Law for Regulating the Reduction of Vulnerability, Obligatory Adaptation to the Effects of Climate Change, and the Mitigation of Greenhouse Gases)을 통과시키며, 기후변화 대응을 국내 정책으로 안정화시켰다. 이 법은 조화 대응 메커니즘을 강조하면서 기후변화의 영향에 대한 예방, 계획 수립 및 대응을 위한 법적 기반을 마련했다. 또한, 국가기후변화위원회(National Council of Climate Change, NCCC)를 설립해 기후변화 대응을 조정하고 있다.

지역 수준에서도 과테말라는 중앙아메리카의 기후변화 관련 권한을 지닌 중앙아메리카 통합 시스템(Central American Integration System, 이하 SICA)의 일원으로, 이를 통해 기후변화에 대한 포괄적인 대응을 해왔다. SICA의 환경과 발전을 위한 중앙아메리카 위원회(Central American Commission for Environment and Development, CCAD)와 중앙아메리카 및 도미니카공화국의 재난예방협력센터(Coordination Centre for the Prevention of Disasters in Central America and the Dominican Republic, CEPREDENAC)는 기후변화에 대응하는 지역 협력의 중요한 기구로 기능하고 있다.

국내, 지역, 그리고 글로벌 거버넌스를 통해 기후변화에 대한 예방과 적응 프로그램을 추진해 왔음에도 불구하고, 과테말라의 기후변화 대응 정책에는 여전히 많은 문제점들이 드러났다. 기후변화, 평화, 안보의 상호 관련성에 대한 참여와 인식에는 많은 괴리가 존재한다는 점을 기후변화 대응 정책 분석을 통해 확인할 수 있었다. 첫째, 기후변화가 천연자원 이용과 젠더 기반 폭력과 관련되어 분쟁을 악화시킬 수 있다는 가능성에 대한 개입이 부족했다. 둘째, 기후변화의 영향에 노출되어 있는 원주민 공동체, 소수 집단들, 이주 공동체들이 정책적 참여를 하지 못했다. 셋째, 지역 기후행동 계획(Local Climate Change Action Plans, LCCAPs)이나 국가기후변화기금(National Climate Change Fund, FONCC)이 지방 및 지역에서 기후, 평화와 안보를 통합하고 주류화할 수 있는 기회를 놓쳤다. 넷째, 기후, 환경, 평화, 안보 관련 정책 영역 간의 기술적 교차 활용이 매우 제한적이었다. 특히, 농업과 기후, 환경 분야를 제외한 다른 분야에서는 기후 관련 조치나 접근 방식이 제한적이었다.

5 맺음말

이 글은 국제 개발 협력의 역사적 맥락에서 라틴아메리카 중상위 소득국이 어떻게 전통적 수원국에서 능동적 공여국으로 전환해 왔는지를 다각도로 살펴보았다. 먼저, CEPAL(1948) 설립 이후 라틴아메리카 국가들이 부에노스아이레스 행동 계획을 계기로 기술 협력과 제도적 기반을 구축했으며, 2000년대 MDGs, 2015년 SDGs 채택을 통해 글로벌 개발 아젠다가 통합적이고 다층적으로 전환되었음을 확인했다. 라틴아메리카 국가들은 대체로 중소득국으로 분류되며, OECD DAC 회원국이기도 한 멕시코·칠레·콜롬비아·코스타리카를 제외한 다수 국가는 여전히 수원국 목록에만 이름을 올리고 있으나, 실질적으로는 남남협력(SSC)과 삼각 협력(TC)의 주체로 활발히 활동하고 있다. 구체적으로 브라질은 ABC(Agência Brasileira de Cooperação)를 통해 농업·보건 분야 기술 이전을 주도했고, 멕시코는 AMEXCID(Agencia Mexicana de Cooperación Internacional para el Desarrollo)를 통해 중앙아메리카 재난 대응 및 인도주의 지원을 삼각 협력 형태로 수행했으며, 콜롬비아는 분쟁 극복·평화 구축 경험을 분쟁 후 국가 재건 활동에 적용함으로써 지역 내 평화와 발전의 선순환을 견인했다. 더불어 CELAC, MERCOSUR, SICA 등 지역 통합 기구와 유엔 RCP LAC를 통해 글로벌·지역 공공재 제공 및 정책 조정 기능을 강화하며, 남북 간 불균형적 관계를 극복하기 위한 소다자주의적 접근을 병행해 왔다.

그럼에도 MICs는 '중진국 함정', 정책 일관성 부족, 재정·제도 역량의 제약, 기후변화-평화-안보 연계 미흡, 원주민·소수집단·이주민 등의 포용적 참여 제한 등의 구조적 도전에 직면하고 있다. 예컨대 지역 기후행동계획과 국가기후변화기금이 지방 및 지역 수준에서 효과적으로 통합되지 못했으며, 관련 정책 간 기술적 교차 활용이 매우 제한적이었다는 점은 다층적 거버넌스 체계의 필요성을 시사한다.

이에 이 글은 다음과 같은 정책적 시사점을 제안한다. 첫째, 수요자 중심의 기술 협력·역량 강화가 필요하다. 현지 제도와 문화적 특성을 존중하는 방식으로, 지속 가능 발전을 위한 맞춤형 기술 이전 및 역량 개발 프로그램을 확대해야 한다. 둘째, 정책 일관성을 확보해야 한다. 무역·지적재산권·조세·재정 등 글로벌·지역 규범에 부합하면서도, 자국의 전략적 이익을 담보하는 정책 조율 메커니즘을 구축할 필요가 있다. 셋째, 다자주의·소다자주의를 병행해야 한다. 유엔 남남 협력 고위급 회의(BAPA+40)에서 제안된 객관적 평가 체계와 소다자주의적 협력 모델을 균형 있게 적용해, 민간·시민사회 등 다양한 이해관계자의 참여를 제도화해야 한다. 넷째, 글로벌·지역 거버넌스 연계를 강화할 필요가 있다. CELAC·MERCOSUR·SICA 등 지역 기구와 유엔 SDG 플랫폼을 상호 연동해, 글로벌 공공재(기후변화 대응·팬데믹 대비 등) 제공 역량을 제고해야 한다. 다섯째, 기후-평화-안보의 통합적 접근이 요구된다. 기후변화 대응 정책에 평화 및 안보 요소를 포함하고, 지자체 차원의 기후행동 계획과 국가 기금을 연계하는 다중 지점(multi-scalar) 거버넌스 구조를 마련해야 한다. 여섯째, 반드시 포용적인 거버넌스 구축이 필요하다. 원주민·소수집단·이주민 등 사회적 취약 계층의 정책 참여를 제도화하고, 다층적 이해관계자 협의체를 통해 정책 수립 단계부터 다양한 목소리를 반영해야 한다.

결론적으로, 라틴아메리카 중상위 소득국들은 전통적 '공여국-수원국' 이분법을 넘어선 이중적 위상을 지니며, 글로벌·지역 공공재 제공자이자, 남북 간 가교 역할을 수행할 잠재력을 갖추고 있다. 향후 이들 국가가 제도적 역량 강화와 정책 일관성 제고에 집중하고, 통합적·포용적 협력 모델을 심화한다면, 중진국 함정 탈피는 물론 지속가능개발목표 달성과 글로벌 사우스 내 협력 증진에 핵심적 기여를 할 것이다.

참고문헌

제1장 라틴아메리카의 인종 문제와 불평등

권봉철(2025), 「멕시코시티 700주년 담론과 '기억의 장소': 식민성과 불평등 구조의 재고」, 『스페인·라틴아메리카연구』 18(1), 115-135쪽.

김기현(2009), 「메스티사헤(mestizaje) 이후의 라틴아메리카 인종주의」, *Homo Migrans* 1, 97-116쪽.

_____(2012), 『라틴아메리카 인종과 정치』, 서울: 한국학술정보(주).

김은중(2013), 「라틴아메리카 '이후', 근대성의 패러다임에서 탈식민적 패러다임으로」, 서울대학교 라틴아메리카연구소(편), 『트랜스 라틴(TransLatin): 근대성을 넘어 탈식민성으로』, 서울대학교 라틴아메리카연구소, 35-57쪽.

아르투로 에스코바르(2022), 『플루리버스: 자치와 공동성의 세계 디자인하기』, 박정원·엄경용 옮김, 고양: 알렙.

알리 라탄시(2011), 『인종주의는 본성인가: 인종, 인종주의, 인종주의자에 대한 오랜 역사』, 구정은 옮김, 서울: 한겨레출판.

에두아르두 비베이루스 지 까스뜨루(2018), 『식인의 형이상학: 탈구조주의적 인류학』, 박이대승·박수경 옮김, 서울: 후마니타스.

엔리케 두셀(2011), 『1492년 타자의 은폐: 근대성 신화의 기원을 찾아서』, 박병규 옮김, 서울: 그린비.

올랜도 패터슨(2025), 『노예제와 사회적 죽음』, 김혁·류상윤 옮김, 서울: 이학사.

월터 미뇰로(2010), 『라틴아메리카, 만들어진 대륙: 식민적 상처와 탈식민적 전환』,

김은중 옮김, 서울: 그린비.

조영현 · 김영철 · 김희순 · 차경미(2020), 『인종과 불평등: 라틴아메리카 인종차별에 대한 역사구조적 고찰』, 고양: 알렙.

차경미(2017), 『라틴아메리카 흑인 만들기: 아프로-라틴아메리카 공동체 빨렝께, 저항으로서의 역사와 기억으로서의 문화』, 부산: 산지니.

크리스티앙 들라캉파뉴(2000), 『인종차별의 역사』, 하정희 옮김, 서울: 예지.

호세 바스콘셀로스 · 사무엘 라모스,(2018), 『보편인종, 멕시코의 인간상과 문화』 이경민 옮김, 서울: 동명사.

Cruz Rodríguez, Edwin(2013), *Pensar la interculturalidad: una invitación desde Abya-Yala/América Latina*, Quito: Abya-Yala.

Estermann, Josef(2025), *Más allá de Occidente: Apuntes filosóficos sobre interculturalidad, descolonización y el Vivir Bien andino*, Quito: Ediciones Abya Yala.

González Casanova, Pablo(2009), "Los Caracoles zapatistas: redes de resistencia y autonomía (ensayo de interpretación)", in Marcos Roitman Rosenmann(ed.), *De la sociología del poder a la sociología de la explotación: pensar América Latina en el siglo XXI/Pablo González Casanova*, Bogotá: CLACSO/Siglo del Hombre Editores.

Grosfoguel, Ramón(2011), "Decolonizando los universalismos occidentales: el pluri-versalismo transmoderno decolonial desde Aimé Césaire hasta los zapatistas", in Santiago Castro-Gómez & Ramón Grosfoguel(eds.), *El giro decolonial: Reflexiones para una diversidad epistémica más allá del capitalismo global*, Bogotá: Siglo de Hombre Editores.

Ortiz Arellano, Gonzalo(2021), *El quichua en el Ecuador: ensayo histórico-lingüístico*, Quito: Abya-Yala.

Quijano, Anibal(2000), "Colonialidad del poder, eurocentrismo y América Latina", *Revista Internacional de Ciencias Sociales*, UNESCO.

Romero, Aldo & Miriam Amagua(2023), *Memoria histórica de la Universidad Intercultural de las Nacionalidades y Pueblos Iindígenas Amawtay Wasi*, Quito: Amawtay Wasi.

Ruiz Sotelo, Mario(2025), "El pensamiento antirracista latinoamericano", in 2025 BUFS Institute of Iberoamerican Studies International Conference, *Latin America: Beyond Equality and Inequality*, Busan: Busan University of Foreign Studies, pp. 21-28.

Santos, Boaventura de Sousa(2010), *Descolonizar el saber, reinventar el poder*, Montevideo: Ediciones Tilce.

Shepherd, Nick & Cristobal Gnecco & Alejandro Haber(2016), *Arqueología y descolonialidad*, Buenos Aires: Del Signo.

Viveiros de Castro, Eduardo(2004), *Perspectivismo amerindio y multinaturalismo*, Barcelona: Gedisa.

Walsh, Catherine(2009), "Interculturalidad y colonialidad del poder", *Revista Pensamiento Educativo*, pp. 47-62.

Walsh, Catherine & Walter Mognolo & Álvaro García Linera(2014), *Interculturalidad, descolonización del estado y del conocimiento*, Buenos Aires: Del Signo.

제2장 중남미 이주와 이민, 불평등에 관한 고찰

구경모(2011), 「아르헨티나 거주 파라과이 이민자에 대한 차별과 통합의 한계」, 『비교문화연구』, 23, 57-79쪽.

Banco Central de Reserva de El Salvador(2022), *Remesas familiares–Estadísticas 2021*, San Salvador: BCR.

Bastia & Hau(2014), "Migration, race and nationhood in Argentina", *Journal of Ethnic and Migration Studies* 40(3), pp. 475-492.

Bastia(2015), "Transnational migration and urban informality: Ethnicity in Buenos Aires' informal settlements", *Urban Studies* 52(10), pp. 1810-1825.

Borjas(1987), "Self-Selection and the Earnings of Immigrants", *The American Economic Review* 77(4), pp. 531-553.

CEPAL(2004), "El desarrollo agrícola en México: una visión de largo plazo",

Serie Desarrollo Productivo, No. 158, CEPAL.

_____(2022), "Panorama Social de América Latina y el Caribe 2022: la transformación de la educación como base para el desarrollo sostenible", CEPAL.

Durand & Parrado & Massey(1996a), "Migradollars and development: A reconsideration of the Mexican case", *The International Migration Review* 30(2), pp. 423-444.

_____(1996b), "International Migration and Development in Mexican Communities", *Demography* 33(2), pp. 249-264.

Flores & Benmayor(1997), *Latino Cultural Citizenship: Claiming Identity, Space and Rights*, Boston: Beacon Press.

Flores(2003), "New Citizens, New Rights Undocumented Immigrants and Latino Cultural Citizenship", *Latin American Perspectives* 30(2), pp. 87-100.

ILO(2017), *Labour migration in Latin America and the Caribbean: diagnosis, strategy, and ILO's work in the Region*, ILO.

_____(2022), *2022 Labour Overview of Latin America and the Caribbean*, ILO.

IMF(2022), *Regional Economic Outlook: Western Hemisphere*, IMF.

IOM(2021), *World Migration Report 2022*, IOM.

_____(2025), *Venezuelan Refugees and Migrants*, R4V. file:///C:/Users/User/Downloads/Population%2520Map_Jun25_Eng.pdf

Massey & Arango & Hugo & Kouaouci & Pellegrino & Taylor(1993), "Theories of international migration: A review and appraisal", *Population and Development Review* 19(3), pp. 431-466.

Massey & Durand & Parrado(1999), "The New Era of Mexican Migration to the United States", *The Journal of American History* 86(2), pp. 518-536.

Massey & Durand & Malone(2002), *Beyond Smoke and Mirrors: Mexican Immigration in an Era of Economic Integration*, New York: Russell Sage Foundation.

Papadopoulos & Stephenson & Tsianos(2008), *Escape routes: Control and subversion in the twenty-first century*, Pluto Press.

Portes & Rumbaut(1990), *Immigrant America: A portrait*, University of California Press.

Portes & Rumbaut(2001), *Legacies: The story of the immigrant second generation*, University of California Press.

Sassen(1988), *The mobility of labor and capital: A study in international investment and labor flow*, Cambridge University Press.

Sandoval(2004), *Threatening Others: Nicaraguans and the Formation of National Identities in Costa Rica*, Athens, Ohio University Press.

Taylor(1999), "The New Economics of Labour Migration and the Role of Remittances in the Migration Process", *International Migration* 37(1), pp. 63-88.

Taylor & Martin(2001), "Human capital: Migration and rural population change", In N. Birdsall, C. Graham, & R. H. Sabot(Eds.), *Beyond Tradeoffs: Market Reforms and Equitable Growth in Latin America*, Washington: Brookings Institution Press, pp. 223-249.

UNDP(2022), "Uncertain times, unsettled lives Shaping our future in a transforming world", *The 2021/2022 Human Development Report*, UNDP.

UNICEF(2023), *Children on the Move in Latin America and the Caribbean: Key Facts and Figures*, UNICEF.

UN DESA(2022), *International Migration 2022: Summary of Results*, New York: United Nations.

UNHCR(2023), Venezuela Situation- Operational update #1, Operationl Data Portal. https://data.unhcr.org/en/documents/details/100078

World Bank(2022), *Migration and Development Brief 36: A War in a Pandemic*.

제3장 콜롬비아의 국내 실향민과 젠더박해

구효주(2021), 「전통적 남성성의 해체와 변화하는 남성성」, 『대학신문』, 2021년 1월 14일자, http://www.snunews.com/news/articleView.html?idxno=30026.

(검색일: 2022.04.29.)

국제연합난민고등판무관사무소(1997), 『난민관련 국제조약집』.

김태명(2011), 「성폭력범죄의 실태와 대책에 대한 비판적 고찰」, 『형사정책연구』 22(3), 5-44쪽.

김현미(2015), 「젠더와 사회구조」, 한국여성연구소 엮음, 『젠더와 사회: 15개의 시선으로 읽는 여성과 남성』, 파주: 동녘.

엄기호(2015), 「남성성의 위기와 한국의 남성문화」, 한국여성연구소 엮음, 『젠더와 사회: 15개의 시선으로 읽는 여성과 남성』, 파주: 동녘.

유엔난민기구(2018), 『UNHCR 2018 연례보고서』.

_____(2020), 『UNHCR 2020 연례보고서』.

_____(2021), 『UNHCR 2021 연례보고서』.

_____(2022), 『UNHCR 2022 연례보고서』.

한국성폭력상담소(2011), 『성폭력 뒤집기: 한국성폭력상담소 20년의 회고와 전망』, 서울: 이매진.

Amnistía Internacional(2004), "Colombia Cuerpos Marcados, Violencia Sexual contra las Mujeres en el Marco del Conflicto Armado", *Crímenes Silenciados*, Editorial Amnistía Internacional, pp. 25-27.

Antonio José P. & Antonio Iañez(2014), "Violencia Contra la Mujer y Desplazamiento Forzado: Analisis de las Estrategias de Vida de Jefa de Hogar en Medellín", *Acta Sociológica* 65, Septiembre-Diciembre, Medellín, pp. 60-169.

Ávila(2020), "Falta de Clases Aumentó el Reclutamiento Forzado en Colombia", *El Espectador*, May 7, 2020, https://www.elespectador.com/colombia-20/paz-y-memoria/falta-de-clases-aumento-el-reclutamiento-forzado-en-colombia-article/.(검색일: 2023.04.02.)

Ávila Carolina(2022), "Falta de Clases Aumentó el Reclutamiento Forzado en Colombia", *El Espectador*, May 17, 2022, https://www.elespectador.com/colombia-20/conflicto/reclutamiento-forzado-la-otra-pandemia-de-colombia-article/?utm_source=chatgpt.com.(검색일: 2023.04.02.)

Carcedo A.(2010), *No Olvidamos, Ni Aceptamos: Feminicidio en Centroamérica 2000-2006*, Cefemina y Horizons Colombia.

Carlos Mauricio López Cárdenas & Rocío Yudith Canchari Canchari & Emilio Sánchez de Rojas Díaz(2017), "La Mujer como Instrumento de Guerra en Colombia y Su Papel en la Construccion de la Paz", *De Género y Guerra. Nuevos Enfoques en los Conflictos Armados Actuales*, Bogotá: Editorial Universidad del Rosario.

CNMH(2015), "No Más Silencio ni Impunidad Frente a la Violencia Sexual", Centro de Memoria Historica, June 4, 2015, https://centrodememoriahistorica.gov.co/tag/violencia-sexual/.(검색일: 2023.04.05.)

CODHES(2021), "Número de Víctimas de Desplazamiento en 5 Años", *CODHES Boletín Informativo* 1(51), https://codhes.wordpress.com/2021/12/22/2021-el-ano-con-mayor-numero-de-victimas-de-desplazamiento-en-5-anos/.(검색일: 2023.03.10)

Comisión de la Verdad(2019a), "La Verdad de las Victimas de Reclutamiento Forzado", https://www.comisiondelaverdad.co/la-verdad-de-las-victimas-del-reclutamiento-forzado.(검색일: 2023.03.21.)

_____(2019b), "La Verdad de las Violencias Sexuales que ha Dejado la Guerra en Colombia", https://web.comisiondelaverdad.co/actualidad/noticias/la-verdad-de-las-violencias-sexuales-que-ha-dejado-la-guerra-en-colombia.(검색일: 2023.03.22.)

Dejusticia(2022), "Qué Pasó con las Violaciones a Derechos Humanos Durante el Conflicto?", *Dejusticia*, September 24, 2022, https://www.dejusticia.org/que-paso-con-las-violaciones-a-derechos-humanos-durante-el-conflicto-esto-dice-el-informe-final-de-la-comision-de-la-verdad/.(검색일: 2023.04.04)

Defensoría Delegada para la Prevención de Riesgos de Violaciones a los Derechos Humanos y el DIH(2018), *Informe Especial de Riesgo: Economías Ilegales*, Actores Armados y Nuevos Escenarios de Riesgo en el Posacuerdo, Bogotá: Sistema de Alertas Tempranas(SAT).

EFE(2021), "Las FARC Reclutaron a Más de 18,000 Niños como Soldados en Colombia", *El País*, August 12, 2021, https://elpais.com/planeta-futuro/2021-08-12/las-farc-reclutaron-a-mas-de-18000-ninos-como-soldados-en-colombia.html.(검색일: 2023.03.27.)

Elvira Sánchez-Blake(2016), "La Ruta Pacífica de las Mujeres: Repertorios Simbólicos en la Búsqueda de Paz y Reconciliación en Colombia", *Revista Colombiana de Educación* 1(71).

Gabriel Gallego(2022), "Violencia Sexual contra Hombres en el Conflicto Armado", *Razon Publica*, February 20, 2022, https://razonpublica.com/violencia-sexual-hombres-conflicto-armado/(검색일: 2023.03.25.)

García Harold(2015), "Un Grito contra la Violencia Sexual y de Género", Centro de Memoria Historica, https://centrodememoriahistorica.gov.co/tag/violencia-sexual/.(검색일: 2023.04.25.)

Infobae(2022), "Por lo Menos 30 Niños Indígenas en Chocó se han Suicidado para Evitar ser Reclutados por Grupos Armados", *Infobae*, March 19, 2022, https://www.infobae.com/america/colombia/2022/03/19/por-lo-menos-30-ninos-indigenas-en-choco-se-han-suicidado-para-evitar-ser-reclutados-por-grupos-armados/.(검색일: 2023.03.25.)

Instituto Colombiano de Bienestar Familiar, International Organization for Migration & UNICEF(2014), "Impacto del Conflicto Armado en el Estado Psicosocial de Niños, Niñas y Adolescentes", *Convenio* 36, Noviembre, pp. 63-83.

Javier O. Sulé(2022), "Deponer las Armas, Retomar las Armas: Violencia Sexual contra Hombres y Niños en el Conflicto Armado en Colombia", *All Survivors project*, https://allsurvivorsproject.org/informe-publico-violencia-sexual-hombres-ninos-colombia-19-junio-2022/.(검색일: 2023.05.07.)

JEP(2022), "Hombres Víctimas de Violencia Sexual Entregarán Informe a la JEP en Santa Marta", *Unidad de Investigación y Acusación Comunicado*, No. 121, https://www.jep.gov.co/JEP/documents1/Comunicado%20UIA%20No.%20121%20-%20Hombres%20víctimas%20de%20violencia%20 sexual%20entregar%C3%A1n%20informe%20a%20la%20JEP%20en%20 Santa%20Marta.pdf.(검색일: 2023.02.15.)

Juan Carlos Rojas(2017), "Desgarradores Testimonios de Víctimas de Violencia Sexual por 'Paras'", *El Tiempo*, November 6, 2017, https://www.eltiempo.com/justicia/conflicto-y-narcotrafico/testimonios-de-victimas-de-violencia-sexual-de-paramilitares-del-bloque-central-bolivar-148104?utm_source=chatgpt.com.(검색일: 2023.04.02.)

Kapur, Amrita, and Kelli Muddell(2016), *When No One Calls It Rape: Addressing Sexual Violence Against Men and Boys in Transitional Contexts*, International Center for Transitional Justice.

Lina M. Céspedes-Báez(2018), *Género y Memoria Histórica Balance de la Contribución del CNMH al Esclarecimiento Histórico*, Centro de Memoria Histórica.

López G. Daniela(2019), "Investigación de la Violencia Sexual Contra Hombres. Balance Teórico", *JUSTITIA* 17, pp. 83-91.

Medina Alzate, Valeria(2021), "La Violencia Sexual como Arma dentro del Conflicto Armado: Específica Referencia del Delito de Esterilización Forzada", Medellíín: Universidad EAFIT.

Meertnes, Donny(2021), "Ensayos sobre Tierra, Violencia y Género", *Colección CES*, Bogotá: Universidad Nacional de Colombia, pp. 382-409.

Mesa de Trabajo Mujer y Conflicto Armado(2003), *Informe sobre Violencia Sociopolítica Contra Mujeres, Niñas y Jóvenes en Colombia*, Bogotá: Mesa de Trabajo Mujer y Conflict Armado.

_____(2004), *Informe sobre Violencia Sociopolítica Contra Mujeres, Niñas y Jóvenes en Colombia*, Bogotá: Mesa de Trabajo Mujer y Conflict Armado.

Molinares D. César(2008), "Una Silenciosa Estrategia de Guerra: Violentar a las Mujeres", *VerdadAbierta*, August 20, 2008, https://verdadabierta.com/las-mujeres-y-los-crimenes-silenciados/.(검색일: 2023.05.05.)

Oficina de Representante Especial del Secretario General para los Niños y los Conflictos Armados(2024), Un Respondiendo a la Violencia Sexual Relacionada con los Conflictos contra Niños Vinculados a Grupos

Armados en el Proceso de Restablecimiento de Derechos(reintegración) en Colombia, United Nations, 25-31.

Osorio, C.(2022). "Voces de los Niños de la Guerra: 'Los Colegios se Volvieron Salas Fúnebres'", *El País*, July 8, 2022, https://elpais.com/america-colombia/2022-07-08/las-voces-de-los-ninos-de-la-guerra-los-colegios-se-volvieron-salas-funebres.html.(검색일: 2023.04.23.)

Osorio, F. E(2008), "Forced Displacement Among Rural Women in Colombia", *Latin American Perspectives*, Issue 163, 35(6), November, 29-40.

ONU(2019), "Migración Colombia Testimonio: Nuestra Reparación", *Red de Mujeres Víctimas y Profesionales*, Comunicado Local, https://colombia.iom.int/es/news/testimonio-nuestra-reparacion-red-de-mujeres-victimas-y-profesionales.(검색일: 2023.04.07.)

_____(2013), "Workshop on Sexual Violence Against Men and Boys in Conflict Situations", *Nueva York*, July 25-26, 2013, https://www.un.org/sexualviolenceinconflict/wp-content/uploads/report/exececutive-summary-reportof-workshop-on-sexual-violence-against-men-and-boys/Workshop-on-Sexual-Violence-against-Menand-Boys-in-Conflict-Situations.pdf.(검색일: 2023.04.02.)

Osorio, F. E.(2008), "Forced Displacement Among Rural Women in Colombia", *Latin American Perspectives*, Issue 163, 35(6), pp. 29-40.

Oxfam(2009), "La Violencia Sexual en Colombia, un Arma de Guerra", *Informe de Oxfam Intermón*, https://cdn2.hubspot.net/hubfs/426027/Oxfam-Website/oi-informes/090909_Violencia_Colombia.pdf.(검색일: 2023.02.28.)

Paula Andrea Ramírez(2010), "El Reclutamiento de Menores en el Conflicto Armado Colombiano: Aproximación al Crimen de Guerra", *Revista Derecho Penal y Criminología* no. 90, Vol. xxxi. 123-124.

REDIM(2022), "Desplazamiento Forzado de Niñas, Niños y Adolescentes en México", Red por los Derechos de la Infancia en México, https:/blog.derechosinfancia.org.mx/2022/08/17desplazamiento-forzado-de-ninas-ninos-y-adolescentes-en-mexico/.(검색일: 2023.05.05.)

Red de Mujeres Víctimas y Profesionales, Grupos Focales de Hombres

Víctimas de Violencia Sexual, All Survivors Project(2022), "Deponer las Armas, Retomar las Almas: sobre la Violencia Sexual contra Hombres y Niños en el Conflicto Armado Colombia", https://allsurvivorsproject.org/wp-content/uploads/2022/06/Informe-publico-VS-hombres-niños-conflicto-armado-Colombia-19-junio-2022.pdf.(검색일: 2023.05.02.)

Revista Semana(2015), Esclavas Sexuales, Jefe de los Urabeños, Esclavas sexuales de Otoniel. https://www.google.com/search?q=Comandantes+de+las+AUC+en+la+regi%C3%B3n+del+Cauca+y+esclavos+sexsual+fuga+asesina+d…-modeless-video#fpstate=ive&vld=cid:f5a54b76,vid:bB_k06MFWOc,st:0

Rodríguez Sánchez R.(2017), *Ley 1776 de 2016(Ley Zidres): Explotación Económica de las Zidres Mediante Proyectos Productivos no Agropecuarios*, Bogotá: Universidad Católica de Colombia.

Sanmiguel Moreno(2017), *Ley Zidre: ¿Reforma Agraria o Vía Libre a la Adjudicación Irregular de Baldíos?*, Bogotá: Eutopia Universidad Católica de Colombia.

Sulé Ortega, J.(2022), "Los Hombres Violados en la Guerra de Colombia Rompen el Silencio", *El País*, March 18, 2022, https://elpais.com/planeta-futuro/los-hombres-violados-en-la-guerra-de-colombia-rompen-el-silencio.html.(검색일: 2023. 03.22)

Vidal Roberto(2005), *Derecho Global y Desplazamiento Interno. La Creación, Uso y Desaparición del Desplazamiento Forzado por la Violencia en Colombia*, Bogotá: Pontificia Universidad Javeriana.

Women's Commission for Refugee Women and Children(1999), *La Farsa de la Preocupación: El Abandono de la Poblacion Desplazada por la Violencia en Colombia*, Women's Commission, pp. 10-11.

제4장 라틴아메리카의 종교 차별과 혐오

김윤경(2011), 「외채위기 이후 멕시코 치아파스 원주민의 개종: 가톨릭에서 프로테스탄티즘으로」, 『역사문화연구』 39, 291-336쪽.

신정훈(2012), 「교황청 문서에 드러난 종교 간의 대화」, 『가톨릭신학』 21, 129-163쪽.

정경원 외(2009), 『질문으로 풀어주는 멕시코』, 서울: 한국외국어대학교출판부.

제2차 바티칸공의회(2010), 「비그리스도교와 교회의 관계에 대한 선언」, In 한국천주교주교 회의, 『제2차 바티칸공의회 문헌』, 서울: 한국천주교중앙협의회, 639-646쪽.

조영현(2025), 「니콜라스 마두로 정권하 가톨릭교회의 정치 사회적 역할에 대한 연구」, 『이베로아메리카』 27(1), 205-238쪽.

_____(2020), 「에보 모랄레스 정부와 볼리비아 가톨릭교회의 관계 연구: 탈식민 정책과 가톨릭교회의 대응을 중심으로」, 『스페인라틴아메리카연구』 13(1), 225-254쪽.

_____(2014), 「16세기 누에바 에스파냐(Nueva España) 지역 선교 방법에 대한 고찰: 탁발수도회의 문화 예술적 서교 방법을 중심으로」, 『중남미연구』 33(1), 211-238쪽.

_____(2010), 「베네수엘라 정치와 종교: 우고 차베스와 가톨릭교회의 관계를 중심으로」, 『라틴아메리카연구』 23(2), 241-275쪽.

차경미(2017), 『라틴아메리카 흑인 만들기』, 부산: 산지니.

홍인식(2022), 「아르헨티나의 종교적 차별에 있어서 사회적 관행에 대한 성찰」, In 조영현 외, 『종교와 불평등』 고양: 알렙, 83-118쪽.

Asamblea Legislativa del Estado de Bolivia(2004), *Constitución política del Estado de Bolivia 2004*, https://www.lexivox.org/norma/BO-CPE-20040413.html (검색일: 2025.06.06.)

Guadalupe, José Luis Pérez e Grundberger, Sebastian Eds.(2018), *Evangélicos y Poder en América Latina*, Lima: Instituto de Estudios Social Cristianos/Konrad Adenauer Stiftung.

Lundell, Eleonora(2020), "La guerra pentecostal contra los 'demonios' afrobrasileños: políticas, personalidad y experiencia compartida del trabajo espiritual en el Sureste de Brasil", *Revista del CESLA* 26, pp. 195-220, DOI: https://doi.org/10.36551/2081-1160.2020.26.195-220.

Moleiro, Alonso(2025), "La Iglesia católica venezolana tilda al Gobierno de

Maduro de 'autocracia cerrada'", *El País*, February 12, 2025, https://elpais.com/america/2025-02-11/la-iglesia-catolica-venezolana-tilda-al-gobierno-de-maduro-de-autocracia-cerrada.html(검색일: 2025.06.06.)

Ortega Gómez, Bibiana Astrid(2019), "Los partidos políticos evangélicos en América Latina", in Cabrera Alejandra Barrios, *Religión y política*, Bogotá: Misión de observación electoral, https://moe.org.co/wp-content/uploads/2019/04/Libro_ReligionYPolitica_WEB-2.pdf.(검색일: 2025.06.06.)

Pew Research Center(2014), *Religion in Latin America: Widespread Change in a Historically Catholic Region*, Pew Research Center, https://www.pewresearch.org/wp-content/uploads/sites/20/2014/11/Religion-in-Latin-America-11-12-PM-full-PDF.pdf.(검색일: 2025.06.06.)

Stoll, David(1990), *Is Latin America Turning Protestant? The Politics of Evangelical Growth*, Berkeley: University of California Press.

Ugalde, L.(2019) "Tortura, asesinatos y justa rebelión", *Jesuitas Venezuela*, July 15, 2019, https://www.jesuitasvenezuela.com/tortura-asesinatos-y-justa-rebelion/(검색일: 2025.06.06.)

제5장 생태세(Econene)로의 전환과 행성 정치

나오미 클라인(2014), 『이것이 모든 것을 바꾼다: 자본주의 대 기후』, 이순희 옮김, 서울: 열린책들.

디페시 차크라바르티(2023), 『행성 시대 역사의 기후』, 이신철 옮김, 서울: 에코리브르.

아르투로 에스코바르(2022), 『플루리버스: 자치와 공동성의 세계 디자인하기』, 박정원·엄경용 옮김, 고양: 알렙.

월터 미뇰로(2021), 『라틴아메리카, 만들어진 대륙: 식민적 상처와 탈식민적 전환』, 김은중 옮김, 서울: 그린비.

이태혁(2021), 「아마존의 역설, 자본주의 모순 그리고 기후변화: '트랜스 아마존'을 모색하며」, 『중남미연구』 40(4), 199-248쪽.

이태혁 외(2023), 『생태와 불평등: 라틴아메리카 생태에 대한 다학제적 접근과 성찰』, 고양: 알렙.

ACTO(n.d), "Amazon Cooperation Treaty Organization(OTCA)", https://otca.org/en.(검색일: 2025.03.12)

Bonneuil, C. & Fressoz, J.-B.(2016), *The Shock of the Anthropocene: The Earth, History and Us*, London: Verso.

Braudel, F.(1979), *Civilization and Capitalism, 15th-18th Century*, New York: Harper & Row.

Chakrabarty, D.(2021), *The Climate of History in a Planetary Age*, Chicago: University of Chicago Press.

Danowski, D. & Viveiros de Castro, E.(2017), *The Ends of the World*, Cambridge: Polity Press.

FAO(2024), *The State of the World's Forests 2024*, FAO, https://openknowledge.fao.org/items/ec487897-97b5-43ec-bc2e-5ddfc76c8e85(검색일: 2025.03.11.)

Fearnside, P. M.(2005). "Deforestation in Brazilian Amazonia: History, Rates, and Consequences", *Environmental Conservation* 32(4), pp. 316-324.

Foster, J. B.(2000), *Marx's Ecology: Materialism and Nature*, New York: Monthly Review Press.

Government of Brazil(2023), "Brazil Announces Measures to Expand Protection of the Amazon", Government of Brazil, https://www.gov.br/planalto/en/latest-news/2023/06/brazil-announces-measures-to-expand-protection-of-the-amazon.(검색일: 2025.01.12.)

Giddens, A., Beck, U., & Lash, S.(1994), *Reflexive Modernization: Politics, Tradition and Aesthetics in the Modern Social Order*, Stanford: Stanford University Press.

Hamilton, C.(2017), *Defiant Earth: The Fate of Humans in the Anthropocene*, Cambridge: Polity Press.

Lewis, S., & Maslin, M.(2018), *The Human Planet: How We Created the Anthropocene*, New Haven: Yale University Press.

Malm, A.(2016), *Fossil Capital: The Rise of Steam Power and the Roots of Global*

Warming, London: Verso.

Mignolo, W. D.(2005), *The Idea of Latin America*, Oxford: Blackwell.

Moore, J. W.(2015), *Capitalism in the Web of Life: Ecology and the Accumulation of Capital*, London: Verso.

Paraguassu, L.(2023), "Brazil's Lula Launches Plan to Stop Deforestation in Amazon by 2030", *Reuters*, June 6, 2023, https://www.reuters.com/world/americas/brazils-lula-launches-plan-stop-deforestation-amazon-by-2030-2023-06-05.(검색일: 2025.02.15.)

Qin, Y., Xiao, X., Wigneron, J. P., Ciais, P., Brandt, M., Fan, L., & Moore, B.(2021), "Carbon loss from forest degradation exceeds that from deforestation in the Brazilian Amazon", *Nature Climate Change* 11(5), pp. 442-448.

REDD+ Program Database(2022), https://redd.unfccc.int/.(검색일: 2025.02.19.)

Rifkin, J.(2022), *The Age of Resilience: Reimagining Existence on a Rewilding Earth*, New York: St. Martin's Press.

UN ECLAC(n.d), "Regional Agreement on Access to Information, Public Participation and Justice in Environmental Matters in Latin America and the Caribbean(Escaz Agreement)", ECLAC, https://www.cepal.org/en/escazuagreement.(검색일: 2025.05.05)

UNEP(2023), Keeping the promise: Annual Report 2023, https://wedocs.unep.org/bitstream/handle/20.500.11822/44777/UNEP_Annual_Report_2023.pdf?sequence=1&isAllowed=y.(검색일: 2025.03.09)

UNFCCC(n.d), "REDD+", United Nations Framework Convention on Climate Change, UNFCCC, https://unfccc.int/topics/land-use/workstreams/redd.(검색일: 2025.03.17.)

_____(n.d), "What is the United Nations Framework Convention on Climate Change?", UNFCCC, https://unfccc.int/process-and-meetings/the convention/ what-is-the-united-nations-framework-convention-on-climate- change.(검색일: 2025.04.13.)

Wall, D.(2010), *The Rise of the Green Left: Inside the Worldwide Ecosocialist Movement*, London: Pluto Press.

Wright, C. & Nyberg, D.(2015), *Climate Change, Capitalism, and Corporations:*

Processes of Creative Self-Destruction, Cambridge: Cambridge University Press.

제6장 제도와 불평등

강준만(2011), 『아파트, 한국 사회를 읽는 키워드』, 서울: 인물과사상사.
갤로어, 오데드(2023), 『인류의 여정: 부와 불평등의 기원 그리고 우리의 미래』, 장경덕 옮김, 서울: 시공사.
곽윤경(2019), 「브라질의 보우사 파밀리아(Bolsa família) 제도의 성과와 위기」, 『국제사회보장리뷰』 1(10), 83-91쪽.
국립국어원(2025), 「표준국어대사전」, https://stdict.korean.go.kr.(검색일: 2024.12.17.)
다마따, 호베르뚜(2015), 『브라질 사람들』, 임두빈 옮김, 파주: 후마니타스.
롤스, 존(2002), 『정의론』, 홍경식 옮김, 서울: 이학사.
루소, 장 자크.(2016), 『인간 불평등 기원론/사회계약론』, 최석기 옮김, 서울: 동서문화사.
리브스, 리처드(2019), 『20 vs 80의 사회』, 김승진 옮김, 서울: 민음사.
배너지, 아비지트, 에스테르 뒤플로(2012), 『가난한 사람이 더 합리적이다』, 이순희 옮김, 서울: 생각연구소.
사프론 황, 샘 매닝(2025), 「AI가 창출할 미래의 부, 어떻게 나눌 것인가」, 윤지운 옮김, PADO, https://www.pado.kr/article/2025052312158871624.(검색일: 2025.06.27.)
새뮤얼 P. 헌팅턴, 로렌스 E. 해리슨(2015), 『문화가 중요하다』, 서울: 책과함께.
샤이델, 발터(2017), 『불평등의 역사』, 조미현 옮김, 서울: 에코리브르.
아세모글루, 대런 & 제임스 A. 로빈슨(2012), 『국가는 왜 실패하는가』, 최완규 옮김, 서울: 시공사.
아세모글루, 대런 & 존슨, 사이먼(2023), 『권력과 진보』, 김승진 옮김, 서울: 생각의 힘.
올란다, 세르지우 부아르키 지(2017), 『브라질의 뿌리』, 김정아 옮김, 파주: 후마니타스.

이재영(2021), 『데이터 주권과 마이데이터』, 서울: 커뮤니케이션북스.

임두빈(2010), 「일상에서 교환되는 '브라질 제이칭뉴'(Jeitinho Brasileiro)의 사회·문화적 기능에 대한 고찰」, 『포르투갈-브라질 연구』 7(1), 179-201쪽.

임두빈 외(2024), 『제도와 불평등: 라틴아메리카 제도에 대한 사회문화적 고찰』, 고양: 알렙.

재레드 다이아몬드(2005), 『총, 균, 쇠』, 김진준 옮김, 파주: 문학사상.

피케티, 토마(2014), 『21세기 자본』, 장경덕 외 옮김, 서울: 글항아리.

히베이루, 다르시(2016), 『브라질 민족』, 이광윤 옮김, 서울: 한국문화사.

Agência Gov(2025), "3º Relatório de Transparência Salarial: mulheres recebem 20,9% a menos do que os homens", Agência Gov, https://agenciagov.ebc.com.br/noticias/202504/3o-relatorio-de-transparencia-salarial-mulheres-recebem-20-9-a-menos-do-que-os-homens-1.(검색일: 2025.06.07)

Akira Miura M, Pilati R, Lemos Milfont T, Cristina Ferreira M, Fischer R(2019), "Between simpatia and malandragem: Brazilian jeitinho as an individual difference Variable", *PLoS ONE* 14(4): e0214929, https://doi.org/10.1371/journal.pone.0214929.(검색일: 2025.03.07.)

Alvaredo, F., Chancel, L., Piketty, T., Saez, E., & Zucman, G.(2018), *World Inequality Report 2018*, World Inequality Lab.

Barbosa, L.(1992), *O jeitinho brasileiro ou a arte de ser mais igual do que os outros*, Rio de Janeiro: Campus.

Big Think(2022), "Beyond the Welfare State: John Rawls and the property-owning democracy", Big Think, https://bigthink.com/politics-current-affairs/beyond-the-welfare-state-john-rawls-and-the-property-owning-democracy.(검색일: 2025.06.20.)

BIP Brasil(2024), "Relatório de Transparência Salarial (2024)", BIP Brasil, https://bipbrasil.com.br/relatorio-de-transparencia-salarial-2024.(검색일: 2025.06.07)

Center For Global Development(CGDEV)(2023), "Three Reasons Why AI

May Widen Global Inequality", CGDEV Blog, https://www.cgdev.org/blog/three-reasons-why-ai-may-widen-global-inequality.(검색일: 2025.06.17.)

Governo Digital(2023), "Gestão reforça importância da soberania dos dados para as políticas públicas", Portal Gov.br, https://www.gov.br/governodigital/pt-br/noticias/gestao-reforca-importancia-da-soberania-dos-dados-para-as-politicas-publicas.(검색일: 2025.06.17)

Huang, Christine, Moira Fagan, and Sofia Hernandez Ramones(2024), "Brazilians' views of their country", Pew Research Center. https://www.pewresearch.org/global/2024/09/23/brazilians-views-of-their-country.(검색일: 2025.03.14.)

Im, Doobin(2022), "Two Brazils: A Crisis of Democracy vs. The Crisis of Democracy", *Journal of Humanities and Social Sciences* 63(1), pp. 73-97.

International Monetary Fund(IMF)(2024), *Broadening the Gains from Generative AI: The Role of Fiscal Policies*, International Monetary Fund, https://www.imf.org/-/media/Files/Publications/SDN/2024/English/SDNEA2024002.ashx.(검색일: 2025.06.27.)

_____(2025), *AI Adoption and Inequality*, IMF Working Paper, WP/25/68, https://www.elibrary.imf.org/view/journals/001/2025/068/article-A001-en.pdf.(검색일: 2025.06.17.)

Krugman, Paul(2015), "'The Economics of Inequality,' by Thomas Piketty", *New York Times*, https://www.nytimes.com/2015/08/03/books/review-the-economics-of-inequality-by-thomas-piketty.html?smid=tw-share.(검색일: 2025.03.14.)

L&E Global(2023), "Pay equity laws & requirements in Brazil", L&E Global, https://leglobal.law/countries/brazil/employment-law/employment-law-overview-brazil/05-pay-equity-laws.(검색일: 2025.05.15.)

Littler(2024), "New Brazil Pay Transparency Report Is Due by the End of September 2024", Littler ASAP, https://www.littler.com/news-analysis/asap/new-brazil-pay-transparency-report-due-end-september-2024.(검색일: 2025.06.17.)

PayAnalytics(2024), "Brazil Equal Pay Law Updates: Official Reporting Guidelines Issued", PayAnalytics Resources, https://www.payanalytics.com/resources/articles/brazil-equal-pay-law-requirements-reporting (검색일: 2025.05.15.)

Petrov, Arkady(2025), "Brazil's Democracy Ranking Falls Amid Polarization and Judicial Controversy", *The Rio Times*, February 28, 2025, https://www.riotimesonline.com/brazils-democracy-ranking-falls-amid-polarization-and-judicial-controversy/.(검색일: 2025.01.14.)

Pilati, R., Milfont, T. L., Ferreira, M. C., Porto, J. B., & Fischer, R. (2011), "Brazilian Jeitinho: Understanding and explaining an indigenous psychological construct", *Interamerican Journal of Psychology* 45(1), pp. 27-36.

Portal Gov.br(2023), "Lei da Igualdade Salarial e de Critérios Remuneratórios entre Mulheres e Homens", Governo Federal, https://www.gov.br/mulheres/pt-br/central-de-conteudos/publicacoes/Cartilha_IgualdadeSalarial.pdf.(검색일: 2025.06.20.)

_____(2025), "PBIA: o plano ambicioso de Inteligência Artificial para o Brasil", Governo Federal, https://www.gov.br/mcti/pt-br/acompanhe-o-mcti/cct/documentacao/noticias/2025/pbia-o-plano-ambicioso-de-inteligencia-artificial-para-o-brasil.(검색일: 2025.06.20.)

Reiter, B.(2008), "Negotiating Democracy in Brazil: The Politics of Exclusion", *Government and International Affairs Faculty Publications* 5, https://digitalcommons.usf.edu/gia_facpub/5.(검색일: 2025.06.15.)

Rumo (2024), "Nota Explicativa - 2º Relatório de Transparência Salarial 2º semestre 2024", Rumo Sala de Imprensa, https://rumolog.com/sala-de-imprensa/nota-explicativa-2o-relatorio-de-transparencia-salarial-2o-semestre-2024.(검색일: 2025.06.17.)

Wesche, S.(2013), "The Concept of Property in Rawls's Property-Owning Democracy", *Analyse & Kritik* 35(1), pp. 79-99.

World Economic Forum (2015), "What is predistribution?", World Economic Forum Agenda, https://www.weforum.org/stories/2015/06/what-is-predistribution.(검색일: 2025.06.20.)

You, J. S. (2014), "Land Reform, Inequality, and Corruption: A Comparative Historical Study of Korea, Taiwan, and the Philippines", *The Korean Journal of International Studies* 12(1), pp. 191-224.

제7장 라틴아메리카 중소득 국가들의 공여국 전환

김영철(2024), 「브라질 룰라 대통령의 재집권과 강대국의 조건과 도전」, 『세계지역연구논총』 42(4), 113-144쪽.

Alonso, J. A., Glennie, J. and Sumner, A.(2014). "Recipients and Contributors: The Dual Role of Middle-Income Countries", *DESA Working Paper* 135, pp. 1-22.

Arce, Daniel G. and Sandler, Todd(2002), *Regional Public Goods: Typologies, Provision, Financing, and Development Assistance*, Stockholm: Almkvist & Wiksell International.

Bompan, Emanuele(2025), "USAID dismantled as US withdraws from development cooperation", *Renewable Matter*, 19 March, 2025, https://www.renewablematter.eu/en/usaid-dismantled-us-withdraws-from-development-cooperation.(검색일: 2025.04.24.)

Dissanayake, R., Kenny, C. and Plant, M.(2020), "What Is the Role of Aid in Middle-Income Countries?", *CGD Policy Paper* 201, pp. 2-23.

ECLAC(2023), *Progress And Challenges Of South-South Cooperation In Latin America And The Caribbean In The Framework Of The 2030 Agenda For Sustainable Development*, Santiago: ECLAC.

Fondo De Cultura Económica(1991), *Comisión Del Sur: Desafio Para El Sur*, Nueva York: Oxford University Press.

Gallo, Rodrigo Fernando(2023), "A Missão De Paz Do Haiti(2004-2017) Como Oportunidade De Integração: Transferência Internacional De Políticas Públicas Como Ação De Política Externa", *Revista Tempo Do Mundo* 30, pp. 365-395.

Glennie, J.(2011), "The Role of Aid to Middle-Income Countries: A Contribution to Evolving EU Development Policy", *ODI Working Papers* 331, pp. 1-18.

Keeley, B.(2012), *From Aid to Development: The Global Fight against Poverty*, OECD Publishing, https://doi.org/10.1787/9789264123571-en.

Kharas, Homi & Kohli, Harinder(2011), "What Is the Middle Income Trap, Why do Countries Fall into It, and How Can It Be Avoided?", *Global Journal of Emerging Market Economies* 3(3), pp. 281-289.

Kumar, Sushil(2023), "ODA Flow from the EU to Latin America and the Caribbean", *Development Cooperation Review* 6(2), pp. 58-61.

Latin American Network for Economic and Social Justice(2022), Current Trends in ODA: An Analysis, pp. 4-5.

Lim, King Yoong & Liu, Chunping(2024), "Aid and developing regional integration", *International Review of Economics and Finance* 93, pp. 756-776.

Medeiros, Sabrina and Jacon Ayres Pinto, Danielle(2015), "International reputation and smart power: How Brazil is building its international insertion in the 21st century", ISA 56th Annual Convention, https://doi.org/10.13140/RG.2.1.4827.6000(검색일: 2025.07.30.)

Merke, Federico, Stuenkel, Oliver & Feldmann, Andreas E(2021), *Reimagining Regional Governance in Latin America*, Carnegie Endowment for International Peace, NW.

_____(2021), "Reimagining Regional Governance in Latin America", Working Paper, https://carnegie-production-assets.s3.amazonaws.com/static/files/Merke_Stuenkel_and_Feldman_Latin_America.pdf.

OECD(2025), OECD Data Explorer, https://www.oecd.org/en/data/datasets/oecd-DE.html.(검색일: 2025.01.07.)

OECD DAC list of ODA recipients(2025), "ODA recipients: countries, territories, and international organisations", https://www.oecd.org/en/topics/sub-issues/oda-eligibility-and-conditions/dac-list-of-oda-recipients.html.(검색일: 2025.01.12.)

Oviedo, Enrique(2021), *Evaluating South-South cooperation in six Latin American and Caribbean countries Shared challenges for implementation of the 2030 Agenda for Sustainable Development*, Santiago: United Nations.

Palacios-Cívico, Carlos, Juan And Maestro-Yarza, Irene(2023), "Development Cooperation and Dependency: An Analysis of Brazilian-Spanish Cooperation in Latin America Between 2010 and 2018", *Bulletin of Latin American Research* 42(5), pp. 707-720.

Paniagua Sánchez, A.(2024). "La Cooperación Internacional para el Desarrollo en América Latina: Una perspectiva histórica", *Revista Relaciones Internacionales* 97(1), pp. 60-63.

Portales, Carlos(2017), "Public goods and regional organizations in Latin America and the Caribbean: Identity, goals, and implementation", in Antoni Estevadeordal, Louis Goodman and Joseph Tulchin eds., *21st Century cooperation: Regional public goods, global governance and sustainable development*, New York: Routledge, pp. 287-311.

Prebisch, Raúl(1949), *Growth, disequilibrium and disparities: Interpretation of the process of economic development*, Santiago: United Nations Economic Commission for Latin America and the Caribbean(CEPAL), https://repositorio.cepal.org/bitstream/handle/11362/1105/1/S4900096_en.pdf (검색일: 2025.07.30.)

Pruchnik, Kamil and Zowczak, Jakub(2017), *Middle-Income Trap: Review Of The Conceptual Framework*, Asian Development Bank Institute, ADBI Working Paper Series.

Ramírez, Enrique Gómez(2019), "South-South and triangular cooperation in Latin America", European Parliamentary Research Service, https://www.europarl.europa.eu/RegData/etudes/BRIE/2019/ 635607/EPRS_BRI(2019)635607_EN.pdf.

Rist, Gilbert(2002), *The History of Development: From Western Origins to Global Faith*, Zed Books, London & New York.

Rivero, Martín and Xalma, Cristina(2019), "Iberoamérica y la cooperación Sur-Sur frente a las encrucijadas de la agenda internacional para el desarrollo", Documento de Trabajo No. 16, Fundación Carolina, https://www.fundacioncarolina.es/wp-content/uploads/2019/10/DT_FC_16.pdf

Sánchez, Adriana Paniagua(2024), "La Cooperación Internacional para el Desarrollo en América Latina: Una perspectiva histórica", *Revista Relaciones Internacionales* 97(1), pp. 55-72.

Schapendonk, Frans, Scartozzi, Cesare, Ignacio Madurga-Lopez, Kadry, Salma, Läderachm Peter, Pacillo, Grazia(2023), *Policy Coherence and Awareness Analysis Report: Guatemala and Central America*, CGIAR / Alliance of Bioversity International and CIAT, https://cgspace.cgiar.org/server/api/core/bitstreams/5c2ae6ab-18b4-410b-aa00-2d0230a62e9c/content.

Tussie, Diana and Deciancio, Melisa(2019), "The Latin American View on Global Governance", GLOBE Project, https://www.globe-project.eu/en/the-latin-american-view-on-global-governance_5641.(검색일: 2025.01.12.)

UNDP(1994), *The Buenos Aires Plan For Action*, Special Unit for TCDC, https://unsouthsouth.org/bapa40/documents/buenos-aires-plan-of-action/

Van Langenhove, Luk(2003), *Theorising Regionhood*, UNU Institute on Comparative Regional Integration Studies.

Wollrad, Kea(2007), "REGIONAL PUBLIC GOODS :Promoting Regional Solutions for Regional Problems", Inter-American Development Bank, https://www.hrk.de/fileadmin/redaktion/hrk/02-Dokumente/02-07-Internationales/02-07-11-Dies/02-07-11-02-Enhancing_Quality_Across_Borders/WG-2-Wollrad-Presentations.pdf.

World Bank(2024), *A World Bank Group Flagship Report, Middle Income Trap*, Washington, DC: International Bank for Reconstruction and Development.

필자 소개

조영현

멕시코국립자치대학교(UNAM) 중남미지역학(정치사회학) 박사. 현재 부산외국어대학교 중남미지역원 원장으로 재직 중이다. 저서로는 *Sacerdotes y transformación social en Perú(1968-1975)*이 있으며, 공저로는 『라틴아메리카 명저산책』, 『디코딩 라틴아메리카: 20개 코드』, 『인종과 불평등』, 『종교와 불평등』 등이 있다.

김영철

한국외국어대학교 국제관계학 박사. 현재 부산외국어대학교 중남미지역원 교수로 재직 중이다. 저서로는 『브라질의 역사』가 있으며, 공저로는 『인종과 불평등』, 『라틴아메리카, 세계화를 다시 묻다』 등이 있고, 논문으로는 「브라질 원주민 토지의 법적 권리와 분쟁」, 「브라질 동아시아계 이민문화지형연구」, 「2022년 브라질 대통령 선거와 경제투표」 등이 있다.

임두빈

브라질 상파울루주립대학교(UNESP) 포르투갈어 응용언어학 박사. 현재 부산외국어대학교 중남미지역원과 포르투갈(브라질)어 전공 교수로 재직 중이다. 공저로는 『이주와 불평등』, 『종교와 불평등』, 『아마존의 길』이 있으며, 역서로는 『브라질 사람들』, 『브라질 사람과 소통하기』(공역)가 있고, 논문으로는 「브라질의 일상·대중적 문화소의 근원에 관한 연구」, 「신 전환기 브라질 정치지형 변화의 문법에 관한 소고」 등이 있다.

구경모

영남대학교 사회인류학 및 민속학 전공 박사. 현재 부산외국어대학교 중남미지역원과 국제개발협력전공에서 교수로 재직 중이다. 저서로는 『기층문화와 민족주의』(2021년 우수학술도서, 대한민국학술원)가 있으며, 공저로는 『이주와 불평등』, 『중남미 국토분야 개발협력의 성과와 과제』 및 국내외 다수의 논문이 있다.

차경미

콜롬비아 국립대학교(Universidad Nacional de Colombia) 사학과 석사, 한국외국어대학교 국제관계학과 박사. 현재 울산대학교 인문과학 연구소 학술연구교수로 재직 중이다. 저서로는 『한국전쟁 그리고 콜롬비아』, 『라틴아메리카 흑인 만들기』가 있으며, 공저로는 『젠더와 불평등』 등 다수가 있고, 논문으로는 「라틴아메리카지역 자원의 비공식 통치와 범죄의 제도화: 베네수엘라와 수리남의 불법채굴사례를 중심으로」 등이 있다.

이태혁

영국 요크대학교 국제정치학 박사. 현재 부산외국어대학교 중남미지역원 연구교수로 재직 중이다. 주로 국제개발 협력, 국제 거버넌스, 정치경제, 국제보건, 혼합방법론 등에 관심을 두고 있다. 공저로는 『생태와 불평등』 등이 있으며, 역서로는 『라틴아메리카 지역통합의 정치성 이론과 비교를 통한 접근』 등이 있고, 논문으로는 「FEALAC and Inter-Regional Governance」, 「변화하는 난민레짐과 건강불평등: 멕시코-과테말라 국경의 비호신청자의 건강권」, 「중국의 '일대일로' 구상, "편승"과 "균형" 사이의 라틴아메리카」 등이 있다.

권봉철

한국외국어대학교 중남미지역학 석사, 멕시코국립대학교 메소아메리카학 박사. 현재 부산외국어대학교 중남미지역원에서 연구교수로 재직 중이다. 논문으로는 「메소아메리카의 시·공간 융합 개념」, 「아스테카 제국의 수도, 멕시코-테노츠티틀란」, 「나와뜰(Nawatl) 지명 연구」, 「멕시코시티 700주년 담론과 '기억의 장소'」 등이 있다.

라틴아메리카와 불평등

1판 1쇄 발행 2025년 8월 25일

지은이 | 조영현, 김영철, 임두빈, 구경모, 차경미, 이태혁, 권봉철
펴낸이 | 조영남
펴낸곳 | 알렙

출판등록 | 2009년 11월 19일 제313-2010-132호
주소 | 경기도 고양시 일산서구 중앙로1455 대우시티프라자715호

전자우편 | alephbook@naver.com
전화 | 031-913-2018, 팩스 | 031-913-2019
ISBN 979-11-994033-1-4 (93300)

* 이 저서는 2018년 대한민국 교육부와 한국연구재단의 지원을 받아 수행된 연구임.
  (NRF-2018S1A6A3A02081030)

* 책값은 뒤표지에 있습니다. 잘못된 책은 바꾸어 드립니다.